한국형 혁신의 길을 찾다

HOW TO MAKE THE KOREAN INNOVATION MODEL

위정현 지음

한 경 사

한국형
혁신의 길을
찾다

위정현 지음

머리말

왜 한국발 글로벌 혁신은 좌절했는가?

한국이 세계에 자랑할 수 있는 문화적 유산 중 하나가 금속활자이다. 고려 우왕 3년인 1377년 청주 흥덕사에서 금속활자로 인쇄한 최초의 저작이 바로 직지심경으로 불리는 '직지심체요절'이다. 1972년 파리 국립도서관에서 유네스코 주최로 개최한 '책의 역사' 전시회에서 발견되었으며, 현재 파리 국립도서관에 소장되어 있다.

그런데 유감스럽게도 유럽이나 미국 학자에게 최초로 금속활자를 발명해 서적을 인쇄한 나라가 한국이라고 하면 믿지 않는다. 그들은 1440년경 마인츠에서 금속활자를 발명한 구텐베르크로 알고 있다.

왜 이런 일이 발생했을까? 왜 구텐베르크의 금속활자는 인쇄혁명을 통해 세계 문명사의 격변을 초래했지만 고려의 금속활자는 그대로 소멸해 버린 것인가? 세계를 뒤흔들 수 있지만 그대로 묻혀 버릴 수 있는 혁신은 금속활자에서 끝나지 않을지 모른다.

최근 한국 사회를 충격에 몰아 넣고 있는 비트코인이나 이더리움 같은 가상화폐와 고려시대 금속활자의 비극은 오버랩 된다. 한국이 세계에서 가장 먼저 혁신적 모델을 구축했음에도 개화하지 못하고 해외에서 개발된 모델이 다시 한국에 진입해 각광을 받는 '문화적 사대주의'라고 부를 만한 사건이 지금 IT 강국 한국에서 발생하고 있기 때문이다. 온라인게임 리니지의 가상화폐 '아덴'은 지금 대한민국을 뜨겁게 달구고 있는 가상화폐의 기원이다.

개인적으로 한국에 비트코인의 광풍이 불고 있는 것은 매우 기쁜 일이다. 2003년에 논문 '온라인게임의 진화와 아이템 거래의 미래'에서 제시한 가상화폐와 가상경제의 모델이 지금 글로벌 사회에 펼쳐지고 있기 때문이다. 나는 그 논문에서 이렇게 적은 바 있었다.

"온라인게임이 오락의 수단(tool)이라는 점에서는 콘솔게임이나 PC게임과 다르지 않다. 그러나 온라인게임은 가상의 경제 행위(cyber economic activities)가 이루어지는 장(場)이라는 점에서 기존 게임과 획을 긋고 있다. 만일 온라인게임이 단순히 '게임산업' 만의 의미라면 그것이 현실 경제에 미치는 파급력은 제한적일 것이다. 그러나 사이버 경제 행위가 이루어지는 장이라면 그것은 현실 경제와 다른, 또 하나의 경제 세계를 창조할 수 있는 잠재력을 가지게 된다. 사이버 경제는 현실 경제(real economy)와 연관되어 현실 경제의 발전을 촉진하고 견인한다. 이점에서 온라인게임은 새로운 산업의 패러다임을 창조할 수 있는 가능성을 가지고 있다…… 더 이상 온라인게임은 단순히 게임이 아니며 가상재화(아이템) 거래 역시 단순한 아이템 거래가 아니다. 향후 온라인게임은 가상의 경제 행위가 이루어지는 장으로 진화할 것이며, 아이템 거래 역시 디지털 자산의 거래로 확대될 것이다."

리니지의 아덴은 가상화폐로 기능했고, 게임 내 가상화폐를 기반으로 한 가상경제의 맹아가 한국에서 태동하고 있었다. 1998년 아덴은 지역화폐와 유사한 초기 형태로 등장했다. 그 후 다양한 온라인게임이 등장하면서 가상화폐 역시 다양화되었다. 각각의 게임들은 메소, 제니 등 나름의 화폐를 발행하고 있었고, 유저들에 의해 흔히 채굴이라 불리는 게임 화폐를 생산해 내고 있었다. 그리고 그 화폐는 현실의 화폐와 교환이 되었다. 우리나라의 원화와 가상의 화폐인 '게임 머니'가 실시간으로 교환이 되었다.

그리고 지금의 비트코인처럼 실시간으로 가격도 변동하고 있었다. 게임 머니 거래를 중개하는 거래소도 출현했다. 당시의 게임 아이템 거래소를 보면 현재의 가상화폐의 유통구조와 인터넷 뱅크, 두 가지 모델이 결합되어 있다.

첫째는 중개 기능이다. 비트코인의 빗썸에 판매자와 구매자가 존재하듯이 양자의 중간에 아이템 중개회사가 존재해 판매자와 구매자의 거래를 중개했다. 둘째는 놀랍게도 카카오뱅크와 같은 은행 기능이다. 카카오뱅크와 아이템 중개회사는 동일하게 송금자와 수신자(판매자와 구매자)가 자신의 독자적인 계좌를 개설하고 판매원장이 중개회사에 존재한다. 이는 아이템 중개회사들이 은행의 수신 기능을 보유하고 있음을 의미한다.

내 논문이 출간된 후 한국은행에서 연락이 왔다. 가상의 화폐가, 즉 각 게임회사에서 지속적으로 발행하는 통화가 현실의 화폐와 교환이 되고 있는데 가상화폐를 실제 통화량에 포함시켜야 하는지에 대한 질문이었다. 나는 이렇게 답변했다.

> "현실에서는 아직 영향이 미미하기 때문에 통화량으로 잡히지는 않을 것입니다. 그러나 향후 가상화폐가 확산되면 글로벌 수준에서 발행, 통용되기 때문에 한국은행이 일국 내에서 모든 통화량을 통제하기는 어려울 것이고 이렇게 되면 가상화폐는 일국의 지역적 국가경제권력을 붕괴시킬 것입니다."

지금 우리는 카카오뱅크라는 인터넷 은행과 비트코인이라는 가상화폐에 열광한다. 그러나, 한국이 15년 전에 가상화폐와 더불어 카카오뱅크와 빗썸이 결합된 원시적 모델을 이미 가지고 있었다는 것을, '금속활자'와 같은 놀라운 도구가 존재했다는 사실을 기억하지 못한다.

지금은 전설적인 이야기가 되어 버렸지만 2010년 1만 비트코인으로 최초로 구매한 상품은 피자 두 판이었다. 지금 1만 비트코인은 약 400억 원이기에 피자 한판은 200억인 셈이다. 그런데 1만 비트코인으로 피자를 구매한 그 시기에 한국에서는 이미 가상화폐와 가상경제라는 새로운 혁신이 자리잡고 성장하고 있었다. 2012년 당시 놀랍게도 아이템 현금거래 시장 규모는 약 1조 5천억 원으로 추정되고 있었다.

그 즈음 내가 해외 학술대회에서 발표한 한국의 가상화폐와 가상경제에 대해 외국학자들은 이렇게 질문했다. “왜 현실에서 아무런 사용가치도 가지지 못하는 게임 아이템이 현금으로 거래되는가? 현실적인 파급력은 어디까지인가?”

2000년대 중반 한국 정부와 한국 사회가 가상재화 거래를 비난하고 있을 때 외국 학자들은 진지하게 질문하고 있었다.

그리고 사회적 논란 끝에 2012년 대한민국 정부는 마침내 가상화폐의 채굴과 유통을 금지하는 시행령을 내린다. 금지대상은 사업 목적으로 생산, 획득한 게임머니 또는 게임아이템이었다. 게임 내 가상 화폐를 기반으로 가상경제가 활성화 되는 와중에 대한민국은 ‘아이템 현금거래’라는 딱지를 붙여 금지시켜 버렸다. 그 결과 우리는 가상화폐를 또 다시 해외에서 역수입하는 어처구니 없는 상황을 맞이하고 있다.

가상화폐와 가상경제는 비트코인이라는 개별 화폐의 성패를 떠나 진화할 것이다. 다만 우리가 고민해야 할 점은 “왜 가상화폐와 가상경제라는 한국발 이노베이션(혁신)이 좌절했는가”에 대한 질문이다. 4차산업혁명의 시대라고 주장하고 있으나 이 ‘혁명의 시대’에 아이러니하게 우리는 수많은 혁신의 싹을 자르고 있지 않은가에 대해 진지하게 고민해야 할 시점이다. 이 책은 이런 고민을 위해 쓰여졌다. 과연 한국은, 한국기업은, 한국사회는 미래 어떤 혁신 모델을 구축해야 하는가? 특히 모방자이자 추격자에서 혁신자로 변신해야 하는 한국이 가져야 혁신전략의 모색이 이 책에 있다.

지금은 10년도 내다 보기 어려운 시대라고 한다. 하지만 우리는 100년 후의 한국을 고민하며 국가와 사회, 기업의 혁신 모델을 설계해야 하지 않을까?

2017년 10월

가을이 깊어가는 중앙대 캠퍼스에서 저자 드림

차례

01
한국기업, 혁신의 덫에 빠지다

HOW TO MAKE THE KOREAN INNOVATION MODEL?

삼성전자는 배부른 돼지인가

일본에서 15세기 말부터 약 100여 년간은 전국시대가 펼쳐진 시기이다. 이 시기 일본 각 지방의 영주들이 자웅을 겨루었지만 결국 도쿠가와 이에야쓰에 의해 천하가 통일된 것은 우리에게도 잘 알려져 있다. 수백 명에 이르는 일본 전국시대의 무장 중 특히 일본인들이 애착을 보이는 인물이 있다. 바로 다케다 신겐(武田信玄)이다. '카이노쿠니(지금의 야마나시현)' 지방을 지배하고 있던 다케다 신겐은 16세기 기병을 중심으로 한 기마군단을 활용해 일본 천하를 뒤흔들었다. 그는 '풍림화산(風林火山)'이라는 전술적 지침 하에 기동전을 벌여 적의 간담을 서늘하게 했다. 풍림화산은 "바람처럼 빠르게, 숲처럼 조용하게, 불처럼 맹렬하게, 산처럼 움직이지 않고 기다린다"는 의미이다.

1572년 다케다 신겐은 오다 노부나가와 도쿠가와 이에야쓰를 공격하기 위해 대군을 일으켰다. 그는 도쿠가와 이에야쓰의 본거지인 하마마쓰를 위협하면서 주변의 성들을 하나하나 차례로 함락시켜 갔다. 오다 노부나가와 도쿠가와 이에야쓰 동맹군에게는 절체절명의 순간이었다. 그런데 기이하게도 다케다 군단은 대승리 직전에 갑자기 공격을 멈추고 회군해 버렸다. 아무도 이해할 수 없는 의문투성이의 회군이었다.

다케다 군단의 급작스러운 회군 이유는 그로부터 3년이 지나 다케다 신겐의 장례식이 치러지면서 비로소 세상에 알려졌다. 다케다 신겐은 도쿠가와를 섬멸하기 직전 중병에 걸려 그의 군단이 긴급히 영지로 철수한 것이다. 3년 동안 다케다 신겐의 죽음이 비밀에 부쳐진 것은 그의 유언 때문이었다. 자신의 죽음이 알려지면 주변의 라이벌 영주들이 공격해 올 것임을 우려한 그가 3년 동안 자신의 죽음을 알리지 말라고 유언한 것이다.

이런 극적인 다케다 신겐의 유언은 구로사와 아키라 감독의 유명한 영화 '가게무샤(그림자 무사)'에서도 묘사된 바 있다. 신겐이 병사한 후 가신들은 그와 비슷하게 생긴 인물을 가짜 영주로 옹립해 영토를 유지했으나 결국 주변 사람들에게 발각되어 성 밖으로 쫓겨난다는 스토리이다. 물론 영화에서 가게무샤가 쫓겨난 후 다케다 가문은 몰락한다.

만일 다케다 신겐이 53세의 나이에 병사하지 않았더라면, 오다 노부나가의 야심도, 도쿠가와 이에야쓰의 천하통일도 물거품이 되었을 것이다. 한 인물의 죽음이 역사를 뒤바꾼 극적인 사례이다.

한 인물의 죽음이 역사를 바꾼 또 하나의 사례가 있다. 그것은 스티브 잡스의 죽음이다. 2007년 아이팟을 시작으로 2008년 아이폰, 2010년 아이패드로 이어지는 혁신적 제품의 출시는 전 세계의 IT 판도를 송두리째 바꾸어 놓았다. 스티브 잡스는 말 그대로 '인간의 삶에 혁명적인 변화'를 불러일으켰다.

질풍처럼 들이닥친 스티브 잡스의 신제품에 맞서 삼성전자는 총력전을 벌였다. 이미 초기 스마트폰 '옴니아'에서 참담한 실패를 맛본 터라 삼성전자의 위기감은 극에 달했다. 그런데 이런 치열한 경쟁의 와중인 2011년 10월 6일, 다케다 신겐보다 3살 많은 56세의 나이로 스티브 잡스는 사망했다. 그의 죽음은 애플 제국의 공격적 혁신이 정지했음을 의미한다.

이건희 회장은 2013년 10월 신라호텔에서 열린 삼성 신경영 20주년 기념 만찬에서 "신경영 20년이 됐다고 안심해서는 안 되고 항상 위기의식을 가져야 한다"고 말한 바 있다. 이전에도 그는 "삼성전자가 배부른 돼지가 되어서는 안 된다"며 끊임없는 위기의식을 강조했다. 그러나 200조 원의 매출과 30조 원의 영업이익 앞에 어떤 삼성직원이 위기감을 느낄 수 있을까.

인간도, 기업도 생로병사를 피해 갈 수는 없다. 전 세계의 찬사를 받았던 소니도, 노키아도 그리고 마침내 애플도 어느 순간 혁신의 시곗바늘은 멈추었고, 쇠락의 길을 걷기 시작했다. 만일 어떤 기업이 이런 조직의 숙명을 극복하고 끊임없는 혁신을 할 수 있다면 이는 진정 '위대한 기업'일 것이다. 그리고 이런 위대한 기업이 되기 위한 요체는 위기감이 아닌 혁신의 구조화이다.

운 좋게 스티브 잡스라는 '위대한 적장'이 사라진 지금, 삼성전자는 '배부른 돼지의 운명'에서 벗어날 수 있을 것인가?

HOW TO MAKE THE KOREAN INNOVATION MODEL?

갤럭시노트7,
사태의 본질은 조직과 경영의 문제다

호사다마라고나 할까. 결국 삼성전자의 갤럭시 노트7 생산이 중단되었다. 삼성전자는 전량 리콜이라는 사상 초유의 승부수까지 던지며 노트7을 지키려고 필사의 노력을 기울였지만 눈물을 머금고 노트7을 버릴 수밖에 없었다.

그런데 노트7을 버린다고 아직 '활화산'이 꺼진 것도 아니다. 미국에서는 집단소송이 기다리고 있고 스마트폰 외에도 세탁기 폭발 사건을 해결해야 한다. '산 넘어 산'이라는 표현은 이런 경우를 두고 하는 말일 것이다.

이번 노트7 사태를 보면 삼성답지 못한 미숙한 행동이 여러 측면에서 관찰된다. 가장 먼저 지적할 수 있는 것은 스마트폰 폭발에 대한 미숙한 대응이다. 삼성전자가 전격적으로 리콜을 단행한 것은 옳았다. 그러나 문제는 리콜 선언 다음의 행동이다. 삼성은 폭발 원인이 배터리인가를 철저히 확인한 후, 즉 문제의 원인을 제거한 후에 생산을 재개했어야 했다. 그러나 귀신에 쫓기듯 삼성은 교체용 제품 생산과 교환에 사활을 걸었다.

삼성전자는 문제해결 능력이 뛰어난 조직이다. 예전의 삼성은 조직력이 강하고, 일사불란하게 움직이는 기업이었다. 이는 '패스트 팔로워(fast follower, 빠른 추격자)'의 특징이기도 하다. 삼성은 이런 자신의 역량을 무기로 애플을 따라잡았다. 애플보다 훨씬 짧은 리드타임(lead time, 제품개발 기간)으로 애플보다 더 빠르게 신제품을 시장에 출시했다.

그러나 '과유불급'이었다. 리드타임이 짧아지면 제품 개발 조직에 엄청난 스트레스와 부하가 걸린다는 것은 초보자도 알 수 있다. 이런 시간 단축은 안정성 점검 등 핵심 체크포인트를 놓치게 했고 결국 스마트폰 폭발이라는 대참사를 불렀다.

개발의 이슈는 가전사업부에도 있다. 미국에서의 세탁기 폭발이 문제 중 하나다. 이 사건으로 삼성은 미국 소비자안전위원회에서 경고를 받은 상태다. 이미 호주와 뉴질랜드에서도 세탁기 폭발사고가 200여 건이나 발생한 바 있다. 국내에서는 에어컨에 대한 소비자 불만이 천 건 넘게 제기되고 있다.

왜 이런 제품의 결함이 지금 시점에 집중적으로 발생하고 있는 것인가? 지난 10여 년간 삼성 이건희 회장이 역량을 집중한 것은 품질경영이었다. 이런 노력은 삼성전자가 글로벌 1등 기업으로 성장한 원동력이 되었다. 그런데 이건희 회장이 쓰러지고 난 이후 뭔가 조직 내 변화가 생기고 있다. 이건희 회장이 쓰러진 다음 이재용 부회장이 등장했지만, 지금까지 이 부회장이 품질이나 현장을 강조한 적은 없다. 어쩌면 품질은 당연하다고 생각한 것도 같다. 그러나 지금 이런 '당연'의 전제가 무너지면서 '승자의 저주'라 부를 수 있는 누수 현상이 나타나고 있다.

조직의 문제는 또 있다. 글로벌 기업답지 않게 국내외 이해당사자에 대한 대응과 커뮤니케이션이 전혀 달랐다는 점이다. 우리는 이번 사건에 대한 국내와 해외의 대응이 전혀 다르다는 것을 실감할 수 있었다. 미국 소비자는 항상 우선이었고, 한국 소비자는 뒷전이었다. 만일 미국에서 폭발 사건이 터지지 않고 한국에서만 터졌으면 그냥 소비자의 과실로 처리되었을 가능성도 있다.

교환된 스마트폰에서조차 그랬다. 한국은 정부 산하 연구기관인 한국산업기술시험원으로부터 "외부 충격이 원인일 가능성이 높다"는 취지의 결과를 얻었고 언론은 대대적으로 보도했다. 이 내용을 보면 그 당사자는 마치 블랙컨슈머일지도 모른다는 느낌을 준다.

그러나 미국에서는 달랐다. 미국 켄터키주 루이스빌 국제공항에서 사우스웨스트 항공기 내에서 승객의 갤럭시노트7이 폭발하는 사고가 발생하자 미국 소비자제품안전위원회(CPSC)는 발화 관련 재조사에 착수했고 결국 삼성전자는 생산을 포기한다.

아마 전략적 대안으로 삼성은 갤럭시8이나 노트10과 같은 제품을 가능한 빨리 개발해 실패의 악몽에서 벗어나려고 할 것이다. 그것도 중요한 해법이다. 그러나 더욱 중요한 것은 조직의 재정비와 경영의 혁신이다. 개발 프로세스 혁신, 개발조직과 마케팅조직의 통합성 회복, 외부 커뮤니케이션 능력의 재구축 등은 보다 본질적인 문제이고 결국 이는 경영의 혁신이 요구되는 사안이다.

위대한 기업은 항상 참담하게 실패한다. 도요타도 그랬고, 소니와 노키아도 그랬다. 삼성도 이런 운명을 벗어날 수는 없었다. 하지만 학습을 통해 실패를 딛고 다시 일어설 수는 있다. 도요타가 그랬다. 이제 삼성을 지켜볼 때다.

HOW TO MAKE THE KOREAN INNOVATION MODEL?

삼성전자가 소니처럼 실패하지 않으려면

소니는 한때 위대한 기업의 대명사였다. 세계의 젊은이들이 허리에 차고 다녔던 워크맨은 지금 애플의 아이폰처럼 소니 열풍을 불러일으켰다. 소니의 게임기인 플레이스테이션 역시 전 세계의 게이머들을 열광시켰다. 철권, 위닝일레븐 같은 실시간 게임에 최적화된 플레이스테이션은 소니 기술력을 과시하기에 부족함이 없었다. 소니의 디자인은 세계의 유행을 선도했으며, 소니는 혁신의 아이콘이었다.

그러나 지금의 소니는 너무도 초라하다. 일본에서는 소니의 전 회장인 하워드 스트링거가 비난의 화살을 맞고 있다. 특히 그의 고액 연봉이 공격의 핵심이 되고 있다. 2011년 공개된 스트링거의 연봉은 8억 6천3백만 엔이었다. 당시 한화로 따지면 약 112억 원이 된다. 그런데 그때 소니는 3년 연속으로 거액의 적자를 기록하고 있었다. 회사는 적자고 대규모 구조조정으로 창사 이래 처음으로 엔지니어들을 잘라내고 있는 마당에 회장은 거액의 연봉을 챙긴 것이다. 글로벌 IT기업에게 '소니 같다'는 말은 이제 찬사가 아니라 모욕이 되어 버렸다.

삼성전자는 아직 갤럭시 노트7 폭발의 충격에서 벗어나지 못하고 있다. 특히 중국시장에서 삼성전자의 타격은 크다. 화웨이가 17.5%로 1위를 차지한 이래 짝퉁 아이폰으로 불리는 샤오미가 10%의 점유율을 기록, 중국시장 5위로 부상한 반면 삼성전자는 5.4%로 6위로 내려앉았다. 중국시장에서 1위를 회복할 조짐도 보이지 않는다. 삼성전자는 중국업체의 코스트 전략이라는 수렁에 빠져 있는 것이다.

삼성전자는 매달 임원회의를 한다. 최근에는 이달에 스마트폰을 몇 대 팔았는가가 가장 중요한 체크 포인트가 된다고 한다. 이렇게 되면 혁신의 가능성은 원천적으로 차단된다. 현재의 실적에 집착할수록 미래의 실적이 떨어지는 모순이 생기는 것이다. 지금 제품을 몇 대 팔았는가가 가장 중요한 실적이 되는 데 누가 미래의 제품을 개발하는 위험을 감수하겠는가.

소니의 스트링거 회장은 단기업적을 회복하기 위해 당장 수익이 발생하지 않는 미래 산업을 잘라냈다. 그중 하나가 로봇이다. 소니는 '아이보'라는 독창적인 엔터테인먼트 로봇을 개발, 펫처럼 인간에게 즐거움을 주는 신산업을 개척했다. 그럼에도 스트링거 회장은 수익성이 없다는 이유만으로 로봇 부문을 정리한 것이다. 현재 로봇은 의료용, 군사용, 산업용은 물론 엔터테인먼트에 이르기까지 산업 전반에 걸쳐 확산되고 있다. 소니로서는 뼈아픈 실책이 아닐 수 없다.

삼성전자의 전략적 일관성 역시 취약하다. 애플은 차별화와 고급화 전략을 기반으로 자동차와 TV 등과 자사의 플랫폼을 연동시키는 전략으로 나가고 있다. 반면 삼성은 완전한 고가도 경쟁력 있는 중가도 아닌 어정쩡한 상태에 있다. 또한 기존 제품과 스마트워치 같은 혁신적 제품과의 관계도 모호하다.

삼성전자가 수익성에 집착하는 것은 이해가 간다. 그러나 보다 중요한 것은 미래의 수익을 담보할 수 있는 혁신성과 일관된 전략이다. 소니는 근시안적인 단기수익에 집착하다 더 중요한 기업가치와 혁신성을 잃어버렸다.

HOW TO MAKE THE KOREAN INNOVATION MODEL?

왜 갤럭시는 아이폰이 될 수 없는가

영국(잉글랜드)이 프랑스의 왕위 계승권을 주장하면서 시작된 유럽의 백년전쟁은 1453년까지 무려 116년이나 지속된다. 이 백년전쟁의 초반 영국을 압도적인 우위에 서게 해 준 계기가 크레시 전투이다. 1346년 프랑스 교외 크레시에서 벌어진 이 전투에서 프랑스와 영국은 4만 명 대 1만 2천 명이라는 압도적인 병력 차이를 보였으나 결과는 놀랍게도 영국의 일방적인 승리로 끝났다. 영국군의 사상자는 천여 명이었던 데 비해 프랑스는 병력의 절반에 가까운 2만여 명의 사상자를 낸 것이다. 프랑스에는 왕이었던 필립6세조차 부상당한 치욕적인 전투였다.

이 전투의 승패를 가늠했던 무기가 바로 장궁이었다. 롱보우라고도 불리는 장궁은 180cm의 활에 100cm의 화살을 사용하는 무기였다 장궁의 최대 강점은 속사와 유효사거리였다. 1분에 6발에서 10발을 발사할 수 있었고, 사정거리는 거의 500m에 육박하는, 현대전으로 말하면 장거리포에 비유할 수 있다.

여기에 비해 프랑스군의 주력궁수인 제노바 용병은 '크로스보우(석궁)'로 무장했으나 이들은 분당 겨우 2발을 장착할 수 있었고, 사정거리도 100여 미터에 지나지 않았다. 프랑스군은 먼저 제노바 용병을 내세워 석궁으로 영국군을 공격하였고 이어 기병대의 돌격전을 하였으나, 영국 장궁부대의 비 오듯 쏟아지는 화살에 거의 궤멸되고 만다.

그런데 놀라운 사실은 이런 엄청난 장궁의 위력을 맛본 이후에도 프랑스군은 장궁을 도입하지 않았다는 점이다. 프랑스군은 포로로 사로잡은 영국 장궁 궁수의 엄지손가락을 가차 없이 자르기는 했지만 장궁이라는 강력한 무기를 도입하려는 시도를 백년전쟁 내내 하지 않았다.

이런 프랑스군의 행동은 여러 가지로 해석할 수 있지만 혁신이론의 관점에서는 경로의존성으로 설명된다. 경로의존성이란 우연히 선택된 경로가 이후 다른 경로의 선택을 방해한다는 이론이다. 즉 프랑스군의 석궁을 중심으로 한 지식의 축적이 장궁의 도입을 방해했다고 할 수 있다.

삼성 스마트폰 갤럭시와 아이폰의 경쟁에서도 백년전쟁 당시의 프랑스군과 유사함이 보인다. 이번에 발매된 아이폰도 역시나 새로운 혁신은 보이지 않았다. 고작해야 약간 더 우아해진 디자인에 컬러 정도로 승부한, 스티브 잡스가 무덤에서 통곡할 정도의 수준이었다. 그럼에도 전 세계의 속칭 '애플빠'들은 아이폰을 사려고 밤을 새워 매장 앞에서 기다렸다.

이에 반해 삼성 갤럭시는 많은 사용자들이 애용하지만 그렇다고 열광하지는 않는다. 그것은 두 제품이 가지고 있는 제품 속성 때문이다. 아이폰은 '어른들의 장난감'인데 반해 갤럭시는 'IT 디바이스'이다. 아이폰은 '사용하는 즐거움'을 주는 데 비해 갤럭시는 '사용하는 편리함'을 준다. 아이폰은 '하드웨어와 소프트웨어가 융합'되어 있는 데 반해 갤럭시는 '하드웨어와 소프트웨어가 따로 논다.'

간단한 예로 메일이나 파일을 지울 때 아이폰은 알라딘의 마술 램프처럼 빨려 들어가는 데 비해 갤럭시는 삭막한 창이 하나 떠서 '지우겠냐'고 묻는다. 메일이 날아갈 때도 아이폰은 비행기 소음이 나는 데 반해 갤럭시는 기계음만이다.

이런 사용자 인터페이스는 간단한 것 같지만 실은 단순하지 않다. 아이폰 화면의 터치 반응, 아이튠즈와의 연동 등도 사용자의 감성을 염두에 둔 치밀한 설계에서 출발한다. 그래서 삼성 갤럭시는 편리하기는 하지만 사용자에게 감동을 주지는 못한다. "삼성은 써본 사람이 싫어하고 애플은 안 써본 사람이 싫어한다"는 말이 있다. 현재 삼성이 아이폰을 능가하는 것은 아이폰이 스티브 잡스의 망령에 사로잡혀 혁신을 못 하기 때문이다. 이 점에서 스티브의 망령은 삼성의 자유로운 시도를 가능케 하는 원동력이다.

애플이 다시 깨어나기 전에 삼성은 아이폰이라는 장궁을 분석하고 흡수해야 하는 것 아닐까?

HOW TO MAKE THE KOREAN INNOVATION MODEL?

스마트폰 진화는 끝나다

오랜만에 일본 도쿄를 방문했을 때의 일이다. 시부야에서 회의를 마친 후, 일본 최대의 통신사 NTT도코모의 휴대폰 매장에 들어가 보았다. 그곳에는 삼성전자의 갤럭시S7과 나란히 진열되어 있는, 세련되었지만 뭔가 익숙하지 않은 브랜드의, 하지만 결코 갤럭시의 디자인에 뒤지지 않은 스마트폰이 전시되어 있었다. 소니의 신규 제품이 아닐까 생각하며 뒷면의 제조사를 본 순간 내 눈을 의심하지 않을 수 없었다. 'HUAWEI made in China' 중국산 스마트폰이 아키하바라의 매장 구석이 아닌, 도쿄 한복판의 NTT도코모샵에 당당히 전시되어 있는 것이다.

NTT도코모는 일본 최대의 통신사라는 명성에 걸맞게 제품 도입 과정은 까다롭기 그지없다. 전파인증은 기본이고 버그와 내구성 테스트, 부품의 신뢰도에 대한 까다로운 검사 과정은 해당 기업의 인내심을 시험하는 잔인한 과정이기도 하다. 언제 끝날지 모르는 테스트 속에서 끊임없이 요구하는 근거 자료와 데이터, 별 쓸모 없어 보이는 질문까지 반복되면 납품 담당임원은 끓어 오르는 '분노(?)'를 삭혀야만 한다. 그런데 이런 인내심의 극한을 시험하는 과정을 중국산 스마트폰이, 아니 그 성질 급한 중국기업이 통과하다니 놀랍기만 했다.

그런데 잘 살펴보니 일본시장에 진입한 중국기업은 화웨이 만이 아니었다. ZTE라는 또 다른 중국 스마트폰 제조사 역시 소프트뱅크와 제휴해 이미 일본시장에 진입해 있었다. 몇 년 전이라면 상상도 하지 못할 '상전벽해'가 도쿄 한복판에서 벌어지고 있다. 왜 이런 일이 가능하게 된 것인가.

기술경영학에서는 혁신적 제품의 진화 과정을 변이(variation), 선택(selection), 유지(retention)라는 세 과정으로 분류한다. 변이란 기존의 구제품과 다른 새로운 제품군이 출현해 서로 경쟁하는 과정이다. 스마트폰에서 보면 블랙베리 같은 버튼형, 손가락으로 제어하는 터치형 등이 서로 경쟁하는 형태이다. 두 번째의 선택 과정에서는 소비자에게 가장 호소력 있는 제품이 생존하고 다른 제품은 몰락한다. 블랙베리는 패배해 시장에서 소멸하고 있고, 아이폰이 터치형의 표준을 확립한 후 전 세계의 스마트폰이 터치형으로 진화하고 있다.

세 번째 유지는 선택 과정에서 형성된 제품의 특성이 그대로 유지되면서 혁신이 멈추는 단계이다. 이 단계가 되면 제품은 성능보다는 가격이 중요하게 된다. 즉 가격 중심의 경쟁 구도가 형성되면 후발기업이 선발기업을 따라잡을 기회가 주어진다. 이런 가격 중심의 이전투구(泥田鬪狗)에 휘말리지 않기 위해 기업은 혁신의 사이클을 다시 변이 단계로 되돌리고자 필사적으로 몸부림친다. 구글이 구글글래스를 개발하고, 애플이 스마트워치를 출시한 것은 이런 전략의 산물이다.

여기서 어떻게 중국의 스마트폰이 일본시장에, 아니 세계시장에 급속히 진입하고 있는가를 설명하는 키워드가 바로 '유지 단계'이다. 유지의 단계에 접어들면 각 경쟁자들은 스마트폰의 다음 모델을 쉽게 예측할 수 있다. 그것은 현재 기능의 고급화, 아니면 저비용, 저가격 스마트폰의 개발이다. 여기서 중국업체들이 추구하는 전략은 후자이다. 물론 저가 스마트폰이라고 해서 소나타를 경차 모닝 수준으로 확 떨어뜨리는 단순 전략은 아니다. 중국업체는 현재의 기능을 최대한 유지하거나 약간 향상시키면서 경쟁업체보다 가격을 대폭 낮추는 코스트 전략을 구사한다.

이제 중국의 스마트폰은 자국시장을 넘어 해외로 쏟아져 나오고 있다. 스마트폰의 진화가 멈춘 지금 승자는 중국기업이 될 것인가?

HOW TO MAKE THE KOREAN INNOVATION MODEL?

한중 IT 기업의 역전드라마: 중국 텐센트 성공의 비밀

01

세계 1위와 2위의 인터넷 기업은 누구일까? 쉽게 추측할 수 있다. 바로 미국의 구글과 아마존이다.

그러면 3위의 기업은 어디일까? 정답은 중국의 텐센트라는 기업이다.

1998년에 설립된 텐센트는 메신저, 온라인게임에서 시작해 전자상거래, 포털, 모바일 등 인터넷 전반에 걸친 사업영역을 확보하고 있다. 텐센트의 2016년 3분기 매출이 404억 위안, 영업이익 145억 위안이며, 이를 일 년으로 환산하면 매출이 1,600억 위안(한화 약 35조 원), 영업이익이 600억 위원(약 13조 원) 정도가 된다. 시가총액은 2,565억 달러(한화 약 300조 원)에 달하는 거대 인터넷기업이다. 아시아 최대의 인터넷기업이기도 하다.

그러나 10여 년 전의 텐센트는 수익모델의 부재로 고전하고 있던, 발전 전망이 극히 불투명한 벤처기업에 불과했다. 이를 타개하기 위해 텐센트는 2003년 동시접속자 300만 명이라는 엄청난 수준의 QQ메신저 유저를 기반으로 온라인게임 사업에 발을 들여놓

왔지만 역시 기대한 만큼의 수익은 발생하지 않았다. 텐센트의 게임사업은 주로 포커와 같은 사행성 게임을 위주로 하고 있었고, 한 달 매출은 고작 800만 위안(한화 약 15억 원)에 머물러 있었다. 진퇴양난인 상황이었다.

2004년 2월 조사차 텐센트 본사를 방문한 나에게 30대 초반의 게임사업 담당 임원은 한국의 게임사를 소개해 달라고 간절히 부탁했다. 한국의 게임사와 만나고 싶은데 아무리 연락해도 만나 주지 않는다는 것이다. 그 회사는 네오위즈였다. 네오위즈와 제휴해 게임 콘텐츠와 운영 노하우를 도입하고 싶다는 것이었다. 흔쾌히 수락한 후 한국으로 돌아와 네오위즈 대표를 만나 텐센트의 의향을 전달했다. 한 달이 지나서 답이 왔다. 지금 국내 사업만으로도 여력이 없어 중국은 아직 무리라는 것이 사업부서의 결론이라는 것이다.

그로부터 10년이 지난 지금 텐센트는 중국 최대의 게임사이자 세계 3위의 인터넷 기업이 되어 있고, 네오위즈는 3천억 원의 해외 매출 대부분을 텐센트에 의존하는 형국이 되어 있다. 네오위즈뿐만이 아니다. 텐센트의 시가총액은 국내 최대 게임사인 엔씨소프트보다 23배나 많고, NHN의 5배 규모이다. 텐센트는 이제 거꾸로 한국 게임회사와 게임을 사들이고 있다. 레드덕 15억 원, 아이덴티티 40억 원 등 텐센트가 한국게임사에 투자한 금액은 200억 원에 달한다. 게임사뿐만이 아니다. 텐센트는 카카오에 870억 원을 투자해 2대 주주의 지위를 획득했다.

02

텐센트의 사업은 초기부터 많은 우여곡절이 있었다. 텐센트는 설립 초기 이메일 서비스 사업을 시작했지만 참담한 실패를 맛보았다. 이어 1999년 텐센트는 현재 10억 명이 사용하는 인스턴트 메신저 QQ의 전신인 QICQ 서비스를 시작했다. 1999년 말 OICQ의 이용자는 100만 명까지 증가했지만 수익은 거의 발생하지 않았다. 텐센트는 막대한 서버 유지비용 등으로 인해 자금난을 벗어날 수 없었다. 텐센트는 이를 타개하기 위해 소프트웨어 개발 아웃소싱은 물론, 홍콩에서 저가 노트북을 수입해 판매하기까지 했다.

이런 위기를 타개하기 위해 텐센트가 선택한 사업이 바로 온라인게임이다. 당시 중국에서 폭발적으로 성장하고 있을 뿐 아니라 월정액과 부분유료화 모델이 확고하게 증명된 온라인게임 사업에 진입한 것이다. 2003년 텐센트는 한국 게임사 이매직의 MMORPG(대규모 다중 접속 온라인 롤플레잉 게임) '세피로스'를 도입해 서비스를 시작했다. 그러나 세피로스는 중국 PC방의 낮은 PC성능과 인터넷 속도의 문제로 인해 실패하고 말았다. 결국 텐센트는 MMORPG보다는 보드게임이나 캐주얼게임의 개발을 통한 게임 사업으로 전환한다. 이 시기 텐센트의 수익 중 가장 많은 부분을 차지한 것이 사행성게임의 환전수수료이다. 현금을 '큐비'라는 사이버머니로 교환하고 이 사이버머니를 다시 현금으로 환전할 때 30%의 수수료를 부과하는 시스템이다(지금은 중국에서도 불법이다).

2007년 텐센트는 한국의 온라인게임인 '던전앤파이터'와 '크로스파이어'를 런칭해 대성공을 거두었다. '던전앤파이터'는 동시접속자 300만 명, '크로스파이어'는 400만 명이라는 기록을 달성했다. 이런 게임 산업에서의 대성공 이후 텐센트는 전자상거래, 포털, 모바일 등으로 영역을 급속하게 확장하고 있다. 2016년 말 텐센트는 중국그루폰인 F투안-그루폰에 미국그루폰과 함께 4천만 달러를 투자하는 등 소셜커머스업체에 대한 투자도 확대하고 있다.

03

텐센트의 성공은 플랫폼 효과와 서비스 기획 역량의 보유 두 가지로 정리할 수 있다. 텐센트의 비즈니스는 기본적으로 한게임이 세계 최초로 제시한 콘텐츠 플랫폼 모델을 차용하고 있다. 무료로 플랫폼을 제공해 대규모의 유저풀을 형성하고 난 후 그 위에 다양한 콘텐츠를 얹어 수익을 창출하는 것이다. 최근 동일한 방식으로 한국에서 성공한 기업이 카카오톡이다. 카카오톡을 기반으로 한 게임 '애니팡'의 성공은 이러한 모델의 유효성을 증명하고 있다.

펭귄을 심벌로 하는 텐센트의 QQ메신저는 최고동시접속자가 1억 4천만 명에 이르는 중국 최대의 인터넷 메신저이다. 이 메신저에 게임, 모바일, 포털, 전자상거래 등 다양한 콘텐츠를 연계해 사용자에게 제공하는 것이다.

텐센트의 성공을 가능하게 한 두 번째 요인은 중국시장과 유저에 적합한 서비스 기획 역량이다. 사실 텐센트는 혁신적인 기업과는 거리가 멀다. 텐센트 대부분의 사업과 제품은 선발자의 사업, 심지어는 중국 사업자의 서비스를 모방한 것이다. 텐센트가 개발한 QQ메신저의 전신인 OICQ는 미국의 메신저 ICQ를 모방한 서비스였다.

또 2006년에는 넥슨의 BNB를 모방한 'QQ탕'이라는 게임을 개발해 서비스하다 넥슨에 제소당한 바도 있었다. 당시 넥슨은 자사의 '포포탕'과 QQ탕이라는 이름의 유사성, 전체적인 화면 구성 및 도구들의 유사성을 주장해 중국 법원에 제소한 바 있다.

텐센트 CEO 마화텅도 이 점을 부인하지 않는다. 그는 이렇게 말한다.

"새로운 서비스를 최고로 여기는 인터넷 분야에서 우리는 창조하려고 노력하지 않는다. 우리는 기존에 있던 사업을 더욱 세분화하고 서비스마다 우리만의 개성을 부여하며, 이를 이익과 결부시키려 노력한다. 어떤 기업도 모방하지 않고 성장한 기업은 없다. 그러므로 우리의 방법은 잘못되지 않았다."

이러한 텐센트의 서비스 재구성 능력은 해외게임의 퍼블리싱과 결합하면서 시너지를 발휘했다. 예를 들어 앞에서 언급한 '크로스파이어'의 경우 한국시장에서는 참패했으나 텐센트에서 대성공을 거둔 예이다. 텐센트에는 중국 유저를 분석해 이를 기반으로 게임을 재구성하는 전담조직이 존재한다. 이들이 한국의 게임을 철저히 분석해 중국 유저의 취향에 맞게 새롭게 게임을 변형하도록 유도한다. 이런 노하우가 텐센트의 핵심경쟁력이다.

04

텐센트가 세계 3위의 인터넷 기업으로 성장한 것은 우리에게 많은 고민을 던져 준다. 왜 한국은 텐센트 규모의 인터넷 기업이 등장하지 않는 것인가? 왜 텐센트의 성장과 반대로 한국의 게임사는 중국시장에서 점차 밀려나고 있는 것인가?

물론 중국과 한국의 시장 규모가 다르다는 원론적인 답변은 가능하다. 하지만 텐센트 매출 8조 원 중 절반인 4조 원이 게임산업에서 발생하며, 이 중 절반인 2조 원은 한국게임에서 발생한 매출이라는 점에 주목할 필요가 있다. 이는 한국기업의 한계가 제품의 한계가 아닌 전략의 한계라는 점을 시사하고 있다.

2000년대 중반까지 한국산 게임은 중국시장의 70% 이상을 점유하고 있었고, NHN을 비롯해 엔씨소프트, CJ인터넷 등 한국의 여러 게임사들은 중국에 자회사를 설립했다. 그러나 한국 게임사는 중국시장을 석권한 탁월한 제품을 보유하고 있었음에도 시장과 사업전략에서 실패했다. 한국기업은 개발의 기술적 우위가 지속될 것으로 착각해 시장과 사업전략의 수립을 간과한 것이다.

게임산업에서 중국 사업은 개발은 한국기업이 담당하고, 퍼블리싱은 중국기업이 담당하는 구조를 유지해 왔다. 이러한 수직분업

구조 속에서 한국 게임사는 중국시장에 대한 정보를 획득할 수 없다. 즉, 가치 있는 유저에 대한 정보, 시장정보가 한국의 개발사로 이전되지 못하는 문제가 발생했던 것이다. 이 때문에 중국퍼블리셔가 보유하고 있던 시장정보를 획득한 한국개발사는 전무했다.

이런 구조적 제약상황에서 중국시장이 포화 상태에 이르러 중국 퍼블리셔가 시장 정보를 기반으로 바게닝 파워에서 우위를 점하게 되자 한국의 개발사는 더 이상 경쟁우위를 지속시키기 어렵게 되었다. 시장 상황의 변화에 의해 한중 개발사, 퍼블리셔 간의 경쟁우위의 역전이 발생한 것이다. 개발사가 퍼블리셔를 지배하는 것이 아니라, 퍼블리셔가 개발사를 지배해는, 전통적인 모델로의 회귀이다.

05

텐센트가 진정으로 글로벌 기업으로 비약하기 위해서는 극복해야 할 문제는 많다.

첫째, 텐센트는 중국 국내 시장을 중심으로 급성장을 거듭해 왔지만 반대로 글로벌 사업은 미미하다는 점이다. 텐센트는 이런 약점을 보완하기 위해 필사적으로 글로벌 차원의 M&A를 진행하고 있다. 텐센트는 최근 2년간 40여 건의 해외투자를 진행했으며, 과거 11년 동안 총 30여 개에 달하는 기업을 사들였다. 텐센트는 2016년에 70억 위안(한화 약 1조 3천억 원)을 M&A에 투입했다.

둘째, 텐센트 사업이 아마존이나 구글과 같은 기업과 달리 IT업계를 리드하는 혁신적 서비스 모델을 제시하고 이를 발전시키는 형태가 아니라는 점이다. 텐센트 사업은 이 점에서 아직 개발도상국형의 추격형(follow up) 수준에 머물러 있다고 평가할 수 있다. 텐센트는 주로 미국이나 한국, 심지어 중국에서 개발되고 서비스 모델이 확립된 사업에 후발로 진입해 추격하는 전략을 취하고 있다. 이러한 추격형 모델은 중국을 넘어 해외 시장에서 인터넷 사업을 영위할 때 커다란 한계로 작용할 것이다.

HOW TO MAKE THE KOREAN INNOVATION MODEL?

3D 프린터의 충격,
아시아 다시 무너지는가

2013년 5월 영국 BBC는 3D 프린터로 권총을 만들어 발사하는 장면을 보도했다. 이 총기는 코디 윌슨이라는 25세의 대학생이 1년간 연구 끝에 만든 것으로 총의 대부분은 플라스틱 재질로, 격발장치인 공이만 금속으로 만들어졌다. 무정부주의자인 윌슨은 한술 더 떠 권총 제조 설계도를 인터넷에 공개하겠다고 밝혔다. 이로써 개인도 온라인쇼핑몰에서 판매하는 3D 프린터만 있으면 누구나 총기를 만들 수 있는 '전인류 무장'의 시대로 돌입했다.

총기만이 아니다. 3D 프린터는 아마추어나 오타쿠(한국에서는 오덕후라는 우아한 이름으로 불리는)의 피규어 제조놀이를 넘어 우주항공이나 의료, 자동차 같은 제조업 전반을 쓰나미처럼 덮치고 있다. 불길한 것은 한국이 이러한 산업 쓰나미에서 후진국에 머물러 있을 뿐 아니라 아직 그 위기조차 실감하고 있지 못하다는 것이다.

중세만 해도 유럽은 '야만의 국가'에 불과했다. 콜럼버스의 신대륙 발견은 황금의 나라 인도를 찾기 위함이었다. 그래서 발견한 미국 신대륙을 콜럼버스는 인도로 착각했고, 여기에 사는 미국 원주민을 인도인이라는 의미의 인디언으로 불렀다. 마르코 폴로의 동방견문록은 선진 문물의 산지였던 동양에 대한 찬사와 부러움으로 덮여 있다. 오죽하면 마르코 폴로의 별명이 '일 밀리오네(백만)'였겠는가. 그가 동양을 설명할 때 입만 열면 백만이라는 단위를 불렀기에 주변 사람들이 붙여준 별명이라고 한다.

그런 유럽이 18세기 산업혁명을 거쳐 제국주의로 진화하면서 글로벌 패권을 쥐게 된다. 영국은 제임스 와트의 증기기관을 기반으로 가장 먼저 산업화를 시작했고 프랑스, 독일 그리고 후발국 미국까지 앞을 다투어 아시아, 아프리카를 식민지로 만들었다. 그러나 2차 대전 후 독립한 아시아 국가들이 제조업을 중심으로 이들 국가들을 추격, 마침내 제조업에서는 관계를 역전시켰다.

일본에 이은 한국과 중국의 급부상은 영국 총리 대처조차 제조업은 끝났다는 항복 선언을 하게 만들었다. 영국 제조업의 경우 국내총생산(GDP) 대비 제조업 비중이 1970년 30%에서 2011년 11%로 하락했다. 2011년 이 비중은 한국이 28%, 중국 34%이다. 최근 중국의 급부상은 이러한 경향을 더욱 촉진했다. 중국은 미국과 더불어 G2로 불리며 미국에 버금가는 강대국으로 대두했다. 적어도 제조업의 패권은 서구에서 아시아로 이동했다고 볼 수 있다.

그러나 3D 프린터의 등장은 이러한 제조업 패권의 이동을 되돌리려 하고 있다. 3D 프린터는 1차 산업 혁명의 원동력이 됐던 증기기관의 역할을 하고 있다. 영국 이코노미스트지는 이를 두고 '3차 산업혁명'이 시작됐다고 평가한 바 있다.

산업혁명의 본질은 '크래프트맨(장인) 생산 방식'에서 '기계제 대량 생산 방식'으로의 이행에 있다. 그런데 3D 프린터는 대량생산을 다시 장인 생산으로 되돌릴 수 있는 도구이다. 더구나 3D 프린터는 정보기술(IT) 기술을 기반으로 하고 있기에 장인의 노하우를 기계에 체화시켜 놓았다. 사용하는 개인은 단지 디자인을 선택, 출력 버튼을 누르기만 하면 된다. 따라서 3D 프린터는 싼 임금이나 제조원가보다 이론 그대로 '저스트 인 타임(적시공급)'이 더욱 중요하게 된다.

더 위험한 것은 3D 프린터가 요구하는 산업능력이다. 3D 프린터에서 가장 중요한 것은 디자인과 설계능력이지만 유감스럽게도 이 능력은 여전히 서구와 일본이 독점하고 있다. 실로 3D 프린터가 초래하는 위기의 실체는 여기에 있는 것이다.

2016년에 일본 정부는 후쿠시마 원전 사태를 두고 '소테이가이(예상 밖)'라고 답변, 호된 비판을 받은 적이 있다. 하지만 이런 일본 정부의 입장이 완전히 비상식적인 말은 아니다. 후쿠시마 원전은 8m급 쓰나미를 상정하고 방파제를 만들어 놓았다. 사실 정부 공무원이 150년에 한 번 올까 말까 한 10m 이상의 대형 쓰나미를 대비해야 한다고 주장하면 예산 낭비라고 비난받기 십상이다. 그러나 15m급의 쓰나미가 덮치면서 후쿠시마는 초토화됐다.

지금 다가오는 3D 프린터는 한 국가를 넘어 동양과 서양의 운명을 바꾸어 놓을 거대한 쓰나미가 될 것이다. 한국은 준비되어 있는가?

HOW TO MAKE THE KOREAN INNOVATION MODEL?

한국이 IT강국이라는 허상

일본은 지난 1990년대와 2000년대를 '잃어버린 20년'이라 부른다. 잃어버린 20년이라 부르는 데에는 경제적으로 불황이었다는 현실도 작용했지만 더 중요하게는 정보기술(IT)이라는 첨단산업에 적응하지 못한 채 미래에 대한 비전과 자신감을 잃어버린 데 있었다. 그런데 '잃어버린 20년'을 초래한 이유가 정작 그들 자신의 '오만함' 때문이었다는 점은 아이러니다.

1980년대 후반 일본경제는 버블이라는 장밋빛에 취해 있었다. 당시 부동산 가격은 천정부지로 치솟아 일본 열도를 팔면 미국을 송두리째 사들일 수 있다는 계산까지 나오고 있었다. 샐러리맨들은 매일 밤 고급 레스토랑에서 회식하고, 비싸기로 유명한 택시를 타고 집으로 돌아갔다. 그리고 그 비용은 다음 날 고스란히 회사가 영수증 처리해 주었다. 정말이지 좋은 시절이었다.

그러나 바로 그때 일본경제에 패해 제조업이 공동화돼 간다던 미국에서는 소리 없이 기업의 IT화가 진행되고 있었다. 미국기업은 수면하에서 IT라는 새로운 기술을 결합시켜 권토중래를 꿈꾸고 있었다. 1990년대 들어 일본경제의 버블이 꺼지면서, 그리고 일본기업이 IT 도입에 뒤처지고 있다는 사실을 자각했을 때는 이미 게임이 끝난 상태였다. IT 산업에서 일본은 완패한 것이다. 이런 일본경제의 뼈아픈 경험이 한국의 디지털콘텐츠 산업에서 재현될 가능성을 보이고 있다.

나는 일본 도쿄대학과 공동으로 온라인게임을 교육에 활용하는 세계 최초의 연구 프로젝트를 진행한 적이 있다. 이 과정에서 실험에 협력할 일선의 초·중·고를 방문해 학교의 컴퓨터 시설을 점검한 적이 있었다. 그 결과 충격적인 사실이 발견됐다. 방문했던 학교가 보유하고 있는 대부분의 PC에서 온라인게임이 작동하지 못한다는 사실이 발견된 것이다.

많은 PC가 이미 퇴물이 돼버린 윈도 98, 심지어는 95를 그대로 쓰고 있거나 CPU 성능이 현저하게 떨어지는 제품, 또는 메모리가 부족해 작은 용량의 게임조차 기동하지 못했다. 전산실의 서버 역시 문제였다. 겨우 20~30명의 인원이 접속해도 서버가 다운되는 경우가 많아 안정적으로 게임에 접속해 실험하는 것은 불가능했다. 500메가 정도의 작은 게임 프로그램을 다운로드받는 것은 애초에 불가능한 일이었다.

이 조사에서 학교의 인터넷 인프라는 90년대 후반 김대중 정부 때 보급된 후 제대로 관리되거나 업데이트되지 못한 채 방치되고 있다는 사실을 알 수 있었다. 즉 통계로만 잡히는 학교의 PC 보급 대수 이면에 이런 충격적인 현실이 은폐되어 있는 것이다.

한국의 희망은 현재의 10대 청소년에 있다. 특히 한국이 세계 최고의 수준을 자랑하고 있는 콘텐츠 산업을 유지할 수 있는가는 오직 이들에게 달려 있다. 현재의 20대 대학생조차 콘텐츠 산업에 대한 감각이 취약하다. 예를 들어 사이버 공간에서 아바타와 자신에 대한 일치도를 조사해 보면 대학생은 현저히 그 수준이 떨어지지만 초등학생은 현실의 자신과의 일치도가 대단히 높다.

대학생들은 청소년들의 톡톡 튀는 감성과 색채, 디자인 감각을 따라가지 못한다. 사이버상의 콘텐츠에 대한 감각에서 20대조차도 이미 '보수세력'이 돼 있는 것이다. 이런 한국의 꿈인 10대 청소년들이 가장 중요한 디지털콘텐츠 교육현장에서 방치되고 있다.

모든 산업에서 영원한 승자는 없다. 한국 역시 디지털콘텐츠 분야에서 영원한 승자일 수 없다. 이제 우리가 IT 강국이라는 '찬사'에 취해 무엇을 보지 못하고 있는 것인지 고민할 때다.

HOW TO MAKE THE KOREAN INNOVATION MODEL?

한국 정부, 한국 글로벌 기업의 발목을 잡다: 글로벌 카카오와 로컬 정부의 마찰

11세기 유럽에서는 '카놋사의 굴욕'이라는 세계사에 길이 남은 대사건이 있었다. 당시 교황이었던 그레고리오 7세와 신성로마제국 황제 하인리히 4세의 갈등이 낳은 사건이었다. 간단히 말하면 당시 유럽을 지배하고 있던 글로벌 절대권력자 교황에게 반기를 들었던 하인리히 4세는 교황에 의해 파문당했다. 결국 하인리히 4세는 험준한 알프스산을 넘어 이탈리아 카놋사성을 찾아 3일 밤낮을 교황에게 빌어 용서를 받았다는 내용이다.

당시 교황에게 파문을 당하면 제후의 충성을 받을 권리를 박탈당하기 때문에 파문은 왕에게 있어 실각과 같은 의미였다. 하인리히 4세가 한겨울 눈밭에 맨발로 서서 3일을 빌었던 이유는 충분했다.

이 카놋사의 굴욕이 유명해진 것은 단지 하인리히 4세가 교황의 용서를 받았다는 데 있지 않다. 하인리히 4세는 교황의 용서를 받은 후 영지로 돌아와 자신을 지지하지 않은 가신들을 처단하고 다시 제후들을 결집, 교황을 축출하는 복수극에 성공한다. 서구형 와신상담이라 부를 수 있는 이 사건을 계기로 유럽을 지배하던 신권은 몰락하고 세속 국가의 지배력이 강화된다. 현대적으로 해석하면 교황으로 상징되는 글로벌 세력이 패하고 국가로 상징되는 지역 세력이 다시 패권을 잡았다고 말할 수 있다.

그로부터 천 년이 지난 지금 다시 글로벌 세력이 지역 세력과 권력 투쟁을 벌이고 있다. 현대의 글로벌 세력은 IT를 무기로 한 기업이다. 구글, 페이스북, 애플과 같은 글로벌 기업은 말 그대로 국경을 넘어 전 세계를 지배하고 있다. 구글의 월 방문자가 10억 명, 페이스북의 사용자는 5억 명이니 한국과 같은 지역 국가의 영향력에서 벗어난 지 오래이고 그나마 제어할 수 있는 국가는 그들의 모국이자 패권국인 미국 정도이다.

카카오에 대한 사이버 검열 논란은 바로 이러한 글로벌 기업과 지역 국가의 마찰이 빚어낸 산물이다. 인터넷 비즈니스는 시간과 공간을 초월한다. 카카오톡 다운로드 건수가 5억을 넘었다고 하니 이 중 30% 만을 진성 사용자라 해도 1억 5천만 명이 카카오톡을 사용하고 있다는 말이 된다. 이미 카카오의 사업은 한국이라는 개별 국가의 영역을 넘어서 있다.

이 점에서 카카오의 비즈니스는 구글이나 페이스북과 본질적으로 동일하다. 다만 한국이라는 지역 정부의 직접적 통제를 받느냐 아니냐의 점에서 차이가 있을 뿐이다. 한국이라는 지역 정부는 동일한 사안을 두고 구글이나 페이스북에 카카오 같은 강제를 할 수 없다. 한국 정부가 압수 수색 영장이나 감청 영장을 보인들 실리콘 밸리에 있는 이들이 응해 줄 리 만무하다. 실제로 2012년 한국 검찰은 구글의 스트리트뷰와 관련, 구글 개발자 소환을 요청했으나 묵살당한 적이 있다.

이번에 카카오 사용자들은 정부의 개인 정보 압수 가능성을 우려해 독일 메신저인 텔레그램으로 '망명'하고 있다. 지금까지 대략 2백만 명이 이동했다고 하니 단일 해외망명자로는 역사상 최대 규모가 아닌가 싶다. 카카오에서 텔레그램으로의 이동은 개인이 얼마나 쉽게 지역 국가의 규제를 벗어날 수 있는가를 보여준다. 지금 한창 유행하고 있는 해외 직구(직접구매)도 역시 지역 정부의 과세나 통제를 벗어나 있다.

글로벌화하는 IT 기업과 지역 국가의 마찰, 사실 카카오가 이런 위기를 벗어나는 방법은 너무도 간단하다. 본사(주소만)를 미국이나 독일로 이전하면 된다. 우리가 장관 후보 청문회 때마다 듣는 '위장전입'이라고나 할까. 이렇게 되면 카카오는 텔레그램처럼 한국 정부에 의한 통제를 완전히 벗어나 문자 그대로 글로벌 사업을 할 수 있게 된다. 물론 카카오의 사업 기반이 한국이기 때문에 현실성은 없는 것 같다.

하루가 다르게 강해지는 글로벌 기업과 약화되는 지역 국가를 보면서 천 년 전 카놋사의 굴욕이 다시 떠오른다. 권력의 근원이 종교에서 기업으로 변화하기는 했지만 자신을 파멸시킨 국가권력이 몰락하고 있기에 저승에서 그레고리오 7세는 흐뭇해하지 않을까.

HOW TO MAKE THE KOREAN INNOVATION MODEL?

카카오, 인터넷 비즈니스의 기본을 잃다

카카오 이석우 대표가 마침내 바다에 몸을 던졌다. "향후 검찰의 감청 영장에 응하지 않겠다"는 그의 비장한 선언은 인당수에 몸을 던졌던 심청이와 같은 절박함과 비장함이 느껴진다. 그러나 그의 처절한 선언에도 불구하고 카카오톡 가입자들은 별 감동을 받지 못한다. 아니 무감동을 넘어 가입자들의 분노와 냉소는 여전히 활화산처럼 들끓고 있다.

카카오가 서비스를 시작한 2009년부터 6년 동안 카카오는 사용자의 절대적 지지를 받아 왔다. 휴대폰 문자 원가가 2.5원임에도 30원을 받았던 통신사들의 탐욕을 무력화시킨 게 카카오였다. 문자 요금의 족쇄에서 벗어난 국민은 지인과의 대화에서 넘치는 자유와 해방감을 만끽할 수 있었다. 더구나 게임 플랫폼 사업을 시작하기 전 200억 원이 넘는 누적적자에 허덕였음에도 카카오는 사용자의 편익을 우선해 문자 서비스를 유료화하지 않았다.

이렇듯 고객을 우선하는 카카오의 전략은 고객을 감동시켰고, 이는 카카오에 대한 절대적인 지지로 나타났다. 망사용 비용을 두고 카카오가 통신사와 첨예한 대립과 갈등을 빚었음에도 이에 저항할 수 있었던 것은 사용자의 압도적인 지지 덕분이었다. 그러나 이번 사이버 검열 논란을 보면 카카오는 그동안 자신들의 비즈니스를 가능하게 했던 원천, 즉 자신들의 핵심역량이 무엇인지를 잊어버린 듯하다.

사실 국가 권력에 의한 개인 정보 수집이 새로운 논란거리는 아니다. 수정헌법 1조에 표현의 자유를 규정하고 있는 나라가 미국이지만 미국의 국가안보국(NSA)은 실시간으로 세계 주요 인사의 메일과 휴대폰을 도청하고 있었다. 독일 메르켈 총리조차 도청당하고 있다는 놀라운 사실은 2013년 6월 스노든의 폭로로 겨우 세상에 알려졌다.

그래서 카카오가 검찰에 협조했다는 사실만으로 가입자들이 분노하는 것은 아니다. 그들이 진정으로 분노하는 것은 피노키오 같은 카카오의 거짓말이었다. 이석우 대표는 기자간담회에서 검찰이나 경찰의 감청 요청을 받은 적이 없다고 말했다. 또한 그는 감청이 기술적으로 불가능하다고 언급했다가 나중에 시인하는 쪽으로 말을 바꾸었다. 그리고 마지막에는 감청영장에 협조하지 않겠다는 선언을 했다. 사용자들은 왜 카카오가 이런 거짓말로 사태를 모면하려고 했는지, 왜 나중에 시인하는 쪽으로 입장을 바꾸었는지 이해하지 못한다.

향후 이 사태가 어떻게 수습되든지 간에 국민의 신뢰를 회복하는 데에는 많은 시간이 걸릴 것이다. 검찰에 협조하지 않겠다는 일회성 폭탄선언으로 사용자들의 무너진 '억장'은 회복되지 않을 것이다. 인터넷 비즈니스에서 사용자는 기업의 가장 중요한 자원이다. 인터넷 사용자는 바다와 같아 평소에는 이익을 가져다주는 수익의 원천이지만 태풍이 불면 그 기업을 송두리째 삼켜 버린다. 특히 신뢰를 저버린 기업에 대해 사용자는 가혹하리만큼 냉정하게 떠나 버린다.

지금의 카카오에는 왜 오늘날의 자신이 가능했고, 왜 사용자들이 그들을 지지했는지에 대한 근본적인 성찰이 있어야 한다. 카카오에게 필요한 것은 일방적인 선언이 아니다. 자신의 잘못에 대한 겸허한 반성과 비즈니스의 기본으로의 회귀이다.

HOW TO MAKE THE KOREAN INNOVATION MODEL?

김범수와 카카오, 야성을 되찾으라

한국 정보통신(IT)업계에서 김범수 의장은 특이한 사람이다. 한게임과 카카오라는 '연타석 홈런'을 친 유일한 인물이다. 그는 한게임이 대성공을 거두고 난 이후에도 벤처 초심을 잃지 않기 위해 노력했다. 그런 노력 가운데 하나가 명함이었다.

당시 한게임 명함은 특이하게도 플라스틱으로 코팅됐다. 받는 사람이 뭔가를 명함에 필기하는 것이 불가능했다.

왜 이런 명함을 만들었느냐고 물었더니 그는 "한게임을 창업한 PC방에서 사용한 선불카드를 그대로 명함으로 만든 겁니다. 그때 초심을 잃지 않겠다는 다짐인 셈이지요"라고 답했다.

그는 한국 콘텐츠 산업이 'born global(태생적 글로벌)'의 운명을 타고났다는 점도 잘 이해한 인물이었다.

한게임은 가장 빠르게 글로벌 전개를 시도한 게임사였다. 2004년 일본을 시작으로 중국, 미국 등 주요 거점에 지사를 설립했다.

이런 일도 있었다. 2004년 중국 게임 시장 조사를 마치고 귀국해 그와 식사 자리를 가졌다. 김 의장이 중국시장에 관심이 크다는 것을 알고 있었기에 중국 게임사의 경쟁력이나 전략 등에 대해 이야기해 주었다.

그런데 한 달 후에 다시 만났더니 대뜸 나와 만난 이튿날 중국에 다녀왔다는 것이다. 내 이야기를 듣고 머리에 떠오르는 것이 있어 바로 다녀왔다고 했다. 대기업 최고경영자(CEO)로서 흔치 않은 주의력과 스피드였다. 그로부터 한 달 후 NHN은 1,000억 원에 중국 게임포털 아워게임을 인수했다.

김 의장은 인내심이 대단한, 인터넷 비즈니스 원칙에 충실한 인물이기도 했다. 먼저 콘텐츠 풀을 충실하게 만든 후 이를 통해 대규모 사용자 풀을 형성, 과금을 시도했다. 이어 수익 기반이 검증되면 바로 글로벌로 사업을 전개했다. 특히 보유한 사업 도메인 간의 연계와 시너지를 중시했다.

그러나 최근 카카오 사업 전개가 과거 '김범수 패턴'에서 벗어나 있는 것 같아 우려스럽다. 카카오는 다음과의 합병 이후 사업 영역을 급격히 확장했다. 카카오택시를 비롯해 내비게이션 서비스업체 김기사를 품었고, 2016년에 들어 음원 서비스 멜론을 제공하는 로엔을 약 2조 원에 인수했다.

카카오는 로엔 인수에 보유한 현금 거의 전부를 투입했다. 그래도 모자란 자금 절반은 다시 조달해야 한다. 영역 확장에 비해 실적은 좋지 않다. 카카오의 2015년 영업이익은 671억 원에 머물러 있다. 매출의 주력인 카카오 게임의 신화를 회복할지 미지수다.

요즘 카카오 실적과 대응 전략을 보고 있으면 카카오가 우왕좌왕하고 있다는 느낌을 받는다. 카카오 택시는 사용자에게 편리한 비즈니스이지만 카카오택시가 카카오 사용자 증가를 가져오는 것은 아니다. 더구나 과금 가능한 구조도, 앞으로 과금 가능성이 높은 사업도 아니다.

미국 아마존이나 일본 라쿠텐이 택시나 미용실 중계업에 손대는가? 이것이 과연 카카오가 갈 길인가? 인수합병을 통한 성장 전략도 우려된다. 인수 대상 사업은 기존 사업과 어떤 연관성이 있으며, 인수 후 시너지로 다시 새로운 신규 사업을 창출하는지를 고려해야 한다.

김기사 사용자가 기존의 게임이나 메신저 사업과 어떤 시너지가 있는지 알기 어렵다. 메신저 사용자라는 거대한 풀이 있다고 해서 그것이 신규 콘텐츠로 자동 유입이 되지 않는다는 사실은 이미 카카오 검색이나 카카오 스토리를 통해 검증된 바 있다.

카카오 글로벌화는 더욱 우울하다. 해외 활성사용자는 2016년 827만 명으로 98만 명이나 감소했다. 카카오는 한게임 시절 야성과 공격성을 잃어버리고 국내에 안주하려는 것은 아닌가 걱정된다. 카카오는 2017년 콘텐츠 비즈니스의 기본 원칙이자 김 의장이 이미 구현한 등식, 콘텐츠, 사용자풀, 과금, 글로벌이라는 사이클을 되돌아봐야 한다.

초심을 고민할 시기가 된 것 같다.

HOW TO MAKE THE KOREAN INNOVATION MODEL?

네이버가 신문을 죽인다고?

나는 신문을 좋아한다. 아침에 배달되어 오는, 향긋한 잉크 냄새가 남아 있는 신문을 펼치는 것은 행복한 일이다. 지금은 1면을 보고 난 후 2면, 3면으로 넘어가지만, 10년 전까지만 해도 1면이 아닌 맨 뒤 사회면을 먼저 열어보았다. 사회면 맨 아래 1단 기사에 전날 학내 민주화 시위에서 연행되어 구속된 대학생의 명단이 있었기 때문이다. 혹시나 아는 이름이 나올까 봐 가슴 졸이며 한 줄 한 줄 읽었던 너무도 가슴 아픈 1980년대의 습관이다.

이런 가슴 아픈, 하지만 신문의 소중함을 알기에 나는 대학생에게 신문 읽기를 권한다. 개강할 때는 습관적으로 신문을 구독하는지 조사해 보곤 한다. 대개의 경우 70여 명의 학생 중에서 신문을 구독하는 학생은 서너 명 정도 된다. 하지만 이들 역시 부모가 구독하는 신문을 '더부살이'로 보고 있는 정도에 불과하다. 이렇게 되면 20대 대학생의 경우 구독자는 거의 제로에 가깝다. 구독 대학생이 아무도 없다니 신문의 위기를 넘어 파산 수준이다.

그러나 각도를 달리해 보면 신문의 실상은 다르다. PC나 스마트폰 등으로 신문을 읽는 경우를 물어보면 거의 90%가 넘는 학생이 손을 든다. 기사를 담는 그릇은 달라졌을지언정 여전히 대학생들은 신문을 읽고 있다. 바로 이 점에서 신문은 위기이면서도 여전히 매력적인 산업이다.

사실 신문의 위기는 어제 오늘의 이야기는 아니다. 8대 신문의 경우만 해도 2013년 매출은 전년 대비 6% 감소했다. 신문의 위기가 깊어질수록 기사를 담아 제공하는 인터넷 포털과의 대립도 격화되고 있다. 신문협회는 협회보를 통해 "포털이 뉴스를 매개로 얻은 광고수익 등 부가가치를 신문협회가 주축이 된 공동협상을 통해 포털과 신문사가 공유해야 한다"고 선전포고를 했다. 네이버의 매출이 늘어날수록, 독점적 지배력이 커질수록 반대로 기사를 제공하는 신문사가 위축되는 모순이 발생하고 있다는 것이다.

포털과의 수익 공유는 검토할 가치가 있다. 그러나 그렇다고 해서 신문의 근본적인 위기가 해결될 것 같지는 않다. 향후 포털과의 관계 설정이나 기사를 담는 매체의 진화와 기사의 제공 방식에 대한 전략 없이 신문의 위기는 해결될 수 없기 때문이다.

혁신에 대한 기업의 대응 전략은 두 가지다. 혁신을 주도하거나, 혁신에 대항하는 양자택일이다. 그러나 한국의 신문은 둘 중 어느 쪽도 아닌 어정쩡한 대세추종적 자세를 취해 왔다. 이 점에서 일본 신문의 사례는 참고할 만하다. 일본의 신문사는 포털에 기사를 제공하지 않는다. 일본의 과점적 포털인 야후에서는 신문기사가 검색되지 않는다. 신문기사를 보려면 해당 신문사 사이트에 들어가야 한다.

더구나 닛케이(일본경제신문)의 경우 과거의 기사를 검색하려면 유료 회원이 되어야 하고, 한 달에 무려 4만 원을 지불해야 한다. 닛케이는 경제에 관한 한 타의 추종을 불허하는 고급정보를 보유하고 있기에 필요한 사람은 싫어도 비용을 지불해야만 한다. 한발 더 나아가 닛케이는 지금 단순 지면 제공을 넘어 인터넷 사이트를 하나의 독자적인 플랫폼으로 진화시켜 가고 있다.

신문의 기회는 또 있다. 그것은 콘텐츠를 담는 그릇이 너무도 다양하게 출현하고 있다는 것이다. PC와 인터넷 포털을 넘어 이제는 태블릿과 스마트폰이 중요한 도구가 되었으며, 기사를 담는 형식도 다양화해 페이스북의 페이퍼나 플립보드가 등장하고, 카카오토픽도 등장하고 있다. 이런 앱은 콘텐츠를 담는 그릇으로 그릇에 들어가는 음식물(콘텐츠)까지 직접 그들이 만드는 것은 아니다. 이 점에서 신문기사는 진입장벽은 낮아졌다고는 하나 여전히 장인의 손을 거쳐야 하는 음식이다. 다양한 다바이스와 포맷이 등장할수록 그 안에 들어갈 내용물을 만드는 신문사의 중요성은 커진다.

문제는 신문사가 자신의 어떤 음식을, 어떤 그릇에, 어떻게 담아 제공할 것인가에 대한 고민이 없다는 것이다. 이런 고민의 부재로 인해 지금 신문사는 최대의 위기를 자초하고 있다. 인터넷이 발전할수록 기사의 중요성은 커지지만 정작 기사를 만드는 신문사는 위기에 몰리는 패러독스인 것이다.

HOW TO MAKE THE KOREAN INNOVATION MODEL?

'강육약식(强肉弱食)'의 경제학

유학 시절 나는 도쿄 세타가야 구에 있는 유학생 가족기숙사에서 생활했다. 세타가야 구는 공원이 많은 조용한 주택가로 영화계의 거장 구로사와 아키라 감독도 살고 있었던 유명한 동네였다. 매주 일요일이면 아내와 함께 자전거를 타고, 자전거 앞 핸들에는 의자를 달아 큰딸 여경이를 태우고 세이유(西友)에 갔다. 세이유는 우리식으로 말하면 이마트나 롯데마트 정도 된다. 일본 전역에 370개 점포를 가지고 있고, 6조 2천억 엔의 매출(한화 약 7조 원)이니 이마트의 141개 점포, 매출액 11조 원에 비하면 3분의 2 정도의 규모라고 할 수 있다.

세이유는 종합 슈퍼이기 때문에 계란, 우유에서 야채, 의류 등등 없는 것이 없었다. 또 가격도 무척이나 쌌기 때문에 일요일에 가면 동네 주부들로 북적였다. 그런데 내 아내는 특이한 구매 패턴을 가지고 있었다. 세이유에서 우유나 치즈 같은 가공식품을 사고, 과일이나 채소는 세이유 바로 앞 구멍가게에서 사는 것이었다. 말이 좋아 가게지 한 10평쯤 되는 공간에 빙 둘러 야채나 과일 박스가 줄줄이 배치된 자그마한 공간이었다. 입구에서 들어가 물건을 바구니에 담아 출구에서 계산하는, 그것도 현금만 받는 지극히 불편한 구조였다. 한 사람이 통로에 서 있으면 다른 사람이 지나갈

수 없어, 사과를 사고 싶은데 이미 지나간 자리에 놓여 있으면 다시 한 바퀴 빙 돌아와야 하는 어처구니없는 가게였다.

더구나 세이유에서 이미 일주일 치의 식료품을 가득 샀으므로 여러 개의 비닐봉지를 손에 들고 다니거나, 아니면 가게 밖에서 누군가가 봉지를 들고 기다려야 했다. 이런 불편하기 짝이 없는 가게에 항상 주부들이 가득했다. 이유는 단순했다. "과일이 신선하고 너무 싸거든" 아내의 말이었다.

그랬다. 옆의 세이유에서 150엔 하는 사과가 이 가게에서는 100엔에 팔고 있었다. 이른바 '메다마쇼힝(미끼상품)'이었다. 하지만 배나 수박 같은 다른 과일이나 채소도 세이유보다 더 싱싱하고 싼 가격에 팔고 있었다. 한 번은 그 가게 주인에게 어디서 이렇게 싼 사과를 가져오는지 물어보았다. 그 주인은 피식 웃고 대답했다.

"그건 영업 비밀이라 가르쳐 줄 수 없어요"

이 야채가게 때문에 세이유의 과일과 야채 코너는 치명적인 타격을 입고 있었다. 사는 사람이 없으니 제품 회전율이 떨어지고, 제품 회전율이 떨어지니 야채의 신선도가 더욱 떨어지는 악순환에 빠져 있었다. 하지만 세이유로서는 별 대안이 없어 보였다. 구매 담당자는 의욕이 없어 보였고, 본사를 통해서 들어오는 복잡한 구매 경로 때문에 바로 당일 새벽에 어딘가에 가서 과일을 들여오는 구멍가게를 당할 수 없었다. 절대강자의 약점을 파고드는 '강육약식'의 경제학이 바로 거기 있었다. 이 구멍가게 때문은 아니겠지만 세이유는 실적 감소에 고전하다 결국 미국 월마트에 매각되었다.

최근 골목상권과 전통시장 보호를 위한 대형마트 규제가 논란을 빚고 있다. 강제휴무일에도 이들 가게의 매출이 증가하지 않는 정책적 실패가 문제가 되고 있다. 이런 실패는 '강육약식'이 가능한 경쟁구조를 만들지 않은 데 있다. 만일 구멍가게의 야채나 과일이 세이유와 차이가 없거나 오히려 떨어진다면 일본 주부들이 그 가게로 갈 이유는 없었을 것이다. 마찬가지로 한국 구멍가게가 품질이나 가격면에서 대형마트에 밀린다면 갈 소비자는 없다. 대형마트를 강제적으로 문 닫게 하면 그 수요가 자동으로 소규모 가게로 흘러간다고 하는 것은 너무도 순진한 발상이다. 세타가야 구의 주부들은 세이유의 휴무일을 귀신같이 꿰고 있었다.

'강육약식'의 경제학에서 가장 중요한 것은 혁신이다. 세이유를 압도한 구멍가게의 신화는 바로 유통과 구매 과정의 혁신을 이루었기에 가능한 일이었다. 한국의 대형마트 논란에는 바로 이 점이 결여되어 있다. 아무리 대형마트 영업일을 규제해 보아야 소규모 자영업자들의 혁신 없이는 도로 아미타불이다.

문제의 핵심은 자영업자의 혁신이다.

HOW TO MAKE THE KOREAN INNOVATION MODEL?

스타벅스는 한국 혁신기업의 반면교사

스타벅스는 이름 그대로 커피 업계의 스타였다. 스타벅스는 1987년 이후 매일 평균 두 개꼴로 전 세계의 매장을 오픈하는 기록을 세웠다. 지금은 철수했지만 중국 문화의 본산인 북경 자금성 안에 매장을 열어 차가 아닌 커피를 팔고 있었으니 스타벅스의 위력을 알 만하다. 스타벅스가 성공한 비결을 놓고 많은 책과 논문에서 공통으로 언급하고 있는 것이 있다. 그것은 '커피의 본질에 대한 집착', '바리스타(커피 제조자)의 고객 관리', '세련된 매장 분위기' 등이다.

그런데 이렇게 승승장구하던 스타벅스를 우울하게 만드는 일이 최근 속출하고 있다. 주력인 커피는 맥도날드나 던킨도너츠의 저가 커피에 밀려 고전하고 있다. 이에 대항하고자 1달러짜리 저가 커피를 내놓았지만 실패해 결국 철수했다. 2015년에는 스타벅스 37년 역사상 처음으로 미국 내 전체 고객 수가 전년 동기보다 1% 감소하기도 했다. 결국 스타벅스는 불명예스러운 구조조정을 선언할 수밖에 없었다.

왜 스타벅스가 이렇게 되었을까. 그것은 자신이 성공한 이유를 망각했기 때문이다. 급성장하는 과정에서 스타벅스는 커피의 본질에 대한 집착을 망각하고 바리스타의 정성스러운 손이 아닌 커피머신으로 제조한 커피를 제공했다. 급증하는 매장으로 바리스타의 고객 관리가 제대로 되지 않았으며, 획일적인 매장 분위기는 고객을 질리게 했다. 고급 커피와는 인연이 먼 맥도널드의 저가커피에 밀린다는 사실은 스타벅스에 있어서는 치욕적이기까지 하다. 하지만 이런 치욕적인 현실이 스타벅스에 그치지 않고 잘못하면 한국의 게임산업에도 적용될지 모른다는 데 문제가 있다.

스타벅스가 범한 최대의 실책은 변화하는 산업환경을 제대로 읽지 못한 데 있다. 스타벅스의 성공 이후 고급 커피점은 우후죽순으로 생겨났으며, 저가 커피의 품질은 놀랍게 향상되었다. 소비자의 눈은 세련되어 이제 스타벅스의 매장을 놓고 찬사를 보내는 경우는 드물다. 하지만 이런 환경 변화에도 불구하고 스타벅스는 반대의 길을 걸었다. 이 점은 한국의 온라인게임 산업과 유사하다.

국내 게임산업은 성숙기에 진입해 있으며 일본이나 중국, 미국과 같은 글로벌 시장은 경쟁이 격화되고 있다. 게임산업 초기 개발자의 창의적인 아이디어는 이미 고갈되었다. 지금 시장에 쏟아져 나오고 있는 게임은 기존의 게임과 크게 다르지 않은 그 나물에 그 밥이다. 게임 유저에 대한 서비스는 최악의 수준이다. 게임사는 산업 초기의 '셀러 마켓(판매자 우위)' 시절의 고객관리(통제?)를 그대로 지속하고 있다. 온라인게임 고유의 특성은 유저와 함께 하는 게임 진화이지만 게임사는 이 사실을 망각하고 있다.

더 큰 문제는 게임사의 경영 능력의 한계이다. 이미 게임산업은 벤처의 전성시대가 아니지만 경영자는 벤처와 같은 기업 경영을 지속하고 있다. 지금 경영자에게 요구되는 능력은 초기의 벤처와 다르다. 경영자는 단지 게임 개발에 대한 능력보다는 조직 관리나 장기전략 수립, 글로벌 경영 능력이 더 요구되고 있다.

또 책임경영 역시 중요하다. 제조업에서 그토록 강조되는 책임경영이 게임업계에서는 통용되지 않고 있다. 어떤 게임사는 10분기 연속 적자를 기록해도, 또 어떤 게임사는 몇 년씩 매출이 정체하고 성장할 수 있는 많은 비즈니스 기회를 놓쳐도 문제가 되지 않는다. 경영자의 세대교체와 새로운 피의 수혈은 향후 한국 게임산업의 사활적인 문제가 될 것이다. 게임산업은 새로운 인력, 새로운 경영자, 새로운 개발자를 중심으로 재편되어야 한다. '새 술은 새 부대에'라는 말도 있지 않은가.

HOW TO MAKE THE KOREAN INNOVATION MODEL?

고독한 개인, 게임, 인터넷방송

아프리카TV 장동준 상무를 초청해 특강을 부탁한 적이 있다. 그때 장 상무가 학생들에게 이런 질문을 던졌다.

"지금 유행하고 있는 저희 먹방(음식을 먹는 방송)을 누가 가장 많이 시청할까요?"

학생들은 서로 얼굴만 쳐다보고 있었다. 그도 그럴 것이 내 수업에 들어온 학생은 과제물에 쫓겨 TV 드라마조차 제대로 볼 시간이 없기 때문이다. 나도 사실 누가 먹방을 볼까 궁금하던 차였다. 나는 먹는 것을 그리 즐기지 않을 뿐더러, 항상 시간에 쫓기기 때문에 식사를 하는 것이 아니라 끼니를 '때우는' 경우도 많다. 그러니 먹방을 '시청'하는 사람이 누군지 궁금했다. 장 상무가 대답했다.

"혼자 사는 사람들입니다."

한국에 늘고 있는 '나홀로족'이 '혼밥(혼자 밥 먹는 것)'할 때 주로 본다는 것이다. 혼밥족은 밥 먹을 때 아프리카TV를 틀어 놓고 마치 BJ와 같이 식사하는 듯한 느낌으로 본다고 했다. 이미 혼밥은 추세이다. 2016년 3백 명의 학생을 대상으로 한 동대신문 조사에 의하면 무려 63%의 학생이 혼밥을 한다고 응답했다. 순간 1995년 도쿄대에 유학 갔을 때 '각쇼쿠(학교 식당)'에서 보았던 혼밥족의 충격이 떠올랐다. 야쓰다 강당 지하에 자리 잡은 드넓은 학생식당에서 혼자 밥 먹고 있는 도쿄대생이 20년 전의 나로서는 이해가 되지 않았다.

그런데 20년이 지난 지금 일본은 학생의 혼밥을 넘어 노인의 혼밥이 문제가 되고 있다. 2014년 9월 일본 공영 방송 NHK의 다큐멘터리는 일본 열도에 엄청난 충격을 주었다. '노인표류사회, 노후파산의 현실'이라는 제목으로 방영된 이 프로그램은 암울한 일본의 미래를 생생하게 그렸다. 여기에 등장한 기쿠이케 유키꼬 씨는 이렇게 말한다.

"빨리 죽고 싶다는 생각만 합니다. 지금 소원이 있다면 가족과 함께 따뜻한 밥 한 그릇 먹는 것입니다. 아마 죽을 때까지 실현될 수 없겠지요(83세, 독거노인)."

우리 사정도 마찬가지로 흘러가고 있다.

한국보건사회연구원이 발표한 보고서에 따르면 국내 독거노인 수는 현재 138만 명으로 2005년의 78만 명보다 1.8배 늘었다. 독거노인 수는 앞으로 갈수록 늘어나 2035년 343만 명으로 지금보다 2.5배 이상 증가할 것으로 예측됐다. 노인 4명 중 1명은 혼밥족이 된다는 것이다. 혼자 사는 노인은 혼자 밥 먹고, 종일 혼자 있어야 한다. 특히 거동이 불편하게 되면 거의 24시간 방에서 '감옥생활'을 해야 한다.

이런 상황에서 고독한 개인을 이어줄 수 있는 매개체가 인터넷방송이나 게임이다. 지상파 방송은 시청자를 철저하게 대상화시키는 데 반해 게임이나 인터넷방송은 상호작용한다. 홀로 사는 노인이 아침에 TV, 스마트폰으로 VR게임이나 인터넷방송에 접속했을 때 상대방이 “아침 식사하셨나요”라고 물어준다고 상상해 보라.

한국 사회의 개인은 고독해지고 있다. 청년층은 취업준비에, 장년층은 일자리 유지에 바쁘고, 노인은 가족이 해체되면서 고립되어 가고 있다. 이런 고독한 상황을 극복할 대안이 게임이나 인터넷방송이 될 수 있다. 과연 게임이나 인터넷방송이 중독이나 음란물이라는 ‘미운 오리 새끼’에서 인간의 절망적인 고독을 치유해 줄 ‘백조’로 변신이 가능할 것인가.

HOW TO MAKE THE KOREAN INNOVATION MODEL?

애플에게 모짜르트의 '레퀴엠'을

"나는 당신의 창조물을 철저하게 부숴버리고 거야, 맹세코"

밀로시 포먼 감독의 영화 '아마데우스'에서 궁정 악장 살리에리는 십자가를 불 속에 던지며 신을 저주한다. 살리에리의 분노는 신이 모짜르트에게만 천재적 재능을 부여한 데 대한 질투에서 출발한다. 그러나 신은 모짜르트에게 재능을 선사했지만 긴 수명을 함께 주지는 않았다. 불과 35세의 나이에 모짜르트는 요절한다. 대신 살리에리는 75세까지 장수했으니 그의 저주와 달리 나름 신은 공평한 대우를 한 셈이 아닌가.

영화 속에서 살리에리는 모짜르트에게 장례식 미사에 사용하는 장송곡 '레퀴엠'을 작곡해 달라고 요청한다. 살리에리는 모짜르트를 죽인 후 그의 장례식에서 레퀴엠을 마치 자신의 곡인 양 연주하려는 음모를 꾸민다. 신의 음성을 전달했던 모짜르트의 장례식에서 레퀴엠을 연주함으로써 신을 조소하려고 한 것이다.

하지만 마지막 순간에 모짜르트의 부인이 나타나면서 살리에리는 레퀴엠을 손에 넣지 못하고 끝난다. 영화는 어디까지나 픽션이지만 범인(凡人) 살리에리의 절규는 역시 그와 다르지 않은 범인인 우리의 공감을 사기에 부족하지 않다.

왜 갑자기 모짜르트냐고?

팀 쿡의 애플을 보면서 묘하게 아마데우스 속의 살리에리와 오버랩되기 때문이다. 애플은 2016년 1분기 매출 505억 6천만 달러(한화 약 60조 원), 순익 105억 2천만 달러(약 13조 원)로 2015년에 비해 매출과 순익이 각각 12.8%와 22.5% 감소했다. 애플의 실적이 감소한 것은 2003년 이후 13년 만이고, 아이폰 역시 2007년 출시된 후 처음으로 판매량이 줄었다.

애플의 실적 발표 당일에는 주가도 폭락해서 하루에만 40조 원의 기업가치가 증발했다. 애플 주가는 8연속일 하락하는 기록(?)을 세우기도 했다. 이에 다급해진 팀 쿡은 CNBC 짐 크레이머 쇼에 출연해 실적 하락에 대해 해명하기까지 했다.

애플의 추락에 대한 예감은 대학생의 답변에서도 감지된다. 대학에 갓 들어온 새내기 17학번에게 질문을 던져 보았다.

"애플 제품 중 사고 싶은 거 있나요"

"글쎄요…"

"앞으로 출시 예정인 아이폰은 어떤가요"

"글쎄요…"

애플에 대해 뭘 물어도 대답은 "글쎄요"였다. 잠재적 '애플빠'인 20대 초반 대학생이 관심이 없다면 그건 애플의 열기가 이미 꺼졌다는 것을 의미한다.

사실 애플의 추락은 스티브 잡스의 죽음으로 예견된 것이었다. 애플은 스티브 잡스 사후 그의 유산을 갉아먹으면서 지탱해 왔다.

아이폰과 아이패드는 잡스의 작품이고 출시 예정인 애플TV 역시 잡스가 남긴 유산이다. 아이폰은 애플 전체 매출의 60%를 차지한다. 이런 상황에서 투자자들이 잡스 시절의 기준을 들이대서 팀 쿡을 평가하니 그의 입장에서는 죽을 맛일 것이다. 낸시 탱글러 하트랜드파이낸셜 CIO는 CNBC 뉴스에서 이렇게 말한다.

"현재 애플에 문제가 있다는 점은 잘 알고 있다. 혁신도 없고, 팀 쿡 CEO에게서 스티브 잡스의 면모를 기대하기도 어렵다. 실적 발표 후 주가는 끝을 모르고 추락하고 있다."

하지만 투자자들 역시 딱하기는 마찬가지다. 팀 쿡에게서 스티브 잡스를 기대하는 것은 살리에리에게서 모짜르트를 기대하는 것과 마찬가지기 때문이다.

잡스는 잡스이고 팀 쿡은 팀 쿡이다. 사실 잡스가 제품 아키텍처 혁신의 귀재였다면 팀 쿡은 점진적 혁신의 귀재일 수 있고 귀재여야 한다. 지금 애플의 아이폰, 아이패드 등 대부분의 제품은 성숙시장에서 고투하고 있기 때문이다. 아이폰SE가 다시 원점으로 돌아가는 것은 이런 고민의 반영이다.

영화에서 악당이 된 살리에리를 위해 한 마디 덧붙이자. 그는 후세에 잊혀졌지만 나름의 뛰어난 음악가였다. 24세 때 오스트리아 궁정 오페라 감독으로 임명됐으며, 38세 때는 황실의 예배와 음악교육을 책임지는 '카펠마이스터'가 됐다. 음악가로서는 오스트리아 제국 최고의 직위였다. 또 베토벤과 슈베르트, 프란츠 리스트를 가르쳤다. 이 정도면 대단하지 않은가.

이제 팀 쿡도 잡스와의 비교는 그만두고 그가 살리에리급의 업적을 남길 수 있을지 지켜보는 것은 어떤가.

HOW TO MAKE THE KOREAN INNOVATION MODEL?

롯데그룹 쿠데타, 로마 오현제에서 배우라

인류 역사상 최대의 제국 로마의 전성기는 11대 황제 도미티아누스의 사후 등장하는 5명의 황제, 즉 '오현제(五賢帝)'의 시대다. 로마제국쇠망사를 집필한 영국의 저명한 역사가 에드워드 기번은 오현제가 통치한 시대를 '인류가 가장 행복했던 시대'라고 극찬했다. 현제(賢帝)가 1명도 아니고 5명이나 연이어 등장했던 것은 독특한 후계자 선정 방식 덕분이었다. 오현제는 혈통에 의한 승계가 아닌 양자 제도를 통한 후계자 선택의 산물이다. 황제가 될 만한 그릇을 발견하면 조기에 양자로 입적시켜 황제로서 갖춰야 할 덕목을 훈련시킨 것이다.

특히 오현제의 마지막 황제인 마르쿠스 아우렐리우스는 뛰어난 리더십과 도덕적 삶을 보여줬다. 스토아 철학자이기도 한 그는 저서 '명상록'을 통해 금욕과 절제의 삶을 주창했고 스스로 실천했다.

그는 명상록에서 이렇게 적고 있다.

"어머니에게서는 경건과 인덕(人德), 그리고 나쁜 행위뿐 아니라 나쁜 생각도 버려야 할 것을 배웠으며, 부자들의 습성에서 멀리 떠나 소박하게 사는 법을 배웠다."

이 구절만 잘라 놓고 본다면 누가 그리스의 거지 철학자 디오

게네스가 아닌 로마 황제의 말이라고 상상하겠는가.

그러나 아우렐리우스가 범한 치명적 실수가 있었다. 그것은 혈육의 정에 못 이겨 자신의 친아들인 코모두스에게 황제의 자리를 물려준 것이었다. 코모두스로부터 로마의 몰락은 시작되었다. 로마 역사상 가장 지혜로운 황제가 정작 로마를 파멸시킨 선택을 했으니 역사의 아이러니가 아닐 수 없다.

롯데그룹의 후계자를 둘러싸고 박진감(?) 넘치는 사극이 전개되고 있다. 권력투쟁에서 밀려난 전 세자(장남)는 판단능력이 흐려진 '상왕'을 모시고 차남의 본거지를 공격해 반대파를 일거에 제거한다. 그러나 바로 직후 차남은 휘하의 장수를 모아 단숨에 쿠데타를 진압하고 만다. 다시 상왕은 차남에 대한 도덕적 파문을 선언하지만 차남은 법적인 효력이 없다며 무시한다.

흥미진진한 전개지만 고개를 갸우뚱거리게 하는 대목이 많다. 장남의 쿠데타가 너무 안이하고 엉성하다는 것이다. 이사회와 이사회 의장의 법적 권한에 대한 검토와 치밀한 시나리오 검토, 도상훈련이 있어야 했지 않은가. 상왕(신격호)만 앞세우면 만사 끝이라고 보았다면 장남의 경영자로서의 능력은 이미 실격이다.

사실 이와 같은 재벌가의 권력 투쟁이 새삼스러운 건 아니다. 2000년 3월에 발생한 현대그룹 '왕자의 난', 2005년 두산그룹 '형제의 난', 그리고 지금도 진행형인 금호그룹의 형제간 대립과 갈등도 롯데그룹과 크게 다르지 않다.

어떤 사람은 돈이 피보다 진하다는 해석을 내놓기도 한다. 맞는 말이다. 재벌도 인간인데 재물 앞에 초연할 사람은 없다. 또 기업을 둘러싼 권력투쟁 역시 어느 시대, 어느 나라나 존재한다. 그러나 재벌의 권력투쟁은 서민들의 유산 싸움과 달리 국가경제에 미치는 파괴력이 크다.

왕자의 난의 원조는 조선 태종일 것이다. 그는 이복형제들을 일거에 살해했고 2차 왕자의 난에서는 함께 거사를 도모한 자신의 친형제 이방간조차 제거했다. 한 인간으로 본다면 패륜의 극치다. 하지만 지금에 이르기까지 태종의 공과에 대한 평가가 분분한 것은 적어도 그는 왕권 강화를 통해 새로 건국한 조선의 기반을 다지고자 하는 대의명분이 있었기 때문이다. 그런 태종이기에 장남도, 차남도 아닌 삼남인 세종에게 왕위를 물려줄 수 있었다.

그러나 현대판 왕자의 난에는 이러한 대의명분이 없다. 롯데판 왕자의 난에도 그룹의 미래와 전략을 둘러싼 치열한 논쟁은 없다. 다른 재벌 역시 마찬가지다. 삼성물산과 제일모직의 합병 역시 장자 상속이라는 혈연승계의 원칙 아래 기계적으로 이뤄진 것이지 능력의 유무나 리더로서의 적합성에 대한 고민은 없다. 이 점에서 현재 진행 중인 재벌그룹의 후계 작업을 비판적으로 바라볼 필요가 있다.

너무도 뛰어난 황제였던 아우렐리우스가 범한 너무도 인간적인 실수, 자식에게 황제 자리를 물려주고 싶었던 부성애는 결국 로마 제국의 파멸로 결말을 맺었다. 2000년이나 지난 지금 우리는 동일한 상황을 맞이하고 있다. 아우렐리우스의 뼈아픈 실수를 반복할 것인가.

02
잃어버린 20년, 일본의 실패가 주는 교훈

HOW TO MAKE THE KOREAN INNOVATION MODEL?

일본 경제, 부활 가능한가

"쿠오바디스 도미네(주여, 어디로 가시나이까)?"

예수를 모른다고 세 번이나 부정하고, 새벽길을 도망가던 베드로는 눈앞에 현신한 예수에게 이렇게 자신의 갈 길을 물었다. 만일 지금 일본의 아베 총리가 예수를 만난다면, 베드로처럼 자신의 갈 길이 어디인지 애타게 물었을지 모른다.

1970년대 세계를 강타했던 오일 쇼크 속에서도 불사조처럼 살아났던 일본경제, 그리고 1980년대에는 '팍스 아메리카나'를 자랑하던 미국조차 위협할 정도의 막강한 경쟁우위를 자랑하던 일본경제가 오랜 장기 불황을 거쳐 아베노믹스에 의해 기사회생하고 있다.

일본 경제의 장기 불황은 1990년 버블이 꺼지면서 시작되었다.

불황으로 접어들 그 당시만 해도 이처럼 장기간 불황이 지속되리라고 아무도 생각하지 못했던 것 같다. 1996년판 일본 정부의 경제백서조차 "우리 경제는 90년 이래 4년간 '놀라울 정도의 예외적인 저성장(OECD 보고서의 표현을 인용)'에 직면해 있다. 왜일까"라는 의문에서 시작해, "전후 50년을 마친 일본 경제는 현재 역사적인 구조조정기에 있다. 그 결과가 놀라울 정도의 예외적인 저성장이다"라는 결론을 내리고 있을 정도다.

그렇다면 전후 일본 최장기 기록을 세운, '헤이세이 불황(현 천황의 연호를 따서 이렇게 부른다)'이라는 불명예스러운 이름이 붙은 불황의 출발은 어디였을까.

1986년 일본 경제는 짧은 엔고불황을 겪고 난 후 급속하게 팽창해, 기업이익은 사상최대, 도산건수는 사상최저라는 대호황을 맞이한다. 이 호황 속에서 기업들은 엔고로 인한 수입원자재 가격 하락과 생산합리화 효과를 국내 소비자 가격에 반영하지 않고, 송두리째 내부에 유보시켜 둠으로써 불황의 화근을 심어 놓는다.

더구나 그 시기 일본정부는 엔고불황을 우려해 금리를 내리는 등 금융완화정책으로 기업의 투자를 촉진하는 결정적인 잘못을 저지른다. 이 때문에 기업은 필요 이상의 자금을 손쉽게 끌어들여 본업 이외의 부분에 투자하기 시작했다.

물론 조달한 자금 전부가 부동산이나 증권으로 향했던 것은 아니다. 아니, 자금의 상당 부분이 기업 본래의 설비 투자에 들어갔다고 보는 편이 정확할 것이다. 1980년대 후반 빌딩이나 주택, 공장설비 확대가 대단히 활발하게 이루어졌던 것이나 일본 전자산업이 최신설비를 도입해 국제경쟁력을 강화했던 것이 대체로 이 시기이기 때문이다.

그러나 문제는 이런 기업의 설비투자액을 훨씬 뛰어넘는 대규모 자금이 기업의 손으로 흘러 들어갔다는 점이다. 한마디로 정상 자본조달을 뛰어넘는 '과잉자본조달'이라고 할 수밖에 없다.

기업의 과잉자본이 설비투자로 갈 수 없을 때 다음 행선지는 업종다각화, 그것도 아니면 금융 부문이나 부동산일 수밖에 없는 것은 자연스러운 이치이다. 소니의 컬럼비아 영화사 매수나 일본 기업의 미국 부동산 매입붐이 일었던 시기가 바로 이때로, 일본 국내에서도 이미 본격적으로 투기붐이 일고 있었다.

1987년부터 1989년까지 3년간 일본 전국의 토지가격은 1,260조 엔에서 2,150조 엔으로 단숨에 1.7배 뛰어올랐고, 동경증권거래소의 닛케이지수 평균은 같은 기간 18,190에서 38,915로 2.1배나 부풀어 올랐다.

HOW TO MAKE THE KOREAN INNOVATION MODEL?

경기부양 정책의 실패

그러나 버블은 언젠가 꺼지기 마련이다. 언제, 누가 마지막 피해자가 되는가는 운에 좌우될지 모르지만, 버블이라는 '환상'에서 초라한 '현실'로 돌아오는 것은 필연이다. 이 점에서 일본경제도 예외일 수는 없었다.

붕괴는 주식시장에서 먼저 시작되었다. 1989년 말 닛케이지수 38,915을 천정으로 다음 해 정월부터 주가는 하락해 1990년 말에는 23,740, 그리고 1992년 8월에는 14,309로 2년 반만에 64%의 자산이 사라져 버렸다. 금액으로는 306조 엔에 이르는 돈이 공중으로 날아가 버린 것이다. 그리고 이런 주식시장의 약세는 곧바로 부동산에도 영향을 미쳐, 1990년 여름부터 토지구입자가 줄어들기 시작해, 부동산에 거액의 자금을 쏟아부었던 기업과 그 기업에 자금을 빌려준 은행의 발목이 함께 묶여 버렸다.

1996년 당시 일본 은행들이 보유하고 있던 이런 종류의 부실채권은 약 29조 엔(당시 한화로 400조 원)이었다. 하지만 당시 표면화되지 않는 부실채권까지 합하면 100조 엔을 넘을 것이라는 주장까지 나오는 상황이었다. 당시 파산한 효고은행의 경우 파산 전의 공표액이 609억 엔임에 반해 파산 후 판명된 부실채권이 7,900억 엔으로, 그리고 태평양은행의 부실채권 역시 파산 후 275억 엔에서 1,700

억 엔으로 밝혀진 바 있다.

그런데 부실채권 처리가 일본경제를 압박하는 '암적 존재'였음에는 틀림없지만, 일본인들을 초조하게 만드는 더 근본적인 이유는 다른 곳에 있었다. 그것은 '전가의 보도'였던 불황타개책이 당시에는 별 효과를 올리지 못했기 때문이다.

일본정부는 미야자와 내각 시절 3회를 시작으로, 호소카와, 무라야마, 그리고 아베 총리에 이르기까지 15회가 넘는 경기부양책을 실시했다. 그러나 과거와 달리 도로건설이나 주택 등의 공공사업을 중심으로 한 케인지언적 정책은 기대한 만큼의 위력을 발휘하지 못했다.

1960년대, 1970년대와 같은 고도성장기와 달리 건설기자재, 철강, 시멘트 등이 대량으로 남아돌고, 기업에 과잉노동력이 존재하고 있어 신규 고용이 창출되지 않았기 때문이다. 대기업을 중심으로 과잉 설비를 보유하고 있어 생산 면에서의 촉진이 경기 회복에 별다른 도움을 주지 못하고 있다.

금리인하 역시 마찬가지다. 모든 분야에서 설비가 과잉인 상황에서, 금리를 내려 자금 공급을 늘려도 이를 이용해 설비투자를 시도하는 기업은 많지 않다. 신규 투자 역시 예상 수익률이 극히 낮기 때문에 꺼릴 수밖에 없다. 오히려 금리인하는 개인의 금리소득을 감소시켜 고령자 등의 생활에 타격을 가하고, 소비를 억제하는 부작용을 낳았다.

HOW TO MAKE THE KOREAN INNOVATION MODEL?

개혁에 저항하는 관료

그러나 이런 경기회복책의 실패는 어쩌면 사소한 문제에 불과할지 모른다. 현재까지 후쿠시마 지진처럼 일본 경제의 지각을 뒤흔들고 있는 가장 근본적이고 심각한 문제는 전후 50년간 그 성능을 인정받아 온 일본식 경제, 경영시스템의 균열이다.

이 같은 위기의식은 과거 1996년 5월 하시모토 총리가 임시국회에서 행한 연설에서도 잘 드러나고 있다. 그는 이렇게 지적한다.

"지금 고도정보통신의 발달, 동서대립의 종언 등에 의해 세계는 급속히 일체화되어 사람, 물자, 자금, 정보가 자유로이 이동하는 사회를 향해 눈부신 진전을 보이고 있다. ……… 국경을 넘는 기업활동이 비약적으로 증대, 국가 시스템 자체가 산업의 국제경쟁력을 좌우하는 시대에 경제 전체의 효율성과 유연성을 높이는 것은 국가적 과제이다."

하시모토 총리는 이런 진단과 함께 행정 개혁, 금융시스템 개혁, 경제구조 개혁, 등 6대 개혁과제를 내걸기도 했다.

그런데 하시모토 총리 이후 역대 총리가 부르짖은 개혁대상 중 하나가 일본 경제 성공의 '공신'으로 알려져 있는 관료라는 사실은 아이러니하다. 일본의 고도성장 비결은 논자에 따라 이견이 있지만, 최소한 관료가 전후 고도성장의 거시 환경을 만든 주체라는 데에는 이견이 없다.

이들 관료는 대장성과 통산성을 중심으로 국내시장을 관세장벽으로 보호하고, 해외기업으로부터 유리한 조건에 기술을 도입할 수 있도록 교섭에 개입하는 등 기업 경쟁력을 키우기 위한 제도적 장치를 만드는 데 기여해 왔다.

이런 긍정적 측면은 1950년대와 1960년대, 일본기업이 외국기술도입에 사활을 걸고 있을 당시의 조정 역할에서 찾아볼 수 있다. 통산성은 일본기업이 앞을 다투어 기술도입에 나선 결과 기술가격이 상승하자, 외자도입법으로 이를 통제, 가격하락을 유도했다. 또 'TV진흥협회'나 무선통신기계공업회의 '특허대책위원회' 등의 설립을 촉진, 개별기업 간 교섭 대신, 집단적인 협상으로 보다 유리한 조건하에 기술도입이 가능하도록 '지도'하기도 했다.

그러나 이미 관료의 틀을 벗어난 기업을 여전히 예전의 틀 속에서 지도하려는 관료의 시도는 곳곳에서 마찰을 빚고 있다. 금융의 경우 재무성은 지점 신규개설에서 예금금리 설정, 그리고 장기금융과 단기금융, 신탁업무에 이르기까지 세세한 '지도와 규제'를 행하여 금융의 국제화와 경쟁을 지향하는 시중은행과 갈등을 빚고 있다. 관료는 경제개혁에 반대하는 세력으로까지 이미지를 굳혔다.

관료의 또 다른 문제는 이해관계집단과의 유착에 의한 부패이다.

과거 10년 가까이 일본을 뒤흔들었던 약해(藥害) AIDS 사건은 한 표본이다. 미도리쥬지라는 제약회사가 원료를 수입, 제조한 혈우

병 환자용 혈액제제가 이미 미국에서 AIDS에 오염되었을 가능성이 크다는 조사결과가 나왔음에도, 그리고 일본 국내에서도 이 제제를 투여해 이미 AIDS 환자가 발생한 뒤에도 미도리쥬지의 로비에 밀린 후생성은 이를 그대로 방치했다(미도리쥬지는 이 비가열혈액제제의 70% 점유율을 가지고 있었다). 결국 후생성의 약무과장이 관료로서는 전후 처음 구속되면서 끝난 이 사건은 관료의 역할에 근본적인 의문을 던지기에 충분했다.

관료의 문제는 자기 조직만의 이익을 위한 '낙하산'도 있다. 2017년 1월 일본 문부과학성 고등교육 국장이 와세다 대학교에 조직적으로 낙하산 인사를 알선한 추문은 일본 사회에 커다란 충격을 주었다. 이 사건의 책임을 지고 문부성 차관이 사임했다. 와세다 대학은 총장이 기자 회견을 열고 재취업 등 규제에 관한 본교의 이해가 부족했다고 사과했고, 재취업한 전 고등교육 국장인 요시다 다이스케 교수는 사직했다.

관료의 낙하산 규제는 30년 전인 제1차 아베 정권 시절에 입법한 '국가 공무원법 등의 일부를 개정하는 법률'에 근거해 이루어졌지만 근절되지 않고 있다. 이런 관료의 이기주의에 대해 카에쯔대학 다카하시 요이치 교수는 이렇게 지적하고 있다.

"고이즈미, 아베 정권하에서 도로 공단 민영화, 우편사업 민영화 정책, 금융 개혁, 특별 회계 개혁 등 각 부처의 기득권과 부딪치는 수많은 개혁에 참여했지만 거기서 관료들이 자기 보신과 출신 조직 방어에 매달리는 모습을 보았다. 낙하산은 공무원 개개인의 자질에 의한 것이 아니라 조직 자체에 내재된 문제다."

일찍이 일본 경제의 조타수를 자부해 온 관료. 그러나 "카스미카세키(일본의 관청가)의 불이 꺼지지 않는 한 일본의 장래는 밝다"는 신화는 이제 막을 내렸다. 그러면 다음 주체는 누구인가? 경제 개혁에 대한 당위성은 누구나 인정하면서도 그 추진 세력이 등장하지 않는 일본. 이 딜레마 속에서 일본은 고민하고 있다.

HOW TO MAKE THE KOREAN INNOVATION MODEL?

21세기 산업 창출의 과제

현재 일본경제는 아베 총리의 '세 개의 화살'론에서 알 수 있듯이 구조개혁이 심각한 과제이다. 현재 전 세계적으로 휘몰아치고 있는 4차산업혁명이라는 '제4의 물결'에 적응해야 한다는 과제이다.

지난 1970년대 이후 일본이 국제적으로 경쟁력을 보유하고 있던 기계, 자동차, 조선, 철강 등은 아직 우위를 점하고 있지만 21세기 일본을 이끌어가는 산업으로 되기에는 한계에 이르렀다. 이런 점은 확실히 미국의 빠른 전환과 비교된다.

미국은 1990년대의 불황 속에서 산업구조를 전환시키는 데 성공해, 지금은 제조업의 열세 속에서도 IT, 인터넷산업 등의 배타적 우위를 점하는 데 성공했다. 구글, 페이스북, 애플, 인텔, 등 첨단 미래 기업의 무리 속에 일본기업의 이름은 들어 있지 않다.

뿐만 아니라 최근에는 국가 간에 치열한 다툼을 벌이고 있는 국제 규격 통일 문제에도 일본은 밀리고 있다. 기업의 기술개발에는 자신의 규격을 세계에 알리고, 찬성하는 기업을 모으는 과정, 즉 디팩트 스탠더드(실질적인 표준)를 만드는 과정이 중요하다.

물론 일본은 AV, 가전산업에서 주요한 제품, 기술 규격을 세계 시장에 향해 제창해, 가정용 VTR부터 최근의 DVD까지 큰 성과를 올린 것이 사실이다. 그러나 하이비전과 디지털 방송에서는 미국이나 유럽에 밀려나고 있으며, PDC(일본의 디지털 휴대전화의 기술방식)의 사양을 결정할 때는 세계 표준에 대한 의식이 전혀 없어, 그 후 유럽 표준의 GMS가 아시아 각국에 도입되는 것을 보고서야 대응에 나서는 우를 범하기도 했다.

'부자는 망해도 3대는 간다'는 속담이 있다. 현재 일본 경제가 어려움을 겪고 있다고는 해도, 그 저력과 기반을 과소평가할 수는 없다. 여전히 일본은 미국 GDP의 70% 수준을 자랑하는 세계 3위의 경제대국이고, 토요타, 혼다, 히타치 등 강력한 경쟁력을 가진 기업을 보유하고 있다. 무엇보다 환경에 대한 적응력이 뛰어나다는 장점이 있다. 이들은 바로 이 장점으로 오일쇼크와 수차례에 걸친 엔고위기, 리먼쇼크 등을 극복하면서 오늘에 이르렀다.

하지만 일본이 직면하고 있는 딜레마는 과거의 방식이 더 이상 통하지 않는데 있다. 과거의 방식이 지금 통하지 않고, 과거의 성공이 오늘의 성공을 보장하지 않는다는 사실을 일본인은 절감하고 있다.

일본이 어떻게 변화해 갈지 지금 단계에서 말하기는 어렵다. 다만 우리에게 이 예측보다 더 중요한 과제는 일본의 축소판으로 성장해 온 한국 경제 역시 머지않은 미래에 동일한 문제에 부딪힐 것이며, 이를 극복하기 위한 대안을 미리 준비해야 한다는 점이다.

HOW TO MAKE THE KOREAN INNOVATION MODEL?

일본의 실패에서 한국이 배워야 할 것들

일본인들은 1990년대와 2000년대를 '잃어버린 20년'이라 부른다. 미국이나 한국이 IT 혁명을 기반으로 제조업의 경쟁력을 회복하고 신산업을 육성시키고 있었던 데 반해, 일본 경제는 목표를 상실한 채 표류하고 있었기 때문이다.

일본은 왜 20년을 잃어버렸을까?

그 답은 바로 새로운 산업 형성의 실패, 즉 혁신의 창출 실패에 있다.

1990년대 초반까지 미국 제조업은 절망적일 정도로 일본에 역전 당하고 있었다. 자동차, 전자를 비롯, 조선, 기계 등 제조업의 많은 부분이 일본기업에 의해 시장에서 밀려나고 있었다. 이런 제조업의 절망 속에서 미국 내에 태동하고 있던 새로운 산업이 IT였다. 미국은 IT 산업을 지렛대로 컴퓨터와 정보, 통신산업을 새로운 21세기 산업으로 등장시켰다. 아마존이나 야후와 같은 비즈니스는 인터넷을 기반으로 한 산업이고 바로 미국이 다시 일본의 추격으로부터 벗어날 수 있었던 원동력이었다.

그러나 제조업에서 미국을 능가했던 일본은 90년대에 IT 혁명을 받아들여 신산업을 창출하는 데 실패했다. 2차 대전 후 미국의 제조업과 기업을 목표로 달려온 일본이 정작 1990년대 들어 캐치업에 성공하자 주저앉은 것이다. 설정된 목표가 성취된 다음에 해야 할 일은 새로운 목표(산업) 설정이지만 일본은 버블에 취해 이런 목표 설정을 하지 못했다.

한국 경제도 일본형 장기 불황에 빠져드는 것은 아닌가 하는 불안감에 휩싸여 있다. 정부는 '국민 소득 3만 달러 시대'를 외치지만 구체적인 플랜이 부재한 상태에서 공허할 뿐이다. 향후 한국은 어떤 산업 육성 모델을 가져야 하는가?

지금 한국에서 요구되는 산업은 개발도상국은 물론 선진국과 비교해도 경쟁우위를 가질 수 있는 산업이다. 가격 경쟁력을 기반으로 한 산업은 이미 중국의 '인해전술'로 인해 급속하게 침식당하고 있다. 그렇다고 미국이나 일본이 압도적인 우위를 점하고 있는 우주항공이나 로봇, 바이오산업을 단기간에 육성하는 것도 쉽지 않다.

여기서 게임은 바로 이런 21세기 한국에 요구되는 산업 모델에 가장 근접해 있다. 온라인게임은 한국이 세계 최고의 경쟁력을 보유하고 있는 산업이다. 정부가 제시한 차세대 성장 동력 중 하나이기도 한 온라인게임은 중국과 같은 개발도상국은 물론 미국이나 일본의 게임사에 비교해도 기술적 경쟁력을 유지하고 있는 산업이다. 세계 콘솔게임기 시장의 양대 산맥인 일본의 소니와 미국의 MS가 자사의 게임기에 게임을 싣기 위해 한국을 방문하는 산업이 온라인게임이기도 하다.

지금까지 존재한 한국의 산업 중 이런 압도적인 경쟁력을 보유한 산업이 있었던가?

온라인게임은 새로운 산업 육성 모델 역시 제시하고 있다. 경공업에서 중화학공업, 전자산업에 이르기까지 한국의 산업은 정부가 주도하고 민간이 참여하는 정부주도형 경제개발 형태였다. 정부가 판을 짜놓고 여러 유인책으로 기업을 끌어들이면 기업이 진입해 사업을 수행하는 형태였다.

그러나 온라인게임은 다르다. 온라인게임은 정부가 일절 개입하지 않은 상태에서, 아니 무관심한 상태에서 산업의 주체가 형성되었고, 이들의 피나는 노력에 의해 개화되었다. 정부가 관심을 가지고 산업 육성책을 마련한 것은 이미 온라인게임 산업이 성장 궤도에 올라선 후였다. 온라인게임은 민간 주도의 산업 모델이 무엇인가를 잘 보여주고 있다.

이미테이션(모방)에서 이노베이션(혁신)으로 질적 전환은 현재 한국 경제가 직면한 최대의 과제이다. 단지 선진국의 제품을 모방해 가격경쟁력으로 승부하는 모델이 아닌 아이디어와 비즈니스 모델로 승부하는 산업이 생성될 때 한국은 앞으로의 20년을 잃어버리지 않게 될 것이다.

HOW TO MAKE THE KOREAN INNOVATION MODEL?

일본과 미국의 사회 시스템의 차이는 무엇인가

01

종교적 박해를 피해 메이플라워호를 탄 청교도들이 닿았던 곳은 미국 북동부, 지금의 보스턴이었다. 콜럼버스의 발견 이래 유럽인에게 신대륙으로 불린 이곳은, 사실 신대륙이 아닌 '구대륙'으로 이미 원주민(인디언이라는 말은 원주민의 입장에서 모욕적이기 때문에 지금은 '네이티브 아메리칸'이라 불리고 있다)이 살고 있었다.

처음 외부의 이방인과 접한 원주민들은 이들을 어떻게 처리할 것인가를 놓고 격론을 벌였다. 전부 몰살시켜 버려야 한다는 주장과 도와주어야 한다는 두 의견이 팽팽히 맞서고 있던 그때, 공주라고 불리던 추장의 딸은 아버지에게 도와주어야 함을 호소했다. 딸의 호소에 마음이 움직인 추장의 결정으로 청교도들은 옥수수 같은 식량과 함께 약초 사용법이나 추위를 막는 법 등 가혹한 주변환경을 견디는 지혜를 전달받았고, 겨울을 나는 동안 비록 3분의 2가 죽기는 했지만 정착하는 데 성공했다.

그런데 이 인류의 방향을 바꾸어 버린 '세기의 결정'으로 이주자들이 살아남은 후 이민자들은 계속 증가하고, 마침내는 원주민들을 공격하기 시작한다. 이러한 원주민과 초기 이민자의 관계에는 한국식의 결초보은이나 일본식의 '온카애시(은혜 갚기)' 등의 도덕률이 비집고 설 자리는 없다.

하지만 강한 자가 약한 자를 잡아먹고, 비효율적인 조직은 효율적인 조직에 패하는 자본주의적 시장메카니즘의 논리로 보면 이같은 '자연도태'는 순리이다. IBM 같은 대기업도 경쟁에서 패하면 내일이라도 도산하고, 월마트가 10여 년만에 구멍가게에서 미국 제1의 유통업체로 올라설 수 있었으며, 교수 임용을 받은 후에도 연구실적을 쌓지 못하면 한 단계 낮은 수준의 학교로 밀려나갈 수밖에 없는 사회, 오직 경쟁을 중심으로 사회 전체가 움직이는 것이 미국임을 인디언 보호구역에서 장식품을 팔고 있는 원주민 후예들이 입증하고 있다.

미국식 가치관으로 보면 일본은 '이단아'다. 미국이 경쟁을 중심으로 움직이는 사회임에 반해, 일본은 철저하게 화(和)를 사회운용의 기본가치로 삼고 있기 때문이다. 미국과 일본이 똑같은 자본주의 사회이면서도 내부 운용체제가 판이한 이유가 여기에 있다.

물론 일본 사회에도 치열한 경쟁은 존재한다.

그 유명한 소니를 비롯, 마쓰시타, 미쓰비시, 샤프 등 대기업은 국내시장에서 살아남기 위해 말 그대로 사투를 벌인다. 새로운 상품이 나오면 6개월도 채 지나지 않아 할인판매 코너로 밀려난다. 이 점에서 일본은 미국과 똑같은 '경쟁적' 자본주의 사회이다. 그러나 이 경쟁은 어디까지나 조직과 조직 간의 경쟁일 뿐이다.

뿐만 아니라 이런 경쟁 역시 화(和)를 기본으로 깔고 있다는 점에서 미국과 다르다. 일본 정부는 대기업 간의 경쟁을 조절하고, 대기업 역시 공동의 이해관계가 걸린 기술개발은 정부 지원하에 공동연구소를 세워 함께 투자하고 그 성과를 공유한다. 이런 공동개발 방식으로 일본기업은 '히카리(光, 광케이블, 광통신 등)'나 마이크로머신 등 몇몇 분야에서 세계 최고 수준을 자랑할 수 있다.

이 같은 경쟁과 화(和)의 차이는 고용제도에도 나타나고 있다. 미국기업에서 해고는 대단히 쉽다. 뉴욕이나 시카고 같은 대도시에는 해고에 항의하는 피켓을 목에 걸고 시위를 벌이고 있는 노동자들을 흔히 볼 수 있다. 특히 화이트칼러 해고는 미국의 중추인 중산층 약화를 부를 수 있다는 점에서 심각한 사회문제로 인식된다.

그러나 CEO(최고경영자)들은 거액의 연봉을 받는다. 미국 AT&T의 알렌 전 회장은 4만 명의 감원을 발표해, 노동장관으로부터 "기업의 사회성을 진지하게 고려해야만 한다"고 비난받았음에도 520만 달러라는 거액의 연봉을 받은 바 있다. 종업원을 자르면서도 사장은 거액의 연봉을 받는 미국식 사고는 확실히 일본과 다르다.

일본에서는 종업원을 해고할 때 신중을 거듭한다. 또한 '공동체'인 회사에서 사장과 대졸 신입사원 월급 차이는 평균 10배 정도에 지나지 않는다. 화(和)를 중시하기 때문이다.

02

이런 경쟁과 화(和)의 차이는 개인과 조직의 관계에도 그대로 투영된다.

미국식 개인주의는 한 인간이 자신의 자유로운 판단을 기초로 의사결정을 하고 그 결과에 책임을 진다는 철학이다. 반면 일본에서는 개인보다는 집단이 중요한 의사결정을 하고, 개인의 의견이 우선되는 경우는 드물다. 미국 조직과 달리 일본 조직은 철저히 개인을 보호하고, 개인이 조직에서 낙오하지 않도록 배려한다.

일본식 스타일이 가장 잘 나타나는 곳은 지하철이나 버스문화이다. 지하철이나 버스를 타면 승객은 끊임없는 '충고' 속에 묻힌다. 단지 안내방송 수준을 넘는다.

"잃어버린 물건이 있나 확인하시고… 노인이 오면 자리를 양보하고… 버스에 내리고 난 다음 버스 앞뒤로 무단횡단을 하면 위험하니 건너지 마시고… 전철 무슨 선을 이용하려면 어디로 가시고…"

마치 '어린양'을 돌보는 듯한 도움말이 끊임없이 쏟아져 나온다.

장거리 버스나 관광버스를 타도 마찬가지이다. 휴게소에 도착해 다시 출발할 때 일본에서는 반드시 승객수를 확인하고 사람이 오지 않았으면 마지막 1명이 올 때까지 기다려 준다. 그러나 미국을 횡단하는 그레이하운드 운전사는 절대로 그런 불필요한(?) 일을 하지 않는다. 그는 휴게소에서 몇 시에 출발한다는 방송을 하고 시간이 되면 주저 없이 떠나버린다. 그래서 버스가 멈춰 있는 동안 승객들은 항상 운전사 주변을 맴돌며 그가 버스에 오르는지를 확인해야 한다.

그랜드캐니언 같은 위험지역도 미국식과 일본식 가치관 차이를 볼 수 있는 곳이다. 그랜드캐니언은 수백 년에 걸쳐 융기와 침식을 거듭해 만들어진, 계곡과 봉우리가 아름답게 조화된 작품이다. 그러나 아름다운 만큼 위험하기 때문에, 사방에 절벽이 입을 벌리고 있는 그곳에서 자칫 발을 헛디디면 추락하기 십상이다.

만일 일본에 이런 곳이 있었다면 곳곳에 경고문과 안내판이 서 있고, 철조망과 분리대가 몇 겹으로 둘러쳐져 있을 것이다. 그러나 그랜드캐니언에는 경고표시판 하나와 간단한 보호철책이 서 있을 뿐이다. 때로 이 철책을 넘어 위험천만한 바위에 서서 기념촬영을 하는 사람들이 있지만 그 누구도 간섭하지 않는다. 그것은 어디까지나 자신의 책임이다.

03

조직 중심의 일본 사회는 개인의 욕구와 행동에 많은 제약이 가해진다. 조직 중심 사회는 기본적으로 위계질서를 중요하게 여긴다. 각 개인은 조직 내에서 자신이 점하는 위치를 알고, 거기에 맞게 행동함으로써, 즉 자기 분수를 지킴으로써 한 인간으로 대접받을 수 있다.

이런 인간을 만들기 위한 기본교육은 가정에서부터 시작된다. 일본 가정의 교육 철학 제1조는 "다른 사람에게 '메이와쿠(민폐)'를 끼치지 말라"는 것이다. 여기서 폐를 끼친다는 개념은 한국인들이 사용하고 있는 좁은 의미의 폐가 아니라, 대단히 광범위한 의미의 폐이다. 예를 들어 지하철에서 남에게 자리를 양보받는다든지, 아는 사람에게서 음료수를 한 잔 대접받는 것, 또는 담배 하나 얻어 피우는 것조차 폐를 끼치는 것으로 인식한다.

'폐'에 관한 재미있는 일화가 있다.

일본에서 대학을 다니고 있는 한국인 유학생이 여러 일본인 친구와 함께 TV를 볼 때였다. 옆의 친구가 자신이 먹고 있는 과자를 먹고 싶었던지 하나 먹어도 되느냐고 물었다. 무의식중에 "그래" 하고 대답했는데, 그 일본인 친구는 잠시 후에 다시 한번 "또 하나 먹어도 되느냐"고 물었다. 그제야 좀 이상해서 주변을 보니 모두 자신이 사 온 과자만 각자 먹고 있었다. 일본인은 친구 간의 과자 하나도 폐라고 생각하는 것이다.

이 점에 대해 '국화와 칼'의 저자 베네딕트 여사는 이렇게 쓰고 있다.

"일본인은 우연히 다른 사람으로부터 은혜를 받음으로써 보답의 빚을 지는 것을 좋아하지 않는다. 비교적 인연이 먼 사람으로부터 은혜를 입는다는 것은 일본인에게 가장 큰 불쾌감을 느끼게 하는 것이다."

하지만 미국인은 일본인보다 훨씬 자유롭고 개성을 존중하는 문화를 가지고 있다. 교육 목표도 자신의 독자적인 판단을 가지고 타인과 자립적인 관계를 맺는 것으로 삼는다. 이 점에서 미국인은 폐를 끼치는 것을 두려워하는 일본인보다 훨씬 대인관계에 자유롭고 적극적이다.

그렇다면 일본인이 미국문화에 접하면 어떤 현상이 나타날까.

일본인 여행자나 유학생의 언어습관을 관찰해 보면 한 가지 특징이 있다. 그것은 영어 단어에 'Maybe' 라던가, 'It seems…' 등의 애매한 표현을 많이 사용하며, 상대방에게 'NO!'라는 대답을 좀처럼 하지 못하는 점이다. 이들은 'No'라고 말하는 대신 '좀 생각해 보고'라든가, '나중에 연락해 줄게' 등의 대답으로 자신의 부정적인 의견을 간접적으로 말하곤 한다. 이렇게 되면 일본인의 특성을 잘 이해하지 못하는 미국인은 의견이 없는 것으로 간주해 자기 의사대로 결정해 버린다.

앞으로 세계가 국제화되어 나갈수록 각 민족 간, 국가 간에 자신의 의사를 명확하게 표시하고 서로의 차이에 대해서 토론을 거듭하면서 조정할 수밖에 없다. 하지만 일본 문화는 이 점에서 큰 한계를 가지고 있다. 혼네(본심)과 다테마에(외면)의 다름, 아이마이(애매)한 자기표현, 폐를 절대로 끼치지 않으려는 습관 등의 일본적 특성은 다른 문화, 특히 서구 문화와 접할 때 강하게 충돌한다.

일본에서 제도 개혁 논의가 많지만 쉽게 결론을 내지 못한다. 한 제도의 개혁이라는 것이 단순히 그 형식만을 바꾸어 가능한 일이 아니기 때문이다.

예를 들어 창조적 사고를 하는 인간을 길러내도록 제도를 개혁하자는 의견은 발상은 좋지만, 화(和)를 중심으로 개인의 개성과 주장을 억제해야 하는 문화구조에서는 좀처럼 그 제도가 뿌리를 내리기 힘들다.

이 점은 미국도 마찬가지다. 1980년대 후반 일본자동차가 미국을 휩쓸자 Just in time(저스트 인 타임, 부품적기공급)과 같은 토요타 시스템 도입이 미국 자동차 회사 사이에 유행한 적이 있었다. 하지만 대부분 성공하지 못했다. 왜냐하면 일본의 부품회사는 조립공장 주변에 흩어져 있기 때문에 24시간 쉬지 않고 부품을 수송하는 것이 가능하지만 미국처럼 부품회사가 멀리 떨어져 있는 경우 정확한 시간을 맞추기도 힘들 뿐 아니라, 운송비를 감당할 수 없기 때문이다.

한 나라의 제도에는 반드시 그 문화적, 역사적 뿌리가 있다.

흔히 우리는 일본의 어떤 제도가 좋다거나, 미국식의 어떤 시스템이 훌륭하기 때문에 도입해야 한다는 주장을 하곤 한다. 물론 받아들여야 할 점도 많다. 하지만 여기서 명심해야 할 점은 한 나라의 제도와 문화적, 역사적 배경은 사슬처럼 엮어져 있기 때문에 꺾꽂이처럼 한 제도만 뽑아서 쓸 수 없다는 사실이다.

그러므로 똑같은 자본주의이면서도 미국과 일본사회가 다르다는 사실은 우리에게 '어떤 제도를 도입할 때 어떻게 자신의 토양과 접맥시킬 것인가, 그리고 나아가 어떻게 자기 나름의 제도와 문화를 만들어야 하는가'라는 고민을 던져주고 있는 것이다.

HOW TO MAKE THE KOREAN INNOVATION MODEL?

일본이 노벨상을 받는 이유

01

"오후 6시 조금 넘어 직장으로 국제전화가 한 통 걸려왔다. 나는 그다지 영어가 능하지 못해 전체적인 이야기는 잘 이해하지 못했으나 스톡홀름과 노벨이라는 단어는 기억에 남았다. 그래서, 스웨덴에 노벨상과 비슷한 이름의 상이 또 있다고 생각했다. 그런데 그 통화 직후에 외부로부터 축하 전화가 쇄도하기 시작했다. 축하 전화를 받고 나서야 비로소 자신이 노벨상 수상자라는 것을 알았다."

2002년 노벨 화학상을 받은 다나카 코이치의 소감이다. 시마즈제작소라는 계측기기 회사의 주임(과장 아래의 직위)으로 근무했던 다나카 코이치는 자신의 수상을 '아닌 밤중에 홍두깨' 격이라며 겸손해했다. 노벨 화학상은 일본이 3년 연속 수상으로 43세라는 젊은 나이의, 그것도 학사 출신인 기업 엔지니어가 수상했다.

하지만 다나카 코이치의 노벨상 수상이 단지 우연의 산물은 아니다. 일본기업 내에는 노벨상에 거의 근접해 있는 '수상자 예비군'이 다수 존재하기 때문이다. 일본 국내보다 해외에서 더 유명한 이들은 노벨상 수상 시기가 다를 뿐이지 수상 자체는 거의 확실시되고 있다. 어떻게 일본기업은 이런 탁월한 연구자들을 배출할 수 있을까.

다나카 코이치는 자타가 공인하는 순수한 엔지니어다. 1987년 시마즈 제작사에서 다나카가 개발한 질량분석기는 순간적으로 질량을 측정할 수 있어 단백질과 같은 고분자의 질량 측정에 필수적인 기기가 되었다.

도호쿠 대학(동북부의 명문대학으로 일본의 국립 7개 구 제국대학 중 하나)에서 전기공학을 전공한 그는 회사 동료로부터는 별종으로 취급당했고, 연구상의 시행착오도 많았다고 한다. 이런 시행착오 중 가장 결정적이었던 것이 글리세린에 고체 분말을 혼합한 것이었다. 이 실수가 결국 노벨상 수상으로까지 이어졌지만 이는 상식의 세계에서는 있을 수 없는 일이었다. 그는 도호쿠 대학에서 전기공학을 전공해 화학에 대한 지식이 그다지 없었기 때문에 그런 실수가 가능했던 것이다. 만일 생화학 분야의 전문 지식이 있었더라면 거기에 사로잡혀 자유로운 '실수'는 어려웠을지 모른다.

1875년에 설립된 시마즈 제작사는 바로 이런 연구자의 자율성과 실패 가능성을 용납하는 기업이었다. 대학보다 자유로운 연구 풍토로 알려진 시마즈 제작사이기에 '학자 풍의 연구자', '매니아', '연구 벌레'로 불린 다나카 코이치를 포용할 수 있었던 것이다. 때문에 그는 "비록 회사가 금전적으로 거액을 지불한 것은 아니지만(특허 출원 시에 6천엔, 특허 등록 시에 5천엔 지급) 회사에서 재미있는 연구가 지속될 수 있다는 점에서 만족하고 있다"고 언급한다.

다나카 코이치 다음의 노벨상 수상자가 나카무라 슈지이다. 20세기에는 불가능하다고 알려진 청색 LED(발광 다이오드)를 1993년 12월에 개발해 세계적으로 유명해진 그는 현재 미국 캘리포니아 대학 산타바바라교 교수로 재직 중이다. 청색 LED란 빛의 효율성과 내구성이 특출한 조명의 일종으로 지난 20년 이상 적색과 녹색만 존재해 왔다. 청색 LED만 있으면 빛의 3원색이 생겨 1,600만 색의 표현이 가능하기 때문에 조명기기, 디스플레이 등의 대혁명이 가능해 전 세계적인 개발 경쟁이 전개되어 왔다.

청색 LED를 개발한 공로로 나카무라는 2002년에는 벤자민 프랭클린 메달의 공학 부문 수상자로 결정되었고(1824년 창설된 이 상은 에디슨, 아인슈타인 등이 수상한, 노벨상의 등용문으로 알려져 있다), 2002년 9월에는 영국 경제지 이코노미스트가 기술혁신에 공헌한 인물 6인에게 수여하는 이노베이션상을 받기도 했다.

또 니치아 화학공업을 퇴직한 후에는 MIT 등 미국의 10개 대학, 5개 기업으로부터 교섭이 들어왔다. 그중에는 연봉 50억 원에 수백억 원의 스톡옵션을 제시한 기업도 있었다. 2014년 그는 결국 노벨 물리학상을 수상했다.

도쿠시마 대학 공학부를 졸업한 그는 원래 세계적인 부품기업인 교세라에 입사할 예정이었다. 그러나 대학 시절에 만나 결혼한 부인이 딸을 출산하는 바람에 그는 교세라 입사를 포기한다. 교세라의 본사가 대도시인 교토에 있기 때문에 딸을 여유 있는 환경에서 키울 수 없다고 판단해 교세라가 아닌 지방 기업인 니치아 화학공업을 선택한 것이다. 니치아 화학공업은 현재 매출 4,000억 원에 1,500명의 종업원의 가진 중견 기업으로 성장했지만 당시에는 제대로 된 본사 건물도 없는 중소기업이었다.

니치아 화학공업에서 그는 오직 연구에만 몰두했다. 정월 하루 이외에는 쉬지 않았고 매일 아침 7시에 출근했으며 각종 회의에 불참, 사내 전화에도 응하지 않았다고 한다. 기술개발에 시간이 걸려 되지도 않을 청색 LED 개발에 돈만 낭비하고 있다고 주변에서 비난받기도 했다. 다만 오가와 에이지 사장은 나카무라를 전폭적으로 신뢰, 매출액의 3%에 해당하는 50억 원의 개발 자금을 제공하고 미국 유학까지 보내주기도 했다.

소노무라 아키라(60세)는 전자현미경 개발자로 1999년도 벤자민 프랭클린 메달 물리학 부문 수상자이다. 사이타마현에 있는 40만 평의 숲속에 있는 히타치 기초연구소의 펠로(최고위 연구자)로 재직하는 그는 1986년 단 한 장의 전자현미경 사진으로 1959년 이래 지속된 논쟁에 종지부를 찍어 유명해졌다. 아하라노프 봄 현상이라는, 전자는 자장에 닿지 않아도 그 영향을 받는다는 이론을 사진으로 증명해 보인 것이었다.

1965년 도쿄대 물리학과를 졸업한 소노무라는 "동급생은 머리 좋은 녀석만 있어 좀처럼 따라가기가 어려웠다"며 대학원 진학이 아닌 기업체를 택했다. 대부분의 졸업생이 대학원을 선택했기 때문에 소노무라의 선택은 의외의 것으로 받아들여졌다. 회사 내에서의 전문 분야 선택에서도 그는 주류가 아닌 전자현미경 기술에 집착했고, 회사가 보내는 유학에서는 미국의 시카고 대학(히타치가 전자현미경 기술을 도입하려고 시도하던 대학)을 거부하고 독일 튜빙겐 대학을 선택했다. 이유는 "시카고 대학 기술은 현재가 주류지만 선진성이 없다"는 것이다.

현재 전자현미경 기술은 초전도와 나노 테크노로지 분야 연구에서 최대의 무기가 되어 있다. 30여 년 전에 비주류의 기술을 고집한 소노무라의 선택은 옳았던 것이다.

이지마 쓰미오(63세)는 NEC 연구개발 그룹의 수석연구원으로 나노 튜브 개발로 1996년 아사히상을 수상하고, 2002년에는 벤자민 프랭클린 메달의 물리학 부문 수상자로 결정된 인물이다. 미국 아리조나 대학 연구원, 케임브리지 대학 객원연구원을 거쳐 1987년부터 NEC에 재직하고 있는 그는 1991년 나노 테크노로지에서 주목받고 있는 탄소 소재의 카본 나노 튜브의 구조를 해명해 나노 테크노로지 연구에 불을 붙였다.

이지마의 나노 튜브 연구는 분자 사이즈의 반도체 제조를 가능하게 했다. 분자를 집적하면 원리적으로는 실리콘의 대체가 가능하기 때문이다. 이 기술을 응용하면 슈퍼컴퓨터가 손바닥 안에 들어올 정도로 경량화되고 계산 속도도 비약적으로 향상되기 때문에 세계의 컴퓨터 연구자들이 주목하고 있다.

02

일본은 기초 기술의 세계적인 강자이다. 이런 경쟁력을 유지하게 하는 원천이 일본기업의 조직과 문화이다. 일본기업의 장기고용 제도는 약화되고 있지만 그럼에도 미국기업에 비하면 아직도 안정성을 유지하고 있다.

노벨상의 수상 대상이 되는 연구 성과는 단기간에 이루어지는 것이 아니다. 장기적인 안목으로 인재에 투자, 이들이 연구에 전념할 수 있도록 고용 안정성을 유지한 결과가 최근의 노벨상 수상자 풀로 나타나고 있다.

연구자의 자율성을 존중한다는 점도 일본기업의 중요한 장점이다. 노벨상을 수상한 다나카 코이치는 물론 청색 LED를 개발한 나카무라 슈지 등은 자신의 판단을 기초로, 때로는 회사의 방침과 다른 방식으로 기술 개발을 시도했다. 일본기업의 특징은 이런 '이단아들을' 조직 내에 온존시키고 때로는 적극적으로 지원하기도 한다는 데에 있다.

세계 노트북 PC 시장을 지배한 도시바의 노트북 개발이나 게임기 시장을 장악하고 있는 소니의 플레이 스테이션 개발 역시 바로 이런 개발자의 자율성을 적극적으로 활용해 성공한 케이스이다.

일본기업 내에는 이렇듯 이단아를 포용할 수 있는 기업 조직과 문화가 존재하기 때문에 연구자들은 현재 인기 있는 테마에 휩쓸리지 않고 자신의 소신에 따라 장래 중요하다고 판단되는 연구

주제를 선택할 수 있다. 소니 재직 중 발견한 에사키 다이오드로 1973년 노벨 물리학상을 수상한 에사키 레오나(시바우라 공업대학 총장)는 노벨상을 받을 수 있는 연구자의 자세를 다음과 같이 말한다.

"현재의 유행을 타지 않고 다른 연구자의 모방을 하지 않는다. 작은 가치를 발견하고 자신이 이를 키우는 것이 중요하다."

HOW TO MAKE THE KOREAN INNOVATION MODEL?

일본 최대 통신사 NTT는 왜 혁신에 실패했는가

01

지난 2000년대 후반까지 경제대국 일본은 'IT 후진국'의 불명예 속에 고전한 바 있다. 당시 일본은 IT 인프라(사회간접자본)의 구축, 특히 고속인터넷 통신망의 구축과 활용에서 뒤처지고 있었다.

2000년 당시 일본의 초고속인터넷 통신망의 이용자는 47만 명(DSL 사용자 8,300명, CATV 사용자 46만 명), 한국의 ADSL(비대칭디지털회선) 이용자가 이미 200만 명을 넘어선 것과 비교할 때 경제대국이라는 간판에 걸맞지 않은 수준이었다. 한국이 당시 IT 산업에서 일본을 능가했다고 주장하는 하나의 근거도 고속인터넷 통신망의 이용자 수였다.

그렇다면 왜 일본은 고속인터넷 통신망의 구축에서 이렇게 뒤처지게 되었을까. 그 주요한 원인을 바로 1980년대 후반에 수립, 유지되어온 NTT의 통신 인프라 전략에서 찾을 수 있다.

이노베이션(기술혁신) 연구로 유명한 클레이 크리스텐센 교수(하버드 비즈니스 스쿨)는 '이노베이터의 딜레마(혁신자의 딜레마)'라는 저서에서 혁신에 직면한 기존기업의 딜레마를 지적한 적이 있다. 크리스

텐센 교수는 컴퓨터 일반의 기억매체인 하드디스크 드라이브 생산 기업을 분석했다. 그는 대형컴퓨터용인 14인치 하드디스크에서 미니컴퓨터용인 8인치 하드디스크로, 다시 8인치에서 PC용인 5.25인치로 혁신에 의해 제품이 바뀔 때마다 기존에 존재했던 대기업이 적응에 실패, 몰락해 갔음을 밝혀냈다. 예를 들어 8인치에서 5.25인치로 변화할 때는 퀀텀, 마이크로폴리스 같은 유명한 기업이 적응에 실패했다.

이처럼 새로운 제품이나 혁신적인 기술이 등장하면 기존기업은 적응에 실패하는 경우가 많다. 그 이유 중 하나는 바로 기존기업이 가지는 사고의 경직성에 있다.

신제품이 시장에 등장할 때 대개의 기존기업은 그 제품의 잠재적 가능성을 평가절하해 무시하거나, 기존 제품으로 대항하려 한다. 예를 들어 '이노베이터의 딜레마'에 등장하는 시게이트사는 새로운 5.25인치 하드디스크가 등장할 때 시제품까지 개발하고서도 상품화를 포기하는 우를 범하기도 했다. 그 때문에 시게이트사는 5.25인치 하드디스크가 시장을 잠식하기 시작하자 허둥지둥 이를 상품화했으나 결국 시장에서 밀려나고 말았다.

일본 NTT는 이처럼 기존기업이 범하기 쉬운 오류를 그대로 답습하고 있다. 기존제품이나 기존기술을 고수하면서 새로운 기술과 시장의 변화를 받아들이지 않는 기존기업의 속성을 NTT가 그대로 드러내고 있는 것이다.

02

NTT의 통신 인프라 전략의 개요는 메탈케이블의 ISDN을 활용하면서 순차적으로 광케이블로 전환하는 것이었다.

일본은 메탈케이블의 ISDN(Integrated Services Digital Network, 통합서비스 디지털 네트워크)에서 세계적으로 선두를 달려왔다. ISDN은 최대 8대의 단말기가 접속 가능할 뿐 아니라, 하나의 회선으로 전화, FAX, 비디오텍스(Videotex), 데이터 단말기, 컴퓨터 등 다양한 통신기기를 접속해 서비스를 제공하는 것이 가능하다.

뿐만 아니라, ISDN은 첫째, 기존 전기통신망의 부분적인 설비 변경에 의해 사용이 가능한 점, 둘째, 디지털 교환기, 디지털 전송로에 의한 중계망의 디지털화에 의해 코스트 퍼포먼스(비용 대비 성능)가 대폭 향상된다는 점, 셋째, 장거리통신의 경우에도 저렴한 통신요금의 실현이 가능하다는 점 등의 강점을 가지고 있어 NTT는 1990년대까지 ISDN을 중심으로 통신인프라를 구축해 왔다(1988년 4월 일반 사용자를 대상으로 한 ISDN 서비스를 개시, 2000년 말 기준으로 사용자는 1천만 명을 넘어서고 있다).

하지만 NTT가 메탈 케이블의 ISDN화에만 전력투구했던 것은 아니다. ISDN 네트워크의 확대와 더불어 NTT는 광케이블의 조기 도입과 구축을 시도했다. 광케이블은 완전밀폐된 상태에서 음성과 데이터가 전송되기 때문에, 전송 손실이 작다. 또한 중계거리는 메탈케이블이 수 km인 데 반해, 광케이블은 수십 km, 경우에 따라서는 100km를 넘기도 해 일찍부터 그 잠재적 가능성을 주목해 왔다. 그 때문에 NTT는 일찍이 1990년에 44,000km에 이르는 광케이블망을 구축하고 있었다.

그러나, 1990년대 중반 DSL 기술이 실용화되면서 상황은 급변했다. DSL기술은 기존 메탈케이블을 그대로 활용할 수 있는 기술이지만 전송손실이 크기 때문에 광케이블로 이행하는 중간적, 과도적 기술로 여겨져 왔다. 뿐만 아니라 전송 용량에서 광케이블에 뒤지는 점도 분명했다. 예를 들어, 60분짜리 CD한 장을 다운로드할 경우, 64Kbps의 ISDN이라면 2시간이 걸리지만, 10Mbps의 광케이블은 48초면 다운로드가 가능하다. 그러나, 500Kbps의 ADSL은 16분이나 걸렸다.

물론 이 단계에서 광케이블에 의한 FTTH(Fiver To The Home, 일반 사용자까지의 광케이블화)가 조기에 실현되었다면 일본은 세계최고의 인터넷통신망을 구축했을 것이다. NTT의 건물에서 기선점(사용자의 회선이 집결하는 포인트)까지의 광케이블화률은 주요도시에서 56%, 인구 10만 이상의 도시에서는 31%에 육박하고 있었기 때문이다. 하지만 여기서 NTT의 발목을 잡았던 것이 바로 '마지막 1마일(last one mile problem)'이라 불리는 문제였다.

NTT는 자사 건물에서 기선점까지의 광케이블화는 달성되었지만 이 기선점에서 일반사용자까지의 광케이블화가 지연된 것이다. '마지막 1마일'에 들어가는 막대한 공사비를 누가 부담할 것인가가 문제였다.

여기서 NTT는 메탈케이블의 ISDN을 고수함과 동시에 DSL의 보급을 억제하는 행동을 취하게 된다. ISDN에 투자한 막대한 비용의 성크코스트(투하자본)의 회수를 생각할 때 NTT로서는 현실에 존재하는 ISDN 사용자를 되도록 장기간 붙들어둠과 동시에 DSL의 보급을 지연시키는 것이 바람직하기 때문이다. 일본의 통신서비스업체가 DSL사업을 개시할 경우 NTT에 공사를 의뢰해야 한다. 그러나, 이 공사에는 6개월에서 1년의 기간이 소요되어, 현실적으로 사업 추진이 불가능하게 된다. 이 문제로 NTT는 접속업체의 신규진입을 방해한 혐의로 공정거래위원회의 경고를 받기도 했다. 결국 NTT는 2003년 말 DSL사업에 참여했다.

한 기업으로서의 NTT를 볼 경우, 메탈케이블의 ISDN에서 DSL을 거치지 않고 직접 광케이블로 전환하는 전략은 합리적이다. 기술의 장기적인 발전 가능성과 투자비용을 생각했을 때 바람직한 전략이었다. 하지만 문제는 지배기업의 '관성' 속에서 시장의 변화를 무시한 NTT의 '합리성'이 일본의 고속인터넷 통신망 구축을 지연시켰다는 데 있다.

지난 10년 동안 미국이나 한국에서는 고속인터넷망을 활용한 다양한 벤처와 비즈니스가 출현, 그 활동 영역을 확장해 왔다. 인터넷 비즈니스처럼 변화의 스피드가 빠른 산업에서 10년의 지체는 뼈아픈 것이다.

HOW TO MAKE THE KOREAN INNOVATION MODEL?

패배해도 분해하지 않는 나라는 부활할 수 없다

일본 경제주간지 '닛케이 비즈니스'
야마자키 료헤이(山崎 良兵) 기자와의 2010년 인터뷰

(질문) 삼성전자와 LG전자, 포스코, 현대자동차 등 한국의 글로벌 기업이 세계시장에서 약진하고 있습니다. 원화 약세의 영향도 있습니다만, 브랜드와 상품 경쟁력 등 여러 가지 면에서 힘을 발휘하고 있습니다. 이러한 현상에 대한 원인이 무엇이라고 생각하십니까?

한국기업의 약진 배경에는 강한 위기의식이 있습니다. 한국 경제의 기반은 일본과 비교하여 훨씬 취약합니다. 일본 인구는 1억 3,000만 명으로 풍부하고 안정된 내수 시장이 있지만, 한국 인구는 불과 4,800만 명입니다. 이 때문에 "한국시장에 의존하면 안 된다." "해외로 진출하지 않으면 죽는다"라는 생각을 하고 있어 선천적으로 글로벌 지향이 매우 강합니다.

일본인이 좋아하는 것은 '일본 제일'이지 '세계 제일'이 아닙니다. 반면, 한국기업은 '세계 제일'을 외치고 있습니다. 한국기업은 한국 내에 머무르지 않고, 글로벌 시장을 활동 무대로 정의하여 개척을 진행하였는데, 그 차이가 기업 경영에도 나타나고 있습니다.

1997년 IMF 위기는 결과적으로 한국에 긍정적인 영향으로 작용하였습니다. 다수의 재벌 그룹이 해체되면서 실업률이 급상승하는 등 사회적으로 혼란을 야기하였으나, 위기로 인해 경쟁력이 없는 기업이 정리되고, 세계에서 경쟁할 수 있는 기업만 살아남았습니다.

운이 좋았다고도 말할 수 있지만, 한 번 위기를 경험한 기업들은 강해졌습니다. 그래서 많은 한국기업이 위기 대응에 자신감을 갖고 있습니다. 역경을 잘 활용하면 가속력이 붙어 강해집니다. 위기가 순식간에 기회로 바뀌는 것을 과거에 경험하였기 때문에 이번 위기도 기회라고 생각하고 있습니다.

또 하나는 모방을 넘어 독창적인 상품개발과 경영을 하는 노하우를 갖고 있습니다. 1980년대까지는 일본기업을 모방하고, 계속해서 경험을 축적하였는데 그쳤습니다. 그러나 2000년대 초에 전환기를 맞이하였습니다. 한국기업은 제조업을 중심으로 비즈니스 프로세스를 혁신하였습니다. 예를 들어 포스코는 IT기술을 사용해 프로세스를 개선하여 경영 효율을 큰 폭으로 개선하였습니다. LG전자는 기업 경영의 글로벌화를 가속하였습니다. 현재 CMO(Chief of Marketing Officer) 등 임원의 절반을 외국인으로 임용하였으며, 사내 공용어도 영어로 바꾸었습니다.

일본에서는 있을 수 없는 일이지만, 한국기업은 강한 리더십으로 단기간에 개혁을 실행합니다. 급진적인 변화를 두려워하지 않고, 재빠르게 움직일 수 있는 기민함이 있습니다.

(질문) 일본과 일본기업의 현상을 어떻게 보고 있으신가요?

위기 상황이라고 생각합니다. 노동력 부족이나 정부의 리더십 문제도 있지만, 제일 큰 문제는 일본 전체가 자신감을 잃고 있는 것입니다. 1980년대는 미국을 모델로 하여 추격하고 추월하기 위해 노력하여 성공하였습니다. 당시 일본은 자국의 경제 모델에도 큰 자신감을 갖고 있었습니다. 그러나 90년대에 들어와 버블이 붕괴되었고, 일본은 사회 시스템 전체를 점검했어야 했지만 그렇게 하지 못했습니다.

버블 붕괴의 영향이 사라지고 미국에서 IT붐이 일어나 경기가 조금 회복되었습니다. 개혁의 기운도 있었으나 결국 거의 변화하지 못했습니다. 많은 일본기업은 시스템이나 사원 교육을 쇄신하는 것이 아니라 경기가 좋아지면 다시 행복한 시대가 온다고 생각하고 있었던 것 같습니다. 우리 자신이 아니고, 외부 환경이 바뀌면 문제가 해결될 것이라고 생각 한 것입니다.

그러나 실제로는 그렇지 않다는 것이 점차 밝혀지고 있습니다. 성공 모델로 여겨지던 도요타 자동차마저도 리콜사태로 위기를 맞은 적이 있는 가운데, 일본기업은 진정한 의미로 자신감을 잃고 있습니다. 일본 경제는 소폭 상승, 소폭 하락의 패턴이 반복되고 있습니다. 일본의 거리에는 프리터족(free arbeiter, 알바족)이 넘치고 있어 빈곤층이 증가하고 있으며, 일본의 젊은이는 도전정신이 없는 것처럼 보입니다.

(질문) 무엇이 최대의 문제라고 생각하십니까?

문제의 본질을 상징하는 사례가 있습니다. 일본의 휴대전화 메이커의 세계시장 점유율은 과거 10년간 격감하여 20% 이상에서 6%대가 되었습니다. 일본인이 충격을 받을 것이라고 생각했지만 현실은 달랐습니다. 진정으로 충격을 받은 일본인은 만나보지 못했습니다. 휴대전화에서 10년 만에 일본의 세계시장 점유율이 1/3 이하가 된 반면, 삼성전자나 LG전자의 시장 점유율은 2배 이상이 되었습니다. 분명히 사태는 심각합니다.

그럼에도 불구하고 패배해도 어쩔 수 없다며 방관하고 있는 것처럼 보입니다. 정말로 분통해 하며 이기기 위해 필사적으로 노력하고 있는 것인가? 대답은 No가 아닐까 생각합니다. 휴대폰은 그저 일례이며, 그 외에도 패배하는 분야가 증가하고 있습니다. 일본기업이나 제품에는 기술력이 있기 때문에 마케팅 경쟁력이 문제라고 말합니다만 좀 더 부족한 것이 있습니다. 그건 지금 이대로는 일본이나 일본기업도 몰락한다는 강한 위기의식입니다.

(질문) 왜 위기의식을 가질 수 없는 것일까요?

성공 경험에서 비롯되는 자만심과 오만함이 문제가 됩니다. 버블 붕괴 이후에도 한때 소니는 호조를 보였으며, 도요타 자동차는 장기적으로 고성장을 지속했습니다. 그 무렵 기술혁신의 저력이 있는 것처럼 보이고 있었습니다.

저는 도요타가 좋은 회사라고 생각하고 있습니다만, 계속된 실적호조로 인해 자신을 성찰할 수 있는 힘을 잃어버렸는지도 모릅니다. 소니도 좋은 회사라고 생각해 1990년대까지는 기대했으나 지금은 정말로 고전하고 있는 것 같습니다.

이노베이션 과정에서 성장기까지 혁신적이었으나 어느새 오만하게 되는 것은 소니나 도요타도 넘을 수 없었던 것일지도 모릅니다. 기업 외부로부터 겸허하게 배우려는 자세를 잃고 있던 것처럼 보입니다.

(질문) '성공의 복수'라고도 할 수 있는 자만심과 거기에서 비롯되는 실패는 어느 국가나 기업에서도 공통되게 나타납니다. 지금은 호조인 한국의 글로벌 기업도 내일의 승자로 계속될지 어떨지는 모릅니다.

저는 "한국은 일본의 15년 전 상태에 있다"는 가설을 갖고 있습니다. 경제, 사회 시스템의 발전 단계가 한국은 일본과 비교해 늦습니다. 즉, 2010년의 한국은 1990년대 중반의 일본과 유사합니다.

저는 1995년부터 일본에서 유학생활을 시작했는데, 당시의 일본 대학생과 지금의 한국 대학생의 상태는 놀라울 정도로 닮았습니다. 당시 일본에서 도쿄대 학생에게 당신의 꿈이 무엇이냐고 질문하면 해외에서 성공한 미쓰비시 상사에 취직하는 것이라는 대답이 돌아왔습니다. 취직 그 자체를 목적화하고 있는 모습을 보고 낙담하였습니다.

그러나 지금 한국 대학생을 보면 일본과 유사한 조짐이 보입니다. 한국 대학생에게 꿈을 물어보면 삼성에 취직하는 것이나 공무원이라고 대답하는 사람이 매우 많습니다. 지금 대학생은 사회에 나와 10년 후에 기업의 핵심을 담당합니다.

일본의 교훈은 한국기업에도 동일하게 적용됩니다. 지금 한국은 성공 도상에 있습니다만, 장래에는 일본과 같은 곤란에 직면할지 모릅니다.

HOW TO MAKE THE KOREAN INNOVATION MODEL?

도요타의 실패가 주는 교훈:

신화가 무너지면서 도요타는 보통 회사가 되었다

일본 경제주간지 '닛케이 비즈니스'
야마자키 료헤이(山崎 良兵) 기자와의 2011년 인터뷰

(질문) 미국에서 현대 자동차와 산하 기아 자동차의 점유율이 확대되고 있습니다. 한편 대규모 리콜(회수, 무상 수리)을 경험한 도요타 자동차의 판매는 부진합니다. 미국 자동차 시장의 변화를 어떻게 분석하고 계십니까?

저는 미국에서 현대자동차와 도요타를 비교 연구하고 있으며, 품질/리콜 문제가 주목된 이번 봄 이후 양사의 경영진, 판매점, 사용자를 다수 인터뷰했습니다. 우선 현대자동차의 경쟁력이 꾸준히 높아지는 것은 객관적인 조사 데이터에서도 밝혀졌습니다. 예를 들면 미국 일간지의 'USA투데이'가 보도한 세단 비교 조사에서 현대자동차의 '소나타'가 1위였습니다. 도요타의 '캠리'는 2위, 혼다의 '어코드'는 5위. 자동차 전문가가 좌석, 시인성(視認性), 브레이크, 액셀성능 등을 평가한 것입니다. 현대자동차는 품질과 성능에서 일본 업체에 열등하다는 이미지가 있었지만, 전문가의 분석에 의하면 역전하고 있는 것을 알 수 있습니다.

놀라운 것은 이 신문이 동시에 실시한 소비자 조사에서도 소나타가 1위에 올랐다는 것입니다. 이미지 조사의 의미가 강하지만, 일반적인 미국인의 의식도 변화하고 현대자동차 브랜드 이미지가 크게 향상되고 있습니다. 이러한 미국인의 의식의 큰 변화가 도요타의 판매 부진과 현대자동차의 점유율 확대될 수 있었던 배경이라 할 수 있습니다.

(질문) 그러나 도요타 자동차는 계속 미국에서 높은 평가를 받아 왔습니다. 위기에 직면했지만, 단기간에 현대자동차에 대한 이미지가 현실적으로 도요타의 이미지를 역전하는 데 한계가 있지 않았을까요?

미국에서는 도요타는 브랜드에 대한 '신화'가 있었습니다. 미국 제너럴 모터스와 포드 자동차와 다른 세계적인 높은 품질을 가지고 있었습니다. 존경을 담아 '완벽한 자동차를 만드는 회사'라고까지 여겨졌었습니다.

도요타와 렉서스 자동차에 타는 사람은 높은 자부심을 가지고 있는 경우가 많았습니다. 사용하고 버리는 것이 아니며 중고차가 되어도 가격이 높은 자동차를 사며 자신들은 '현명한 소비자'라고 생각하고 있었습니다.

예를 들면, 하이브리드 자동차 '프리우스'를 타는 사람은 환경에 대한 배려가 높다는 자부심이 있습니다. 렉서스를 타는 사람도, 라이벌인 메르세데스 벤츠, BMW를 타는 사람과는 다르다는 의식이 뚜렷했습니다. 단순한 부자의 브랜드가 아니라 품질도 성능도 좋은 렉서스를 택했다는 자부심을 갖고 있던 것 같습니다. 이른바 전문가로 불리는 변호사, 회계사 등의 구매가 도요타의 자동차를 지지해 왔습니다.

왜 도요타 신화는 존재했을까요. 미국 소비자는 '구름 위의 기업'으로 도요타를 인식했습니다. 자사 자동차를 통해 도요타는 강한 브랜드를 구축해 갔습니다. 하지만 도요타의 대규모 리콜을 보고 소비자는 문득 자각한 것입니다.

제품이 아니라 기업으로서 리콜 문제에 대한 자세와 미 의회 청문회에 참석한 도요타 아키오 사장 등 경영진의 모습을 보고 '과연 도요타는 어떤 기업인가'를 생각하게 되었습니다. 전설적인 회사에서 좋은 자동차, 완벽한 제품을 만든다는 이미지가 깨지기 시작하고 있습니다.

"역시 도요타도 보통 회사다."

"GM, 포드, 현대자동차와 다름없는 보통의 자동차 업체에 불과하다."

라고 많은 사람이 생각하기 시작한 것입니다. 환상은 사라지고 도요타가 보통의 회사임이 드러났습니다. 도요타의 판매가 급격히 떨어지지는 않을 것이라고 생각하지만 도요타의 신화는 무너지고 있습니다. 눈앞의 판매 수치와 올해, 내년의 문제가 아닌, 장기적으로 영향을 미칠 것입니다.

(질문) 도요타의 과제는 어디에 있을까요? 교수님은 무엇을 '개선'해야 한다고 생각합니까?

도요타는 원래 마케팅 주도의 회사가 아닙니다. 제품의 품질로 판매를 늘려 왔습니다. 도요타차는 다른 메이커와 비교해 잔고장 등의 문제가 발생하는 경우가 적습니다. 그러나 GM이나 포드 자동차는 고장이 많다는 이미지가 있습니다. 문제가 발생해도 구매자는 포기하는 경우가 많습니다. '미국 회사이기 때문에 그렇다'는 식으로 원래 기대가 낮은 것입니다.

이에 반해 도요타는 지금까지 쌓아 올린 고품질의 이미지가 있습니다. 기대도 높지만 실제로 고장이 적어 문제가 되지 않았습니다. 그 결과 품질이나 소비자의 불편에 관한 정보를 수렴하는 시스템이 약했다고 생각합니다. 특히 딜러로부터 부정적인 정보를 흡수하는 구조가 불충분했습니다. 그것이 이번의 품질, 리콜 문제 대응 지연으로 이어졌습니다.

도요타의 문제는 신화에 도사리고 있었는지도 모릅니다.

"도요타 차는 품질이 좋아 문제가 일어날 리 없다."

판매점이 그렇게 생각하게 되면 중요한 오류 정보는 알려지지 않게 됩니다. 저는 일본에 거주한 적이 있지만, 일본 도요타 판매점에는 구매자가 클레임을 제기하면 함께 생각하는 자세가 느껴집니다.

그러나 미국에는 "도요타 차에 문제가 있다"는 구매자의 목소리를 경시하는 듯한 느낌이 있습니다. 제가 인터뷰한 도요타 차 구매자들은 그런 의견을 피력했습니다. 딜러가 "도요타의 차가 아닌 운전자의 사용에 문제가 있다"라는 태도를 취하고 있다고 그들은 비판했습니다.

제가 의문을 느낀 것은 다양한 부정적인 정보가 판매점에서 미국 도요타, 미국 부품 생산업체, 그리고 일본 본사에 얼마나 전달되고 있었느냐는 점입니다. 또 정보의 전달과 함께 미국 지사에서 리콜 등 중요 의사결정이 될 수 있는 체제의 문제입니다.

저는 미국 도요타 미국 경영진을 인터뷰했지만, 이 점에 대한 확답을 얻지 못했습니다. 저는 이번 사태가 정보를 처리하는 과정이 충분히 기능하지 못한 결과, 문제가 커졌다고 보고 있습니다.

(질문) 지적된 같은 점에 대해 도요타도 문제가 있었던 것을 인식하고, 미국 법인이나 미국인 경영진에 대한 권한 이양을 진행하고 있는 것 같습니다. 물론 아직 개혁이 진행되는 과정이라고 생각합니다만, 한편 현대자동차의 정보 수집에는 어떤 특징이 있을까요?

현대자동차에는 해외 판매 현장에서 얻을 수 있는 품질 등의 부정적인 정보를 본사에 수렴하는 구조를 가지고 있습니다. 미국에서의 다양한 정보를 종합하여 한국 본사에 즉시 보고하는 형태입니다. 구매자의 클레임 정보도 당연히 포함되어 있습니다.

현대자동차는 후발주자이며 2등 회사이기 때문에, 언제나 안테나를 세우고 부정적인 정보를 수집할 필요가 있습니다. 현대자동차 간부도 인터뷰했는데 "도요타 같은 문제가 자신들에게도 일어날지도 모른다"라는 긴장감이 있습니다. (현대자동차의 정몽구) 회장도 도요타 사건을 철저히 조사하라는 강한 지시를 내렸습니다.

게다가 현대자동차는 판매점뿐 아니라 스스로 인터넷을 사용하여 적극적으로 사용자와 정보 교환을 하고 있습니다. 홈페이지에서 정보를 발신하는 일방통행의 마케팅 도구로서가 아니라 쌍방향 도구로 인터넷을 사용하고 있습니다.

이러한 방식이 도요타와 다른지도 모릅니다. 딜러를 넘어 사용자와 정보를 직접 주고받으면 생생한 정보를 얻을 수 있습니다. 그렇지 않으면 구매자의 진짜 생각과 문제의식은 파악할 수 없습니다.

설계상의 과제를 극복하고 오류를 수정하는 것은 도요타의 강점입니다. 그러나 정보 처리에 초점을 두고 조직을 변혁하려 한다면 종전의 방식을 부정할 정도로 깊이 천착하지 않으면 정보의 흐름은 좀처럼 바꿀 수 없습니다. 저는 도요타가 정보 처리하는 구조에 관심을 돌리지 않으면 본질적으로 다시 강해지지 않는다고 생각합니다.

(질문) 성공 체험이 강할수록 회사를 바꾸기는 어려운가요?

도요타는 세계 제일이 되면서 1960년대와 1970년대 미국시장을 개척할 때 가졌던 도전정신과 헝그리 정신을 망각한 것 같습니다.

당시 미국의 빅3는 도요타 등 일본 업체들을 얕잡아 보고 있었습니다.

실제로 1960년대 미국 고속도로에서 도요타 차량을 시험할 때 성능이 좋지 않고 고장도 많았습니다. 그래서 '도요타가 들어와도 별문제가 없다'고 미국 업체들은 생각했습니다. 이후 도요타 등 일본 업체는 자동차의 품질과 성능을 열심히 개선하여 향상시킴으로써 미국시장을 석권했습니다.

지금의 도요타는 과거의 미국 자동차회사처럼 되어 있는 것 같습니다. 미국에서뿐 아니라 신흥국에서도 현대차가 약진하고 있는 이유를 어디까지 이해하고 있는 것인지, 구매자와 현지 정보를 열심히 모아 흡수하고 경영에 활용하고 있는지, GM과 같은 길을 걷지 않을지 걱정이 됩니다.

(질문) 삼성 같은 위기감을 가질 수 있을까요?

한국의 삼성 그룹은 호조이지만 경영진의 위기의식은 강합니다. 요즘도 '위기'라고 말합니다. 예전에 이건희 회장은 "예전의 삼성은 공격적인 늑대였지만, 지금은 배부른 돼지가 되었다. 돼지가 되면 삼성은 망한다"라고 격한 어조로 사내에 경종을 울린 적이 있습니다.

저는 거대한 도요타의 도요타 아키오(豊田 章男) 사장이 정말로 개혁할 수 있는가에 주목하고 있습니다. 간단히 되는 것은 아니지만,

새로운 인터넷 시대의 정보 사회에 있어 조직과 구조를 바꾸지 않으면 안 되는 것은 명백합니다. 지금까지 이룩한 것을 부정할 정도의 각오로 행동하는 것이 가장 요구되고 있습니다.

HOW TO MAKE THE KOREAN INNOVATION MODEL?

4차산업혁명을 준비한 일본의 로봇 산업

일본은 로봇 강국

2000년대 중반 실리콘 밸리, 시부야 밸리(일본 IT벤처기업의 집결지), 테헤란 밸리의 IT벤처가 화려한 네온 속에 각광받고 있던 바로 그때, 미래를 여는 또 다른 산업혁명이 조용하게 진행되고 있었다. 그것은 인간의 유전자를 조작하는 바이오 테크, 미세가공기술을 이용해 초소형 마이크로 머신을 제조하는 나노테크(나노는 백만분의 1mm를 의미), 그리고 인간과 희로애락을 함께 하는 미래형 로봇이다.

그런데 일본은 이 세 가지 산업 중 나노테크와 미래형 로봇에서 세계 최고 수준의 연구와 개발능력을 자랑한다. 이들 산업은 인터넷 중심의 ICT산업과 달리 높은 진입장벽이 존재한다는 특징을 지니고 있다. 대규모의 자본과 연구조직, 그리고 장기간의 끈기 있는 개발이 요구되는 산업으로 일단 우위가 확립되면 이를 역전시키기는 어렵다.

그렇다면 일본은 어떻게 이런 미래산업을 키워 왔는가. 로봇산업의 주역을 담당하고 있는 혼다와 소니를 중심으로 그 과정을 살펴보자.

일본은 로봇 강국이다.

2015년도 일본의 세계 산업용 로봇 시장 점유율은 34.7%이다. 일본의 산업용 로봇 총 매출은 약 6,300억 엔(한화 약 7조 원)이고 일본 내 매출 규모는 1,518억 엔(한화 약 1조7천억 원)이다. 물론 이 수치는 생산 현장에서 인간을 대신해 육체노동을 수행하고 있는 산업용 로봇을 대상으로 한 것이다. 자동차 공장의 용접라인에서 불꽃을 튀기며 24시간 쉬지 않고 작업을 수행하고 있는 로봇은 더 이상 경이의 대상은 아니다.

특히 혼다의 아시모(Advanced Step in Innovative Mobility, 새로운 시대로 진화한 혁신적인 모비리티)라는 자율형 로봇은 많은 관심을 끌고 있다. 아시모는 혼다가 개발한 인간형 로봇이다. 신장 120cm, 중량 43kg의 로봇으로 뛰거나 공을 차고, 문의 손잡이를 돌려 열거나, 계단을 오르내리는 것도 가능하다.

혼다가 굳이 120cm, 43kg을 고집한 것은 오피스 공간이나 주거공간에서의 이동을 고려했기 때문이다. 예를 들어 PC 키보드의 위치는 바닥에서 70cm, 복사기는 96cm의 높이다. 또 주거공간의 전기스위치는 110cm, 테이블은 70cm다. 아시모의 키는 이런 공간 배치 속에서의 작업을 고려한 것이다.

혼다 아시모에는 로봇이 인간의 분신이기 때문에 인간과 유사한 크기가 아니면 효율적으로 사용할 수 없다는 생각이 깔려 있다. 현대가 정보화사회라고 해도 로봇이 생각하는 능력과 함께 운동능력을 갖추지 않으면 쓸모가 없다는 것이다. 이 점에서 혼다의 기본철학은 모빌리티(이동성)이다.

AIBO는 소니가 개발한 엔터테인먼트 로봇(소니 개발자는 '장난감 로봇'이라는 나의 표현에 불쾌감을 표시했다)이다. 주인의 음성을 인식해, 그 명령에 따라 춤을 추거나 공을 쫓아다니며 장난을 칠 수 있다. AIBO는 1999년 6월 ERS110 이라는 1세대(강아지형)가 탄생한 이래, 2000년 11월에는 ERS210이라는 2세대(새끼 사자형)가 개발, 판매되었다.

이 AIBO시리즈는 1세대가 25만 엔(한화 약 300만 원), 2세대가 15만 엔(180만 원)이라는 고가임에도 불구하고 일본과 미국, 유럽에서 거의 매진되는 인기를 누린 바 있다.

왜 AIBO 시리즈가 사람들의 관심을 끄는 것인가. 그 이유에 대해 카게야마 코지 부장(소니 엔터테인먼트 로봇 컴퍼니 개발설계부)은 이렇게 설명한다.

"AIBO에는 21개의 관절과 모터가 있기 때문에 부드럽고, 미묘한 동작을 표현할 수 있습니다. 이런 동작을 사람들에게, 특히 어른에게 보이면 감격합니다. 대체로 사람들의 머릿속에 있는 로봇은 단순하고 서툰 동작밖에 못 한다는 선입관이 있습니다.

그러나 AIBO는 사람에게 몸을 비비거나, 화를 낼 수도, 춤을 출 수도, 또 주인의 사육방식에 따라 성격이 달라지기도 합니다. AIBO에게 "일어서, 발을 내밀어, 춤을 춰봐"와 같은 명령을 할 수 있습니다. 이 명령을 받은 AIBO가 꼬리를 흔들며 뛰어오고, 두 발과 머리를 흔들며 최근 유행하는 춤을 추면 사람들은 너무도 좋아합니다. 또 AIBO에는 머리, 등, 턱에 센서가 있어 길게 누르면 칭

찬하는 의미로, 가볍게 치면 야단친다는 의미로 인식합니다.

다만 AIBO의 대상은 어른이지 어린이는 아닙니다. 어린이는 아직 감성이 충분히 발달해 있지 않기 때문에 미묘한 동작을 감지할 수 있는 능력이 없습니다. 그래서 AIBO의 동작을 보고 감동하는 기제가 어린이에게는 없는 거지요. 어린이의 경우 금방 싫증 내고 맙니다."

2050년 인간과 축구경기가 가능한 로봇

이 두 종류의 로봇은 사용목적이나 형태가 명확하게 다르다. 아시모가 인간과 더불어 작업하거나, 실내에서 주인의 지시를 받아 가사를 도울 수 있도록 만들어진 데 반해, AIBO는 인간과 어울려 희(喜)와 락(樂)을 함께 하면서 주인의 스타일에 따라 달리 성장하도록 설계되어 있다.

혼다와 달리 소니의 기본철학은 엔터테인먼트(유희성)이다. TV게임이나 인터넷 같은 가상현실에서의 유희도 인간에게 기쁨을 주지만, 촉감으로 느껴지는 사물에서 얻는 기쁨은 주지 못한다는 것이다. 소니의 AIBO는 손으로 접촉해 느낄 수 있는 즐거움을 극대화하는데 초점이 맞춰져 있다.

예를 들어 아시모가 집에서 청소하고, 주인의 짐을 정리하거나, 주인이 없을 때 손님이 방문하면 주인의 부재를 정중하게 전할 수도 있다. 때로 어떤 집을 방문해 보면 서너 마리의 AIBO가 뛰쳐

나와 시끄럽게 짖은 후, 인간의 목소리로 방문자의 이름을 확인할 지도 모른다.

로봇의 인지능력과 운동능력의 향상은 로봇의 활동 영역을 크게 확장할 수 있을 것으로 예측되고 있다. 이세돌을 이긴 알파고의 연산능력은 대국 당시 초당 1,433조 번 연산이 가능했다. 인간의 초당 연산능력은 초당 약 100조에서 1,000조에 해당한다. "2050년에는 로봇 팀이 FITA의 월드컵 우승팀에 승리한다"는 캐치프레이즈를 내걸고, 로봇끼리의 축구 경기인 '로보컵'도 1997년부터 개최되고 있다.

하지만 로봇의 이런 가능성이 '현실 세계'에 국한되는 것은 아니다. 현실공간의 로봇과 가상공간의 로봇이 동시에 존재해 서로 커뮤니케이션이 이루어지는 또 다른 가능성을 소니는 예측하고 있다. 도이 토시타다 소장(소니 디지털 크리에이처 연구소)은 그 가능성을 이렇게 설명하고 있다.

"우리는 AIBO의 가능성을 현실세계와 가상세계 양쪽에 다 두고 있습니다. 세계는 지금 현실 세계와 가상세계(cyber world), 그리고 디지털 창조물의 세계(digital creatures system world, 가상세계에 사는 창조물)라는 세 가지의 세계가 공존하고 있습니다. 여기서 인간은 현실세계에 실재하는 로봇 AIBO에게 명령해, 디지털 창조물인 컴퓨터 속의 로봇 AIBO와 함께 그 해답을 찾게 할 수 있습니다. 여기서 두 개의 세계에 존재하는 로봇은 작업을 거듭할수록 지능이 향상됩니다. 이 두 형태의 로봇은 인간의 명령에 단지 수동적으로 반응하는 것이 아니기 때문입니다. 능동적으로 자율신경을 사용해, 시행착오를 거듭하면서 학습해 나가는 것입니다."

만화 '아톰'의 영향과 기업의 혁신 전략

일본의 로봇산업이 첨단을 달릴 수 있는 데에는 두 가지 이유가 있다. 하나는 사회문화적인 배경이다. 만화와 애니메이션을 통한 로봇의 영웅적 묘사는 1950년대, 1960년대의 일본 어린이들에게 강렬한 인상을 심어주었다.

혼다와 소니의 로봇 개발에 참여하고 있는 엔지니어들이 로봇을 지향하게 된 계기를 말할 때 공통으로 언급하는 인물이 있다. 바로 일본 '아니메(애니메이션)'의 씨앗을 뿌린 테즈카 오사무이다. 테즈카 오사무는 1951년부터 '아톰'의 연재를 시작해, '알프스 소녀 하이디', '리본의 기사', '블랙잭' 등 평화와 정의를 추구하는 내용의 많은 작품을 남겼다.

특히 '아톰'은 1963년부터 후지TV를 통해 30분짜리 애니메이션으로 방영되어, 폭발적인 인기를 누린 바 있다. 테즈카 오사무는 만화와 애니메이션을 통해, 미래의 로봇 아톰이 인간과 더불어 정의를 위해 싸우는 모습을 감동적으로 그려주었다. 이런 테즈카 오사무의 세례를 받은 어린 세대들이 로봇 개발을 지향해 50년이 지난 오늘날, 만화속의 주인공인 '아톰'이 현실 세계에 등장할 수 있는 발판을 마련한 것이다.

두번째 이유는 새로운 산업을 창출하기 위한 일본기업의 혁신 전략이다.

AIBO나 아시모는 단순한 고급 장난감이 아니다. 기존 산업을 뛰어넘어 새로운 산업을 창출하려는 일본기업의 전략, 혁신 전략이 바로 로봇 속에 스며 있는 것이다.

혼다와 소니는 과감히 하이 리스크를 감수하면서 로봇 개발을 추진했다. 혼다는 아시모의 기획 단계에서 차량형 로봇(바퀴가 붙어 있는 로봇)을 생각한 적이 있었다. 엔지니어 사이에서도 인간형 로봇은 너무 어렵다고 생각해, 차량형 로봇을 선호하는 분위기가 있었다.

그런데 경영진에 제안한 결과, 혼다연구소 카와모토 노부히코 소장으로부터 "그런 것은 다른 데서도 하고 있는 것 아닌가. 혼다는 도전자 정신(challenger spirit)을 모토로 하는 기업이다. 다른 기업에서 하고 있는 것은 그만두라"는 따끔한 지시가 있었다. 첨단기술을 개발하고자 하는 의욕이 있었기에, 아예 어려운 과제에 도전하기를 촉구했다는 것이다.

이런 하이 리스크는 소니도 마찬가지였다. AIBO의 개발 당시에는 그 누구도 가능성을 예측하지 못했다. 만든 전례가 없고, 제품의 형태도 없는 상태이기 때문에 참고할 수 있는 제품이 없었다. 그 때문에 처음 AIBO를 내놓을 때는 도박을 하는 것과 다를 바 없었다는 것이다.

AIBO의 장래 가능성이 검증된 지금, 소니의 로봇 전략에 대해 카게야마 부장은 이렇게 설명한다.

"현재 로봇 산업은 게임기로 치면 닌텐도의 패미컴이 등장하던 여명기에 해당될 지 모릅니다. 향후 본격적으로 산업이 형성될 가능성을 실현시키기 위해 소니도 여러 가지 준비를 하고 있습니다. 예를 들어 산업의 확장을 촉진하기 위해 소니는 단지 엔터테인먼트 로봇을 제조하는 역할을 넘어 AIBO의 제품사양을 공개할 준비를 하고 있습니다.

이를 오픈 아키텍처(open architecture) 전략이라고 하는데, 1998년 7월에 그 계획을 이미 발표한 바 있습니다. 이 전략은 AIBO를 움직이는데 필요한 소프트웨어, 하드웨어의 각 부분을 복합부품으로 쪼개어, 복합부품 사이의 연결부분을 표준화, 공개하는 것입니다. 그렇게 되면 AIBO의 얼굴을 만드는 회사, 팔을 만드는 회사, 또는 주인의 음성을 보다 잘 인식하는 음성인식 소프트웨어, 물체인식 소프트웨어 등을 제공하는 기업이 생겨 AIBO를 중심으로 한 거대한 산업이 형성될 것입니다. 여기서 소니는 AIBO의 제품규격을 결정하는 주도권을 쥐게 되는 거지요."

혼다 역시 오픈 아키텍처 전략의 가능성을 시사하고 있다. 혼다 아시모의 제어 계통은 중층적으로 형성되어 있다. 보행을 제어하는 기술은 인간으로 치면 반사 신경 레벨의 기술이다. 그 기반 위에 이런저런 행동을 지시하는 인간의 대뇌 부분이 결합되면 로봇이 완성되는 것이다. 아시모에 작업시키고 싶은 동작 소프트를 개발해 이식하면 되는 것이다. 향후 혼다가 각 부품의 연결 규격을 공개하면 다른 기업들이 아시모 부품 제조에 참여하는 것은 어렵지 않을 것이다.

8년 걸린 아시모의 직립보행

인간형 로봇, 엔터테인먼트 로봇 산업과 IT산업의 중요한 차이는 진입장벽이다. 로봇의 진입장벽은 지극히 높다. 예를 들어 소니는 1993년부터, 혼다는 1986년부터 막대한 자본과 연구인력을 투입해, 1999년과 2000년에 이르러서야 그 성과를 발표할 수 있었다.

이 기간 동안 두 회사는 수많은 시행착오를 거듭하면서 하드웨어와 소프트웨어 기술을 개발해 왔다. 소니의 경우 AIBO의 형태가 처음부터 결정된 것은 아니었다. 1993년 도이 소장이 "자율형 로봇을 만들면 어떨까?"라고 제안한 지 2주일 후 엔지니어 두 사람이 아키하바라에서 부품을 모아 로봇을 만들어 왔다.

감각 센서가 있고, 다리가 6개 달린 벌레형 로봇이었다. 얼핏 보면 바퀴벌레 같은 형태였다. 이 바퀴벌레형이 귀엽지 않은 것은 너무도 당연했다. 엔터테인먼트 로봇은 귀엽지 않으면 주인의 애착이 생기지 않는다는 이유로 결국 다리를 4개로 줄였다.

혼다 아시모의 직립보행이 가능하기까지에도 무려 8년의 세월이 소요되었다. 1986년 로봇 개발을 시작해 1993년 E3라는 시제품에 이르러서야 로봇이 두 발로 걷는 것이 가능해졌다. 아시모의 직립보행 기술 확립에 결정적으로 기여한 타케나카 토오루씨(혼다기술연구소 수석 엔지니어)는 그 과정을 이렇게 설명했다.

"개발작업을 하던 과정에서 직립보행이 불가능하다고 생각하던 때도 있었습니다. 예를 들어 E2 로봇은 시속 1.2km 정도로 걸을 수 있었지만 0.1도 정도의 경사에도 넘어지고 마는, 또 자그마한 돌멩이 정도의 장애물에도 쉽게 넘어지는 너무도 '나약한' 로봇이었습니다. 주위에서 "그런 연구를 해서 무슨 의미가 있느냐"며 비웃는 소리도 들려 왔습니다.

하지만 좌절하지 않고 실험을 거듭하면서 결국 걷는 과정은 불안정의 연속이라는 사실을 알게 되었습니다. 예전까지는 견고한 몸체를 만들어 한발 한발의 안정된 보행을 중시했습니다. 그러나 저는 반대로 발바닥에 1cm의 고무를 달아 한발을 내디디면서 안정된 상태가 깨지고 그 상태로 다시 한 발을 내딛는 불안정의 연속을 시도했습니다. 코페르니쿠스적인 발상의 전환이 이루어져 겨우 직립보행이 성공한 것이지요."

소니와 혼다의 로봇 개발 경험이 한국기업에 주는 시사는 다음과 같은 세 가지로 정리할 수 있다.

첫째, 장기 개발전략의 중요성이다.

하나의 혁신적인 제품과 산업이 탄생하기까지에는 10년 이상의 오랜 세월이 걸린다. 장기간의 인내심 있는 연구와 개발이 필요한 것이다. 소니와 혼다도 단기간에 성과가 나타나지 않는 로봇 개발에 막대한 자금과 인력을 투입했다. 하지만 한국기업은 지금까지 선진국에 존재하는 기존산업을 받아들이는 데, 또 혁신보다는 모방에 집중해 왔다. 이런 상황에서 혁신을 노리는 장기전략의 의미는 약화될 수밖에 없었다. 그러나 모방을 넘어 새로운 산업을 창출하는 혁신이 요구되는 현재, 장기 전략의 중요성은 강조되고 있다.

둘째, 경영자원의 연결과 단절의 원칙이다.

소니는 엔터테인먼트를, 혼다는 모빌리티의 개념을 중심으로 로봇을 개발했다는 점에서, 또 개발과정에서 기존의 기술과 엔지니어를 흡수했다는 점에서 기존의 사업영역과 기술의 연속성을 유지했다. 조직 내부의 경영자원을 충분히 활용한 것이다.

그러나 두 기업은 동시에 기존의 엘레트로닉스, 자동차의 영역에 머무르지 않고 독자적인 로봇 산업의 구축(단절)을 추진하고 있다. 이는 조직 내부의 경영자원보다는 정부의 정책에 의존해, 또 관련 다각화보다는 비관련 다각화를 중심으로 사업을 확장해 온 한국기업과 대비되는 점이다. 한국기업은 경영자원의 연결과 단절을 통해 새로운 산업을 창출하는 측면이 약한 것이다.

셋째, 자율성과 개발 전략의 결합이다.

소니와 혼다는 엔지니어의 이상과 자율성을 존중하면서도 이를 현실의 개발전략과 적절히 결합했다는 특징을 가지고 있다. 혼다의 타케나카는 "로봇 개발 엔지니어의 이상을 단지 첨단기술만을 추구해서는 안 되고, 인간의 마음, 인간과의 융화를 추구해야 한다. 단지 산업용 로봇처럼 단순기능을 보유하는데 머무르지 않고, 인간이 로봇과 함께 있으면 가슴이 두근거리는 그런 로봇을 개발해야 한다"고 말하고 있다.

한국의 기업, 특히 대기업은 엔지니어의 이상과 자율성의 존중을 통해 그들의 자발성을 이끌어내는 데 성공하지 못했다. IT벤처붐이 일면서 대기업의 엔지니어들이 대거 이탈했던 것은 이런 사실을 반증한다. 이 점에서 엔지니어의 자율성과 개발전략의 결합은 한국기업의 과제가 되고 있다.

HOW TO MAKE THE KOREAN INNOVATION MODEL?

일본의 '노후 파산'이라는 미래

지금 한일관계에서 우리의 가장 큰 관심은 아마도 역사 문제일 것이다. 지난 2012년 이명박 대통령의 독도 방문 이래 한일관계는 갈등 국면으로 접어들었고 이후 역사문제는 대일관계의 가장 중요한 쟁점이 되고 있다. 그러나 일본인에게 역사문제나 한일외교관계는 핵심적 이슈가 아니다. 현재 일본의 가장 큰 관심과 고민은 고령화 문제이다. 연간 1만 명이 넘는 치매 노인의 실종은 심각한 사회문제가 되고 있다. 장차 국가적 파멸을 부를지도 모르는 고령화 사회에 어떻게 대처할 것인가가 일본의 가장 중요한 사회적 화두가 되고 있다.

일본대 인구문제연구소에 의하면 2025년 일본 인구의 30%가 65세 이상 노인이 되며 이 노인인구의 60%는 75세 이상의 초고령자가 된다. 그리고 2076년이 되면 전체 인구의 30%가 75세 이상의 노인이 된다고 한다. 생산가능 인구 2명(정확히는 1.7명)이 1명의 노인을 부양해야 하는 사회, 초고령화사회라는 늪으로 일본은 서서히 빠져들고 있는 것이다.

치매 환자에 대한 통계는 더욱 충격적이다. 2014년 1월 7일 일본 후생성은 2012년의 치매 환자가 460만 명으로 10년 후에는 700만 명이 될 것이라는 놀라운 발표를 했다. 이렇게 되면 노인 5명당

1명이 치매 환자라는 이야기가 된다. 치매 환자에 대한 부담은 고스란히 사회와 가족의 고통으로 넘어온다.

독거노인의 실태도 우울하다. 현재 일본에는 600만 명의 독거노인이 있다. 메이지학원대학 가와이 가쯔요시 교수의 연구에 의하면 도쿄도 미나토 구 독거노인 중 33.4%는 설날 연휴 3일 동안 아무도 찾아오지 않는다고 한다. 일본의 편의점에서는 설날이 되면 먹는 1인용 '오세치 요리'가 인기 메뉴가 된 지 오래다. 설날 노인이 홀로 앉아 떡국을 먹는 광경을 상상해 보라. 그래서 일본의 600만 독거노인에겐 '가족과 밥 먹는 것'이 소원인 것이다.

고령화는 일본 사회 모든 분야에 충격을 주고 있다. 우선 고령화는 연금이나 의료보험에 심각한 영향을 미치고 있다. 노인인구가 늘수록 의료비 지출이 기하급수적으로 증가하기 때문이다. 우리와 마찬가지로 일본도 의료보험 파탄에 대한 우려가 커지고 있다. 주택이나 교통과 같은 도시 행정도 변화를 요구받고 있다.

간호가 필요한 독거노인의 경우 단독주택이나 아파트 같은 가족의 거주를 전제로 한 독립적인 주택은 엄청난 장애물이 되고 있다. 3개월 후에나 이웃에 발견되는 '고독사'는 바로 이런 주택구조 때문에 발생한다. 물류나 유통 구조 역시 변화해야 한다. 겨울에 폭설이 내릴 경우 외부에 출입할 수 없는 노인들은 음식이나 약품과 같은 기본생필품을 공급받지 못한 채 고립될 수 있다. 이들에게 있어 고립은 치명적이다. 결국 산업과 도시 설계 전반의 혁신이 요구되는 것이다.

한국도 저출산과 고령화의 쓰나미를 비껴가지 못하고 있다. 이미 인구의 13%가 노인인구다. 고령화 사회 진입은 일본보다 10년이나 빠르고 2060년이 되면 37%의 인구가 고령자가 될 것으로 예측되고 있다. 이 추산대로라면 세계 최고 수준이다. 하지만 우리는 고령화에 따른 사회 충격에 대비하지 않고 있다. 아니 이런 사회가 얼마나 두려운지 경각심조차 없어 보인다.

우리가 일본에서 수입하지 않아도 좋을 단어들이 있다. 고독사, 이지메(왕따) 등이 그것이다. 하지만 이대로라면 머지않아 노후파산이라는 신조어도 수입될 것 같다. 노후파산 용어 수입금지법이라도 만들고 싶은 요즘이다.

HOW TO MAKE THE KOREAN INNOVATION MODEL?

엔화 약세와 미국 음모론

2010년 미국 공교육 재건을 위한 시도로 초등학교에 게임을 이용한 학습법인 'G러닝'을 투입할 때의 일이다. 하루는 로스엔젤레스(LA) 근교에 살던 맥스 케네디의 초대를 받은 적이 있었다. 맥스 케네디는 형이었던 존 F. 케네디에 이어 1968년 암살된 미국 법무장관 로버트 케네디의 9남매 중 막내아들이다. LA 외곽에 있는 그의 집은 3층짜리 저택이었다. 교육학과 미디어 전공 유명 교수들이 모인 인하우스 파티에서 그는 내게 나전칠기를 하나 보여 주었다. 뚜껑을 열어 보니 '1961년 김종필'이라고 적혀 있었다.

미국에는 물론 왕족이 존재하지 않지만 케네디 일가는 왕족 같은 분위기를 풍기고 있었다. 파티를 시작하자마자 맥스는 홀 안의 당구대에 뛰어올라 미국 공교육의 문제와 오바마의 정책 실패에 대해 열변을 토했다. 그때 나는 놀라운 광경을 목격했다. 자유분방한 미국에서, 그것도 명문대의 저명한 원로 교수들이 두 손을 단정히 앞에 모으고 모두 맥스를 응시하고 있었다. 누구도 손에 들고 있는 음료수나 음식을 먹지 않았다. 무려 30분이나 진행된 맥스의 연설은 참석자들의 환호 속에 마무리됐다.

사실 한국은 오래전에 왕정이 단절되었고, 또 케네디 같은 명문 정치 가문도 존재하지 않는다. 재벌가가 있기는 하나 국민의 존경과는 거리가 멀다. 이런 환경 속에서 살아온 나에게 70세가 넘은, 백발이 성성한 노교수들이 맥스를 대하는 태도는 충격적으로 다가왔다. 미국인들이 케네디 가문에 대해 느끼는 감정을 이해하는 순간이었다.

그리고 왜 케네디 사후 50여 년이 지난 지금까지 암살에 대한 관심과 음모론이 사라지지 않는지 의문이 풀리는 순간이었다. 케네디에 대한 안타까움이 큰 만큼 암살자에 대한 증오감은 큰 것이고 음모론 역시 사람들의 호기심과 흥미를 자극하는 것이다. 케네디를 암살한 배후에는 미국 중앙정보국(CIA)과 옛 소련으로부터 마피아, 쿠바에 이르기까지 수많은 용의자들이 거론되었으니 음모론의 백미라 할 만하다.

지금 한국 경제가 위기 상황이다. 여러 가지 이유가 있겠지만 그중 큰 원인은 급격한 환율 변동, 특히 엔화 약세다. 일본 엔화는 2012년 1월 달러당 77엔을 기록한 후 현재는 124엔까지 하락해 있다. 도요타 자동차의 경우 1엔이 움직이면 400억 엔(약 3,700억 원)의 영업이익이 변동한다고 한다. 아베 정권이 출범한 후 47엔이 하락했으므로 단순계산으로도 도요타에 약 1조 9,000억 엔(약 17조 원)의 영업이익을 안겨다 준 셈이다. 일본 자동차 회사들이 미국에서 공격적인 가격정책을 펼 수 있는 근원이 여기에 있으며 반대로 현대차나 기아차가 갑자기 고전하는 이유가 여기에 있다.

이처럼 급격한 엔화 변동의 최대 수혜자는 일본이고 최대 피해자는 한국이다. 엔화 변동에 한국 경제는 치명상을 입고 있다. 여기서 미국 음모론이 등장한다. 급격한 환율 변동은 미국의 용인 없이는 불가능하다는 것이다.

지금 동북아는 신냉전 시대에 들어와 있다. 한국, 중국, 러시아와 미국, 일본을 축으로 한 새로운 대결이 그것이다. 여기서 일본의 부활은 미국의 이해관계와 일치한다. 일본의 정치 · 군사력의 확대는 재정적자로 힘겨운 미국이 두 손 들어 환영하는 일이다. 일본의 정치 · 군사력의 확대는 경제력을 기반으로 하기에 미국은 일본 경제의 부활을 환영하는 것이다. 1980년대 미 · 일의 경제 마찰은 이미 케케묵은 옛날이야기일 뿐이다.

이러한 미 · 일의 이해관계 일치는 미 · 일에 끝나지 않고 한국이 엉켜 있다는 점에서 문제다. 혹시 지금의 상황이 일본을 지렛대로 한국을 때리는, 마음만 먹으면 언제든지 한국을 손볼 수 있다는 미국의 경고는 아닌가. 전자, 자동차, 조선 등 한국과 일본이 치열하게 경쟁하고 있는 산업 전반에 걸쳐 지각변동이 발생하고 있는 근저에는 미국이라는 '보이지 않는 손'이 조종하고 있지는 않은가라는 것이다.

케네디 암살 음모론은 이제 호사가의 입방아 재료에 불과하지만 한국 경제에 대한 미국 음모론은 현재진행형이고 그 파괴력 또한 메가톤급이다. 우리가 '보이지 않는 손', 미국의 전략을 주시해야 하는 이유다.

03
혁신기업을 위한 레퀴엠: 한국형 혁신산업, 게임의 비극

HOW TO MAKE THE KOREAN INNOVATION MODEL?

한류, 10년 앞이라도 내다보는가

한국의 5000년 역사에서 지금처럼 중국에 문화적 영향을 미친 적은 없을 것이다. 한류로 불리는 음악, 드라마, 영화 그리고 게임 등의 문화콘텐츠는 온통 중국을 뒤흔들고 있다. '별에서 온 그대'에 출연한 배우 김수현은 중국에서 영향력 있는 연예인 톱5에 선정된 바도 있다. 삼국시대, 고려, 조선을 통틀어 한국이 대중국 문화적 지배력을 보유한 것은 처음이다.

한류 콘텐츠 중에서 가장 강력했던(현재형인 '강력한'이 아니다) 것은 온라인게임이다. 2005년 한 중국 사업가가 내 연구실을 방문한 적이 있었다. 그는 조 단위의 매출을 기록하고 있는 중국 제조업체를 운영하고 있었다. 그는 만나자마자 다짜고짜 한국기업의 무례함을 호소했다.

그가 방문한 기업은 엔씨소프트로 당시 한국 최고의 게임사였다. 그는 사전에 미팅 일정을 잡고 회사를 방문했지만 한 시간이나 기다려야 했다. 더구나 한 시간을 기다려 만난 사람은 별 결정권이 없는 과장급 직원으로, 반바지에 슬리퍼를 끌고 나와, 그의 이야기를 듣는 둥 마는 둥 하다가 나가버렸다는 것이다. 듣고 보니 이해가 되기도 해서 엔씨소프트 임원에게 전화해서 이런 일이 있었다고 말해 주었다. 그랬더니 대뜸 그 임원 왈,

"무작정 돈 싸 들고 와서 저희 게임 달라는 사람이 수도 없이 오는데 어떻게 그 많은 사람을 일일이 상대할 수 있나요?"

할 말이 없었다.

중국기업이 그토록 몰려오는 데는 이유가 있었다. 한국 게임 하나로 2004년 미국 나스닥 상장에 성공한 중국 게임사 샨다 때문이었다. 샨다는 한국에서 실패한 게임 '미르의 전설2'를 중국에 가져다 대성공을 거두었다. 샨다의 신화는 한국 게임=나스닥 상장이라는 등식으로 인식되었고 그 후 게임을 가져가려는 중국기업으로 한국의 게임사는 문전성시를 이루었다.

하지만 한국 게임의 영광은 오래가지 못했다. 샨다는 나스닥에 상장하자마자 그 자금으로 미르의 전설2 퍼블리셔인 한국의 액토즈소프트를 인수했다. 그리고 지금 한국의 게임은 중국 게임에 역전당했고 중국기업에 개발비를 구걸해야 하는 상황이 되었다.

내가 한국 게임의 패배를 예감했던 것은 2008년경이었다. 당시 나는 한국과 중국의 주요 게임사 경영진을 대상으로 경쟁력 분석을 하고 있었다. 그들에게 두 나라 게임사의 경쟁력 비교를 질문한 결과 충격적인 결과가 나왔다. 한국기업은 여전히 한국의 경쟁력이 높다고 답변한 반면 중국기업은 자신들이 동등하거나 일부 우위에 있다고 답했다. 누가 과거의 영광에 취해 있었고 누가 현실을 정확히 보았을까. 이미 답은 누구 눈에도 자명하다. 중국 게임은 자국은 물론 한국시장에까지 진입하고 있다.

이런 상황은 드라마나 영화 등 다른 콘텐츠도 별반 다르지 않은 것 같다. 영화제작사 NEW의 2대 주주는 600억 원을 투자한 중국의 저장화처 미디어이고, CJ E&M의 3대 주주 역시 중국 텐센트다. 중국은 이제 한류 기업에 대한 투자를 넘어 개별 인력을 흡수하고 있는 단계로 넘어가고 있다.

일국의 콘텐츠가 한 시대를 풍미했던 사례는 많다. 1960년대 구로사와 아키라로 대표되는 일본 영화는 할리우드 감독에게 커다란 영향을 미쳤다. 구로사와 감독이 영화 '란'을 촬영할 때 바로 옆에는 스타워즈의 조지 루카스 감독과 쥬라기 공원의 스티븐 스필버그 감독이 나란히 서서 지켜보고 있었다. 그러나 일본 영화의 전성기는 오래가지 못했다. 홍콩 영화도 마찬가지다. 지금도 우리가 감동적으로 기억하는 장국영의 영웅본색이나 성룡의 취권은 홍콩 영화의 전성기였다. 하지만 홍콩 느와르 영화의 영광 역시 오래가지 못했다.

예전에 일본 아키타현을 방문해 전통 공예품 '마게왓파'를 제조하는 기업을 조사한 적이 있다. 아키타산 스기나무(삼나무)만을 고집하는 그 회사는 더 이상 자연산 나무를 구할 수 없다고 했다. 대안을 물었더니 현 사장의 조부가 60년 전 심어 놓은 스기나무 숲을 사용할 때가 되었다고 한다. 60년을 내다보고 후손이 사용할 나무를 심은 셈이다. 한류는 100년이 아니라 10년 앞이라도 내다보고 있는가?

HOW TO MAKE THE KOREAN INNOVATION MODEL?

한국 게임산업, 전략 부재가 패인이다

도요토미 히데요시가 죽고 난 후 그의 아들인 히데요리를 옹립하려는 세력과 도쿠가와 이에야쓰를 중심으로 한 다이묘 간에 벌어진 최후의 결전이 '세키가하라 전투'이다. 전자가 서군, 후자가 동군이라 불린 이 두 세력은 지금의 도쿄 근처인 세키가하라에 진을 치고 최후의 일전을 준비했다. 여기서 동군은 6만여 명, 서군은 9만여 명이었고, 서군은 학익진 형태로 동군을 완전 포위하고 있었다. 더구나 서군은 사사오산, 마쯔오산 등 주변의 산을 모두 사전에 장악해, 압도적으로 유리한 형국이었다.

훗날 19세기 메이지 시대에 부임한 독일 군사고문 크레멘즈 메켈은 당시의 동군과 서군의 진형을 관찰하고 '압도적인 서군의 승리로 끝났을 것'이라고 결과를 예측(?)한 바도 있었다. 그러나 놀랍게도 전투는 서군의 참담한 패배로 끝났다. 1600년 10월 21일 시작된 이 전투에서 승리한 도쿠가와 이에야쓰는 일본 천하를 손에 넣고 에도막부를 연다.

압도적인 전력과 유리한 진지를 구축한 서군이 패배한 이유는 너무도 간단했다. 서군은 전투할 의사가 그다지 없는, 의리상 전장에 모인 연합체였기 때문이다. 서군의 치명적인 약점은 주력부대인 이시다 미쯔나리 군 이외의 다이묘들이 도쿠가와 이에야쓰와 싸우려는 의지가 없었다는 점이다. 모여든 다이묘들은 모두 이시다 미쯔나리의 권력에 대한 야심을 경계하고 있었다. 이런 약점을 간파한 동군은 중앙에 포진한 미쯔나리 군을 노려 집중 공격했고, 이윽고 미쯔나리의 본진이 무너지자 서군은 일거에 붕괴되었다.

지금의 게임산업은 일본 전국시대의 서군과 너무나 유사하다. 게임산업에 적대적인 세력은 게임산업의 약한 고리인 '중독성'을 집중 공략하고 있다. 보건복지부가 '게임을 알코올, 마약, 도박과 함께 4대 중독'으로 규정하고자 시도하는 것이 그것이다.

게임업계에서는 '한류의 중심 콘텐츠는 게임' 등과 같은 산업논리로 반론을 제기하고 있지만 그다지 설득력을 가지지 못하고 있다. 왜냐하면 산업논리와 청소년 보호논리가 충돌하면 항상 청소년 논리가 우선되기 때문이다. 게임산업이 아무리 매출이나 성장성이 크다고 해도 술, 마약 같은 중독산업이라면 지지해 줄 학부모는 어디에도 없다. 지금 게임 사용자들의 반대 서명 운동이 전개되고 있지만 이는 우리만의 잔치에 불과하다. 아무리 많은 게이머가 서명해도 이것이 반게임 세력을 설득하지는 못한다.

게임업계가 전략 부재 속에 고립되어 있다는 점도 일본 전국시대의 서군과 유사하다. 게임산업의 전략 부재는 뼈아프다. 지난 세월 동안 어떤 대응전략을 수립해, 적대적 세력에 어떻게 대응할 것인가에 대한 거시적 전략이 없었다. 대응주체도 없다. 넥슨은 일본에 상장된 회사이다. 한게임은 네이버와 분리되어 버렸으며 사행성 이슈 대응에 고전하고 있다.

정부 내에서 게임산업에 우호적인 문화부나 미래부는 너무도 강경한 보건복지부와 여당 분위기에 짓눌려 눈치만 보고 있다. 학계나 언론계도 게임산업에 우호적이지 않다. 평소 주변의 우군들을 관리하려고 노력하지 않았기 때문이다. 게임산업은 많은 지원세력을 가지고 있음에도 불구하고 지금처럼 지리멸렬하게 대응하고 있는 이유가 여기에 있다.

게임산업은 3천만 명의 우군을 가지고 있기도 하다. 전체 한국인구의 3분의 2가 스마트폰 게임 등 어떤 종류의 게임을 한다고 계산하면 그렇다. 그러나 문제는 게임을 너무도 사랑하는 충성스러운 사용자들이 게임업계를 더불어 사랑하지는 않는다는 점이다. 이 역설 때문에 게임산업은 지금의 수난을 당하고 있다.

일본 전국시대의 서군이 무너진 이유는 전략 부재의 지리멸렬함 때문이었다. 지금이라도 게임업계는 거시전략을 수립함과 동시에 학계, 언론계, 정부, 시민단체 등과 광범위한 연대를 해야 한다. 그리고 이런 조직을 통해 국민이 납득할 수 있는 대안과 행동을 제시해야 한다.

HOW TO MAKE THE KOREAN INNOVATION MODEL?

혁신의 아이콘, 게임산업을 죽일 것인가

우리가 아는 동화, '파랑새'의 줄거리는 이렇게 시작된다. 어느 날 밤 초라한 오두막집에 사는 티르티르와 미티르 남매를 찾아온 마법사 할머니는 아픈 딸이 파랑새를 보고 싶어 한다며 찾아달라고 부탁한다. 이들 남매는 할머니가 건네준 다이아몬드가 달린 마법의 모자를 쓰고 파랑새를 찾아 나선다. 추억의 나라, 밤의 궁전, 미래의 나라 등 남매는 환상의 세계로 가서 우여곡절 끝에 파랑새를 만나지만 파랑새들은 날아가 버리거나, 색깔이 변하거나, 죽어 버린다. 남매는 파랑새를 손에 넣지 못하고 실망해서 집으로 돌아오는데 놀랍게도 그렇게 찾아 헤매던 파랑새가 자기 집 새장에 들어 있었다.

어린 시절 한 번쯤은 읽었을 법한 파랑새 이야기는 벨기에 출신 극작가 모리스 마테를링크가 1906년에 발표한 6막 12장의 희곡을 각색한 것이다. 우리는 행복은 멀리 있지 않다는 소박한 의미로 해석해 주던 부모님의 말씀에 고개를 끄덕이곤 했다.

그런데 파랑새 이야기의 교훈은 개인의 행복을 넘어 작금의 한국 게임산업이나 창조산업에도 적용된다.

한국의 게임은 이제 과거의 영광을 뒤로하고 글로벌 시장에서 생존을 고민해야 하는 절박한 상황에 몰려 있다. 2015 게임백서에 따르면 2010년 2만 658개던 국내 게임업체 수는 2014년 1만 4,440개로 4년 새 30% 정도 급감했다. 게임업계 종사자 수도 2012년 5만 2,466명이었으나 2014년에는 3만 9,221명으로 25% 감소했다. 산업의 활력도 사라졌다. 온라인게임은 현상유지만 해도 다행이고 모바일게임은 이미 독과점 구조가 형성되어 소규모 개발사의 성공신화는 동화 속의 이야기가 되어 버렸다.

10여 년 전만 해도 한국의 게임산업은 외국인에게 충격과 경이의 대상이었다. 전 세계 창조산업의 파랑새였던 셈이다. 2009년 혁신 연구의 세계적 연구기관인 영국 서섹스 대학의 과학정책연구소(SPRU)를 방문했을 때의 일이다. 연구소 소장인 티드 교수가 호기심 가득한 표정으로 나에게 물었다. "우리는 현재 글로벌 시장에서 성공한 5개의 콘텐츠 산업을 연구하고 있다. 음악은 브라질, 영화는 인도인데 게임은 한국이 대상이다. 어떻게 한국에서 이런 혁신적인 산업이 탄생할 수 있었는가?"

티드 소장의 연구팀은 창조산업 육성에 목매고 있는 영국 정부 의뢰로 프로젝트를 수행하고 있었다. "그건 연구를 했으니 당신도 잘 알지 않느냐"고 슬며시 떠보자 티드 교수는 곤혹스러운 표정으로 "실은 아무리 조사해봐도 그 요인을 모르겠다"고 말했다. 이처럼 전 세계에서 유일하게 인정받는, 파괴적 혁신을 이룩한 창조산업으로 주목받았던 것이 한국의 온라인게임이었다.

그러나 이런 찬사를 받았던 한국의 게임산업을 정작 우리 정부는 규제의 칼날을 들이대 싹을 잘라 버렸다. 신데렐라법이라 불리는 셧다운제를 비롯해 외국 학자들이 신기하게 여기는 온갖 규제를 쏟아부었다.

요즘 한참 각광을 받고 있는 핀테크 산업도 한국의 온라인게임 산업에 그 원형이 숨겨져 있었다. 게임 내에 존재하는 가상 아이템의 생성, 구매, 교환, 거래는 핀테크 산업에 필요한 모듈이다. 이런 모듈이 자연발생적으로 등장했지만 우리 정부는 '아이템 현금거래 금지'를 입법화해 지금의 핀테크 산업으로 꽃피우기 전에 싹을 잘라 버렸다. 그리고선 이제 핀테크 산업을 육성한다고 미국으로, 유럽으로 동분서주하고 있다.

10년 후 집 안에 있는 새가 '파랑새'임을 뒤늦게 자각하고 우리가 새장으로 뛰어갈 때 이미 그 새는 죽어 있을지 모른다. 1990년대 중반 한국 게임산업의 맹아는 규제도 진흥도 없는 정부의 무관심 속에서 태어났다. 그런 민간의 창조력이 작동할 수 있는 메커니즘이 복구되도록, 그래서 창조의 파랑새가 회생할 수 있도록 규제의 칼날을 거두는 것이 필요한 때 아닌가.

HOW TO MAKE THE KOREAN INNOVATION MODEL?

VR은 한국게임의 구세주가 될까

온통 VR(가상현실) 일색이다. 정부 역시 VR에 대한 관심이 뜨겁다. 문화부와 미래부는 '문화와 정보통신기술(ICT) 융합을 통한 콘텐츠 신시장 창출 간담회'에서 게임 및 가상현실(VR) 산업 육성대책을 발표했다. 양 부처는 게임과 VR 산업을 중심으로 신시장을 창출하며, 2018년까지 2조 원 규모로 게임 시장을 키우겠다고 말했다. 야심찬 정책이다.

2016년 2월 마크 저커버그 페이스북 CEO가 스페인 바르셀로나에서 열린 모바일 월드 콩그레스(MWC)에서 'VR은 차세대 플랫폼'이라고 선언(?)했다. 글로벌 IT업계의 동향을 훤히 들여다보고 있을 저커버그가, 더구나 삼성전자 전시부스에서 한 말이니 감히 누가 부인할 수 있을까. 역시 대세는 VR인 것 같다.

만일 그렇다면 이제 우리에게 남은 과제는 저커버그 말씀을 가슴에 잘 새겨 실천하는 일일 것이다. 우리 정부도, 게임사도, 통신사나 스마트폰 제조사도 모두 VR을 향해 매진하는 것이 과제이다.

하지만 뭔가 꺼림칙하다.

최근에 만난 게임사 CEO에게 물어보면 VR이 중요할 것 같다고 말하면서도 "그럼 개발하겠느냐"고 물으면 모두 말꼬리를 흐린다. 의아하지 않을 수 없다. 왜 바로 강 건너에 엘도라도가 있는데 모두 뛰쳐나가지 않는 것인가. 그 답은 그 CEO의 다음 말에 있었다.

"글쎄요… 무엇을 만들어야 할지도 모르겠고, 어디다 팔아야 하는지도 모르겠고요."

무엇을 제작할지도, 어디를 통해 퍼블리싱할지도 모르니 개발을 할 수 없는 것은 당연하다.

이런 게임 개발사의 주저는 1990년대 후반 질풍노도와 같은 온라인게임 성장과 전혀 다르다. 당시에 개발사나 퍼블리셔의 선택은 너무나 단순 명료했다.

무엇을 만들지? RPG!

누구에게 팔지? PC방!

리니지 성공 이후 온라인게임은 쏟아져 나왔고 이런 동력은 한국을 온라인게임 메카로 만들기에 부족함이 없었다. 그러나 이런 성공 과정과 VR의 현실은 너무나 다르다. 미국시장조사기관 스트래티지 애널리틱스(SA)의 보고서에 따르면 2016년 VR 기기 시장 매출 규모는 총 8억 9,500만 달러(약 1조 300억 원)로 추산된다. 그중 시장 매출의 77%가 오큘러스와 HTC, 소니 등 VR 삼인방에서 나올 것이라고 한다. 그도 그럴 것이 금액 기준으로 하면 콘솔이 46%, PC 기반 23%이지만 스마트폰 기반은 23%에 머무르기 때문이다.

천하의 삼성전자조차 VR 기기 시장에서는 힘을 쓰지 못하고 있는 것이다.

온라인게임에서 한국은 누구도 하지 않았던, 그리고 PC게임의 미국이나 콘솔게임의 일본이 가지 않았던 혁신의 길을 걸었다. 그리고 1위가 되었다. 하지만 지금 VR은 미국이나 일본이 주도하는 시장을 우리가 힘들게 뒤쫓아 가는 형국이다. 과연 VR이 한국 게임의 위기를 구해 줄 것인가. 지켜볼 일이다.

HOW TO MAKE THE KOREAN INNOVATION MODEL?

중국에서 망가진 한국 게임의 이미지

우리 속담에 '호미로 막을 일을 가래로 막는다'는 말이 있다. 초기에 신속하게 대처했으면 해결될 문제를 질질 끌다 결국 상황을 악화시켜 막대한 처리 비용을 물어야 한다는 의미이다. 온라인게임 산업에도 초기에 '호미'로 막았으면 될 일을 이제는 '가래'가 아니라 '포크레인'을 동원해도 막기 어려운 사태로 확대되고 있는 일이 있다. 바로 중국시장에 대한 대처이다.

중국에서 한국 온라인게임은 그다지 달가운 존재가 아니다. 한국 온라인게임에 대해 나와의 회의에서 중국 문화부의 유사발(柳士发) 담당 과장은 이렇게 지적한 바 있다.

"한국 게임에는 건전한 콘텐츠도 많을 것으로 생각합니다. 그러나 업체들은 이윤을 위해 폭력, 음란성 등으로 많은 문제를 일으키는 게임을 서비스하고 있습니다. 향후 폭력이나 음란물은 제재를 받게 될 것이고, 관리를 강화할 것입니다. 중국에서는 무엇보다 장기적인 마케팅 전략과 사회적 요구에 부응하는 것이 중요합니다."

즉, 한국게임과 게임사가 중국 사회에서 사회적인 역할을 다하지 못하고 있다는 문제의식이다. 당시 중국의 규제기관인 신문출판총서도 한국게임을 중국에서 배제할 구체적인 움직임을 내비치고 있었다. 이런 중국 정부가 가지고 있는 인식의 심각성을 즉시 한국 정부와 관련 기관에 전달해 신속한 대응을 촉구한 바 있었다. 게임의 부작용(소위 게임중독) 방지나 중국과의 협력을 통해 중국 정부의 한국 게임에 대한 이미지 악화를 막아야 한다는 것이다. 왜냐하면 중국 정부는 게임의 부작용이 사회문제화되고 있지만 속수무책이었기 때문이다.

중국 문화부의 유사발 과장은 "특히 중국에는 게임 중독이나 변질된 PC방 문제가 심각해 이에 대해서 한국 정부가 어떻게 생각하고 있고 어떻게 처리하고 있는지 궁금합니다. 그리고 정부 간이나 민간 기업 간에 어떤 협력 방안을 가지고 있고, 어떤 프로그램을 하고 있는지도 궁금합니다"라고 말하며 한국으로부터의 적극적인 도움을 기대하고 있었다.

그러나 한국정부와 게임사의 눈에 보이는 대응은 지금까지 없다. 이렇게 시간이 흘러가고 있는 동안 중국 정부 내의 온라인게임 산업 관할권이 신문출판총서로 일원화되고 있다. 이렇게 되면 중국 정부 내에서 대립하고 갈등했던 2개의 관할 부서가 하나로 정리된다는 것을 의미한다.

이 경우 한국 정부와 기업은 다시 한번 중국에 대한 바게닝 파워의(교섭력) 약화에 고민해야 할 것이다. 왜냐하면 전두환 정권 시절 안기부가 가졌던 권력에 10을 곱한 정도의 막강한 권력을 보유한 중국의 사회주의 정부이기 때문이다. 이렇게 되면 중국시장에 대한 수습을 위해 가래가 아니라 포크레인을 동원해도 소용이 없을지 모른다.

나는 마케팅 수업 시간에 학생들에게 "한국에서 가장 친환경적인 기업이 어디인가?"를 질문한 적이 있었다. 1위는 유한킴벌리였다. "우리 강산 푸르게 푸르게"라는 광고 카피가 학생들의 머릿속에 각인되어 있었다. 나무를 베어 티슈를 만드는 가장 '반환경적인 기업'이 나무 심기 등 사회 공헌 활동을 통해 학생들의 머릿속에 가장 친환경적인 기업으로 변신해 있는 것 아닌가.

한국 정부와 게임사도 한 번쯤 깊이 새겨 보아야 할 점이다.

HOW TO MAKE THE KOREAN INNOVATION MODEL?

글로벌 시장, 단기적 이익에 집착하는 어리석음

1941년 12월 8일, 일본 해군의 함재기 '제로센'은 선전포고 없이 하와이 진주만에 정박해 있던 미국 함정들을 폭격하기 시작했다. 이는 미국 독립전쟁 이래 자국 영토가 외국에 공격당한 첫 케이스로 미국인은 커다란 충격과 경악에 빠졌다. 당시 미 해군은 전함 4척이 침몰하고, 4척이 대손상을 입어 결과적으로 엄청난 피해를 입은 것으로 알려졌다. 공격이 끝난 후 일본 연합 함대는 '도라 도라 도라'라는 승전 암호를 대본영으로 날렸고 이 소식에 일본 열도는 온통 축제 분위기로 끓어 올랐다.

그런데 일본 해군의 진주만 공격은 과연 성공적이었던가? 물론 진주만 공격이라는 단기적인 전투로만 보면 일본 해군은 대승을 거두었을지 모른다. 그러나 태평양전쟁과 2차 세계대전이라는 장기적이고 거시적인 관점에서 보면 일본 해군은 결코 성공했다고 볼 수 없는, 아니 패배를 촉진한 전투였다고 볼 수도 있다. 진주만 공격은 미국인의 대일 적대감을 증폭시켜 미국이 전통적인 고립주의에서 벗어나 2차 대전에 참전하는 결정적인 계기를 만들어 주었다. 또한 진주만 공격은 전선을 확대시킴으로 인해 일본군의 전력소모를 촉진했고 결과적으로 2차 대전에서의 패배를 앞당겼던 것이다.

일본 해군에 의한 진주만 공격의 교훈은 현재 중국시장에 대한 한국 게임사의 진출에도 시사를 주고 있다. 한때 중국시장의 60% 이상을 한국게임이 지배한 적이 있다. 그러나, 이런 '초반 전투'에서의 승리를 유지하지 못한 우를 범했다.

한국 게임사의 패배는 중국 정부와 게임사, 사용자 등 중국인의 뿌리 깊은 반감에 기인한 바 크다. 해외 비즈니스의 기본은 해당 국가와 국민의 애정이다. 아니 애정까지는 아니더라도 반감이나 적대감을 사지 않는 것은 중요하다.

브리지스톤은 시판 중인 타이어에 아랍어로 알라신으로 해석될 수 있는 기호가 들어가 아랍권 전체의 타이어를 회수한 바 있다. 중국인의 반감이 단지 한국게임의 시장 지배 때문만은 아니다. 나와의 인터뷰에서 중국 문화부 과장은 "한국 게임사가 장기적인 상호이익보다는 단기이익의 추구에 급급하다"고 지적하기도 했다.

하지만 이와 같은 중국시장의 위협에 정부도, 개별 기업도 진지하게 고민하거나 전략적인 대응책을 마련한 바 없다.

콘텐츠 서비스는 자동차나 핸드폰과 같은 공산물 수출과 다르다. 한번 제품을 팔고, A/S 정도만 하면 되는 공산품에 비해 게임은 서비스 시작에서 종료하는 그 순간까지 최종소비자와 하루에도 몇 시간씩 커뮤니케이션을 반복해야 하는 상품이다. 바로 이 점 때문에 한국산 콘텐츠는 한국에서 개발되었지만 중국시장에 진입한 그 순간부터 중국 게임, 중국인을 위한 콘텐츠로 진화해야 하는 것이다.

HOW TO MAKE THE KOREAN INNOVATION MODEL?

존망의 갈림길에 선 한국게임

우리는 무엇인가 절박하게 일을 도모할 때 '배수진(背水陣)을 친다'고 말한다. 이는 막다른 골목에 몰린 것처럼 사생결단하는 마음가짐으로 싸움에 임하는 것을 의미한다. 등 뒤에 강물이 흐르니 싸움에 져서 죽든지, 강물에 빠져 죽든지 죽는 것은 마찬가지이므로 죽기 아니면 살기로 싸움에 임하는 상황이다.

배수진은 중국의 역사서인 사기(史記)에 나오는 어휘로 주역은 한(漢)나라의 명장 한신(韓信)이다. 한신은 한나라 유방(劉邦)과 초(楚)나라 항우(項羽)와의 싸움에서 유방이 승리하는 데 결정적인 공을 세운 사람이다.

한신은 유방의 명령에 따라 병사 수만 명을 이끌고 조(趙)나라를 공격할 때 배수진을 치고 전투에 임했다. 그리고 조나라 군사가 성에서 나와 공격하자 한신은 거짓으로 배수진까지 후퇴했다. 기선을 제압했다고 판단한 조나라 군사는 한신을 맹추격하였고, 이 틈을 노려 한신은 매복시켜 둔 군사에게 조나라의 성채를 점령하도록 하였다. 배수진을 친 한나라 병사들의 결사적인 항전에 조나라 군사가 견디지 못하고 성채로 후퇴해 보니 이미 한나라 깃발이 바람에 휘날리고 있었다.

전투에서 승리한 후 여러 장수들이 한신에게 질문했다.

"강은 왼쪽으로 하여 앞에 두라는 병법의 가르침과 반대로 강물을 등지고 싸워 승리했으니 어찌 된 영문인지요"

그러자 한신이 대답했다.

"우리 부대는 훈련되지 못한 오합지졸이다. 이런 자들에게 뒤로 물러서면 죽는다는 자각을 심어주어 싸우게 해야지 그냥 들판에서 싸우면 모두 도망가기에 급급할 것이다."

사기에 나오는 이 일화는 병법의 자구 해석에 얽매이지 않고 그 본질을 추구하는 한신의 자질을 잘 보여주고 있다. 그런데 이런 한신의 능력보다 더 평가받아야 할 부분이 있다. 그것은 바로 한신의 능력과 판단력을 높이 평가하고 그를 활용한 유방이다. 만일 유방이 자신의 부족함을 인정하고 한신을 중용하지 않았다면 한나라의 승리는 없었을 것이다.

한신과 유방의 관계를 현대적으로 해석하면 기업경영자와 전문가의 결합, 기업과 기업전략, 조직관리에 대한 전문지식의 결합이라고 할 수 있다. 한국의 게임산업도 이제 기업경영과 전문지식의 결합을 이루어야 할 시기가 되었다.

한국의 게임산업은 채 10년이 안 되는 단기간에 급성장을 이루었다는 점이 하나의 특징이다. 분명 급성장은 많은 경영자와 사원의 노력에 의해 성취된 것으로 높이 평가받아야 한다. 그러나 이런 단기간의 급속한 성장은 기업조직을 혼란에 빠뜨리고 있다.

넥슨이나 엔씨소프트 같은 대형게임사에는 몇천 명이 넘는 사원이 움직이고 있다. 네오위즈나 위메이드 같은 중견기업도 수백

명의 사원으로 성장해 있다. 그러나 이런 외형적인 규모 확대와 달리 기업전략이나 조직관리와 같은 소프트웨어적인 부분은 여전히 몇 년 전의 벤처 기업 수준을 극복하지 못하고 있다. 조직 내부의 부서 간, 사업부 간 의사소통은 원활하지 못하며, 인접 사업부나 팀이 어떤 업무를 추진하고 있는지의 단순 정보도 공유되지 못하고 있다. 또 경영진과 사원들의 문제의식 공유도 약하며 경영진의 의사결정을 사원들은 이해하지 못하고 있다.

기업의 비전과 열정도 약화되고 있다. 기업 내의 핵심 멤버들이 쌓아 올린 '헝그리 스피릿'은 빛이 바래기 시작하고 '샐러리맨 의식'으로 무장한 신입사원이 입사하기 시작하고 있다. 이들 샐러리맨은 저녁 6시만 되면 퇴근을 위해 회사 엘리베이터에 쇄도해 야근을 위해 저녁 식사에 다녀오려는 임원들이 타지 못하는 경우조차 있다.

이제 한국 게임사는 벤처가 아닌 체계화된 기업으로, 집단이 아닌 조직으로 탈바꿈해야 한다. 그리고 기업 경영에 관한 전문지식을 신속하게 흡수해야 한다. 온라인게임은 새로운 산업이지만 활용할 수 있는 지식은 기존의 산업과 학문 영역에 얼마든지 널려 있다.

예를 들어, 한국 게임 개발사에서 시행착오를 거듭하고 있는 개발 프로젝트 관리는 콘솔게임 개발에서 벤치마킹할 수 있으며, 기업전략의 수립과 조직 관리에는 수많은 경영서적과 논문들, 그리고 전문가들이 존재한다. 고통받고 있는 조직 내 의사소통 문제 역시 학문의 세계에서는 전혀 새로울 것 없는 고전적인 테마에 속한다. 하지만 한국의 온라인게임사 중 이런 많은 연구와 정보를 찾아, 또 이런 이론들을 실제로 적용하기 위해 노력하고 있는 곳은 거의 없다.

문제에 대한 해결책은 그 문제를 가장 깊이 인식하는 사람에게만 보이는 법이다. 또 가장 잘 나가는 때가 가장 위험한 때이기도 하다. 인간도 그렇듯이, 기업도 잘 나가는 좋은 시절에는 문제의 심각성을 인식하지 못한다.

일본 DRAM 산업의 절정기였던 1990년대 초반 그들은 한국 삼성의 추격을 인지하지 못한 채 방심하고 있다. 1990년대 후반 세계시장에서 밀려난 것은 기억할 필요가 있다. 일본 반도체 업체의 조언을 받아 시작한 삼성의 DRAM 사업이 결국 일본 업체를 밀어냈다는 사실은 얼마나 아이러니한가.

이제 한국의 게임사는 갈림길에 서 있다. '한신 없는 유방'이 될 것인가, 아니면 '한신을 앞세운 유방'이 될 것인가.

HOW TO MAKE THE KOREAN INNOVATION MODEL?

아이템 거래라는 '핀테크'의 상자1

그리스 신화에서 제우스는 판도라에게 상자를 하나 주면서 절대로 열어 보지 말라고 경고한다. 판도라는 프로메테우스의 아우인 에피메테우스와 평화로운 나날을 보내다가 제우스가 준 상자가 생각났다. 제우스의 경고가 떠올랐으나 호기심이 두려움을 앞서 열어 보고야 말았다. 그 순간 상자 속에서 슬픔과 질병, 가난과 전쟁, 증오와 시기 등 온갖 악(惡)이 쏟아져 나왔으며 놀란 판도라가 황급히 뚜껑을 닫았으므로 희망은 빠져나오지 못하였다.

이로부터 인간은 이전에는 겪지 않았던 고통을 영원히 떨쳐 버릴 수 없게 되었으나 어떤 어려움 속에서도 희망을 간직하며 살게 되었다고 한다. 이처럼 판도라의 상자는 열어서는 안 되는, 하지만 인간의 어리석음 때문에 재앙의 씨앗을 열고야 마는 경우를 비유한다.

문화체육관광부가 제정한 게임산업진흥법 속의 '게임아이템(사이버머니)' 거래 금지 조항 역시 이런 판도라의 상자에 비유할 수 있다. 아이템 현금거래는 잘못 건드릴 경우 그 '선한 의도'와 상관없이 게임산업에 심각한 피해를 줄 수 있기 때문이다. 게임산업진흥법 내에는 "누구든지 게임의 이용을 통해 획득한 유/무형의 결과물(점수, 게임머니, 경품 및 이와 유사한 것을 말한다)을 환전 또는 환전 알선하거나 재매입하는 행위를 업으로 하여서는 아니 된다"고 규정되어 있다.

이제는 아이템현금 거래의 윤리적 판단을 떠나 과연 게임 머니 금지라는 규제가 한국의 게임 산업에 어떤 영향을 미칠지 심각하게 생각해 보아야 하는 국면에 접어들었다.

법 속의 개인 유저 간 아이템 거래 허용은 유저들의 아이템에 대한 소유권, 아니 최소한의 점유에 대한 인식을 확고하게 할 것이다. 내가 2004년 유저들의 의식을 조사해 보았을 때 80% 이상의 유저가 게임 아이템을 자신의 소유물로 인식하고 있었다. 게임산업진흥법안에서 유저 간의 거래를 인정하는 것은 이런 유저들의 소유권에 대한 의식을 더 강화하는 역할을 하게 될 것이다.

이렇게 되면 게임사는 심각한 딜레마에 빠지게 된다. 약관상으로는 아이템에 대한 소유권을 규정해 놓았음에도 불구하고, 유저의 아이템을 보상해 주어야 하는, 그리고 이는 게임사의 재무제표에는 부채로 기입해야 한다는 문제에 빠지게 된다.

실제로 미국의 한 회계법인은 나에게 이렇게 될 경우 부채로 잡는 것이 타당한 것인가의 질문을 해 온 바 있다.

또한 게임 서버를 닫는 것 역시 심각한 문제이다. 논리적으로 따져 만일 1명의 유저라도 서버에 남아 있을 경우, 그리고 그 유저가 보상에 동의하지 않는다면 게임사는 그 서버를 닫을 수 없게 되기 때문이다.

머지않은 장래에 미국의 세컨드라이프와 같이 이용자의 아이템 소유권을 인정하는 게임이 한국에도 출현할 것이고, 소니컴퓨터엔테테인먼트(SCE)의 스테이션 익스체인지처럼 게임사가 직접 사용자 간의 아이템 거래를 중개하는 모델도 출현할 것이다.

다만 문제는 시기다. 현재의 아이템을 둘러싼 논란은 게임사의 주도에 따라 서서히 진행되는 것이 아닌 정부가 일거에 뚜껑을 열어 버린 데서 비롯됐다. 과연 이 상자에 게임산업의 '희망'은 남아 있는 것인가?

HOW TO MAKE THE KOREAN INNOVATION MODEL?

아이템 거래라는 '핀테크'의 상자2

2010년에 내려진 아이템 거래에 대한 대법원 무죄 판결이 큰 파장을 불러일으키고 있다. 대법원은 리니지 게임머니의 유저 간 매매에 대해 무죄 판결을 내렸다. 이번 판결은 아이템 거래를 둘러싼 지난 10여 년 동안의 논란을 정리하는 의미가 있다.

판결의 내용은 크게 두 가지로 정리할 수 있다. 첫째, RPG의 게임머니는 유저의 노력에 의해 얻어진 것이기 때문에 사행적 우연성과 관련이 없다는 것이다. 둘째, 정상적인 게임 플레이에 의해 획득된 게임머니는 유저 간 매매가 가능하다는 것이다. 이로써 그동안 '그레이존(회색지대)' 속에서 '실재하지만 존재하지 않는' 영역으로 간주되어 온 1조 5천억 원 규모의 아이템 거래가 하나의 산업으로 자리 잡을 수 있는 중요한 계기가 마련되었다.

이 판결은 게임사의 아이템 중개에 대한 가능성을 열어 놓았지만, 실제로 메이저 게임사가 즉시 진입하는 것은 어려울 것이다. 왜냐하면 지난 10여 년 동안 아이템 거래에 반대 입장을 고수하다 갑자기 법원의 판결에 의해 입장을 바꾸는 것은 어렵기 때문이다. 현실적으로 볼 때 수익성에서 압박을 받고 있는 중소게임사가 먼저 아이템 중개 사업에 진출할 것으로 보인다.

이번 판결은 그동안 가상재화 산업의 심각한 걸림돌이 되었던 가상화폐 문제를 해결해 주었다는 의미도 있다. 한국은 온라인게임 산업의 선진국이지만 이에 수반되는 가상재화와 가상경제의 후진국이기도 하다.

미국의 세컨드라이프라는 가상사회 사이트에서 사용되는 화폐인 린덴 달러는 실제 미국 달러와 287대1 비율로 교환이 이루어지고 있다. 유저들은 달러화로 린덴 달러를 사서 세컨드라이프 내에서 가상재화를 구입한다. 반대로 제조한 가상의 아이템을 팔아 번 린덴 달러를 다시 미국 달러로 환전하기까지 한다.

미국 블리자드사가 개발한 온라인게임 WOW(World of Warcraft)는 현재 전 세계적으로 800만 명이 넘는 유료 유저가 활동하고 있는 하나의 가상국가이다. 이 'WOW국' 화폐는 골드, 실버, 쿠페로 WOW에서 물건을 판매하거나 구입할 때는 이런 화폐만 통용된다. 한국 역시 다양한 사이버 머니가 등장해 있다. 한국 온라인게임인 리니지의 아덴, 메이플스토리의 메소는 화폐로서 그 기능은 현실화폐와 별반 다르지 않다.

2000년대 중반 해도 미국과 유럽의 인터넷 비즈니스 기업은 한국의 게임 아이템 판매나 거래, 싸이월드의 도토리 같은 비즈니스 모델을 경이적으로 바라보았다. 하지만 이제는 그들에게 이런 경이감이 없다. 왜냐하면 이미 자사의 비즈니스에 흡수해 운용하고, 경우에 따라서는 한국보다 앞서 있기 때문이다.

이번 판결에 대해 혹자는 청소년 보호에 악영향을 끼칠 수 있음을 지적한다. 물론 청소년 보호는 중요하다. 그러나 아이템 거래 행위 자체가 청소년에게 해악을 끼치는 것은 아니다. 문제의 근본원인은 청소년 보호에 노력하지 않는 다수의 아이템 중개업체와 일부 게임사의 무분별한 게임 아이템 판매이다. 사각지대에 방치되어 온 아이템 중개업체에 대한 정비작업과 아이템 거래의 산업화는 별개의 문제이다. 이 점에서 정부는 아이템 중개업체에 대한 정책을 수립할 필요가 있다.

가장 보수적이라고 알려진 대법원이 산업의 미래를 담당하는 정부보다 몇 발짝 더 나아갔다는 것은 놀라운 일이다. 이제라도 정부는 가상화폐와 가상재화 산업의 세계적인 흐름을 읽을 필요가 있다. 그래서 온라인게임과 같은 세계적인 경쟁력을 가질 수 있는 제2, 제3의 인터넷산업을 육성해야 한다.

HOW TO MAKE THE KOREAN INNOVATION MODEL?

교각살우의 우를 범해서는 안 된다

2차 대전 당시의 이야기이다. 미국을 비롯한 연합군은 독일 군수공장의 생산력을 파괴하기 위해 철저하게 공습을 단행했다. 군수공장은 물론 특히 군수공장을 관리하고 있던 각종 독일군 사령부를 무차별 공습한 것이다. 물론 당시에는 대성과를 거둔 것처럼 보여 연합군의 승리에 커다란 기여를 했다고 평가되었다.

하지만 전쟁이 끝난 후 학자들의 연구에 의하면 결과는 정반대로 나타났다. 독일 군수공장의 생산성이 공습 이전보다 오히려 높아졌다고 나타난 것이다. 연합군의 공습은 각종 군수사령부에 보관되어 있던 통제자료를 불태워 결과적으로 공장 통제를 불가능하게 해 각 공장의 자율성을 높여 주었기 때문이다. 연합군이 2차 대전에서 승리했기에 망정이지 만일 패배했다면 공습의 유효성을 둘러싸고 대대적인 인책 바람이 불었을지도 모른다.

이처럼 어떤 행위를 할 때면 반드시 대상의 본질 파악과 함께 그 행동을 할 경우 어떤 결과를 초래하는지를 깊이 생각해야만 한다. 이는 한때 논란이 되었던 엔씨소프트의 게임, 리니지 등급 부여에도 해당된다. 심의위원회에서 가장 문제가 되었던 것은 PK(플레이어 킬링, 상대 캐릭터를 죽이는 것)라 불리는 상대 플레이어를 죽일 수 있는 구조와 PK 후 떨어진 아이템을 습득할 수 있는 장치이다. 만일 이런 구조 속에서라면 게임을 하는 플레이어 누구나 자신보다 약한 상대(캐릭터)를 죽이고 그가 가지고 있는 '고가'의 아이템을 강탈하고 싶은 유혹을 느끼리라.

하지만 심의위원회가 간과한 점이 있다. 그것은 리니지가 원래 '골육상잔의 게임'이 아니라 '권선징악의 게임'이라는 사실이다. 리니지에는 악한 성향의 사용자는 붉은색으로 ID가 표시되고 선한 사용자는 파란색으로 표현되어 있다. 선한가, 악한가의 차이는 PK를 하는가, 안 하는가, 또 잡아서는 안 되는 몬스터(괴물)를 잡는가 안 잡는가에 달려 있다.

또한 붉은색의 사용자를 죽이면 아이템이 많이 떨어지지만 파란색의 사용자는 죽여도 그다지 아이템이 떨어지지 않는다. 즉 PK를 하면 자신이 '악한 인간'임을 과시하게 되고 당연히 '다른 악한 인간'으로부터 PK를 당할 수 있는 위험도 대단히 높아지게 된다.

과연 당신은 어떤 인간형을 선택하겠는가? 열심히 몬스터를 사냥해서 PK를 당할 위험이 낮은 인간형을 선택하겠는가, 아니면 다른 사람을 강도해서 아이템을 모으나 역시 강도당할 위험이 높은 사악한 인간형을 선택하겠는가.

나는 온라인게임 사용자를 조사하면서 리니지의 길드장(혈맹의 장, 길드는 게임 내의 사용자 공동체 모임)을 인터뷰한 적이 있다. 어떤 길드장은 게임 내에 블랙리스트가 존재하고 있음을 말해 주었다. 즉, 약한 자를 PK 하는 야비한 인간, 다른 사람의 아이템을 훔치는 인간들의 ID를 기록해 이를 다른 사람과 공유한다는 것이다.

그는 또 자신이 길에 떨어진 아이템을 주워서 떨어뜨린 상대에게 “아이템이 떨어졌어요”라고 돌려주었다고 했다. 그랬더니 주변에서 보고 있던 (화면상에서) 사용자들이 감탄하면서 모두 자신에게 다가와 무엇인가를 넣어 주고 갔다. 나중에 보니 다른 사용자들이 자신의 아이템을 하나둘씩 이 ‘선한 인간’에게 던져 주고 간 것이었다. 이는 현실의 인간사회와 너무나 유사한 감정구조이다. 비록 리니지에는 10대의 사용자도 많다지만 그들은 이런 나름의 룰을 구축하고 있다.

또 다른 PK 제어 장치도 있다. 그것은 혈맹(길드)이라고 불리는 공동체이다. 일반적인 전투는 길드 대 길드로 벌어지게 된다. 때문에 길드 멤버 간 유대는 군대 내무반의 유대를 능가한다. 만일 길드 멤버가 ‘이지메’를 당하고 있으면 길드장은 만사를 제치고 그에게 달려가야 하는 의무가 있다. 초보 사용자가 PK를 당할 위기에 놓이면 다른 멤버와 함께 그를 구하러 가야 한다. 이처럼 PK는 게임 전체의 긴장감을 높이고 있지만 여러 보완 장치에 의해 통제되고 있다.

원래 온라인게임에 등급제를 적용하려는 취지 그 자체는 바람직한 것이다. 청소년들을 폭력적인 게임으로부터 보호하려는 것은 아이를 가진 부모 입장에서 두 손 들고 환영할만한 일이다. 그러나 게임 공간도 무법천지가 아니라 현실사회와 같은 룰이 존재하고 있음을, 또 아직 어린 10대 사용자가 서로 토론하고 대화하면서 룰을 만들어가고 있다는 교육적 기능도 간과해서는 안 된다. 현재는 산업의 초기 단계라 부정적인 측면이 두드러져 보일지는 모르지만 이 시행착오 과정 역시 인내심을 가지고 지켜볼 문제이지 게임 자체에서 사용자들을 배제해야 할 문제는 아니다.

오히려 등급제를 통해서 우려되는 것은 산업으로서의 게임이 약화될 가능성이다. 온라인게임은 한국기업이 세계시장에서 선두를 달리고 있는 손꼽을 만한 산업이다. 현재 콘솔게임에서 최고의 경쟁력을 자랑하고 있는 일본기업들조차 온라인게임의 개발 능력을 가지고 있지 못하다. 그것은 온라인게임과 콘솔게임의 개발 노하우가 다르고 또 쉽게 모방할 수 없기 때문이다.

연합군이 독일 군수공장 공습에서 범했던 우를 반면교사로 삼을 필요가 있다.

HOW TO MAKE THE KOREAN INNOVATION MODEL?

중국 게임사의 한국기업 인수가 시작되다

지난 2004년 한 기자가 다급한 목소리로 전화를 걸어온 적이 있다. 그 기자는 "샨다가 액토즈를 인수한 사실을 알고 계십니까?"라고 물었다. 내가 별 동요 없이 "아, 결국 그렇게 되었군요"라고 대답하자 그는 다소 의외라는 반응을 보였다.

언론에서는 중요하게 다루었지만, 실은 이 인수는 1년 전부터 샨다가 지속적으로 제안해 왔던 건이었다. 샨다는 다른 몇몇 중소개발사에도 인수 제안을 하고 있었다. 따라서 샨다의 한국 개발사 인수는 예측 가능했던 일로 문제는 시기였을 뿐이다.

현재 한국게임산업은 성장기를 넘어 성장이 둔화되는 성숙기에 도달해 있다. 메이저 기업의 독과점화가 심화되거나, 중소개발사가 붕괴되는 현상은 우연적이거나 과도적 현상이 아니라, 산업의 라이프사이클을 반영한 것뿐이다.

또한 향후 글로벌 시장에서의 경쟁 역시 격화될 전망이다. 중국과 일본의 게임업체들이 게임개발 기술을 축적하고 있으며, 미국의 WOW(World of Warcraft)는 한국시장에서 유저들의 관심을 모으고 있다. 만일 한국시장에서 WOW가 성공한다면 미국 게임개발사는 아시아시장에서의 성공에 자신감을 얻게 될 것이다.

이렇듯 불확실성이 높아진 상황에서 자신의 최대수익을 실현하고 시장을 '탈출'하는 대주주가 있다면 그는 지극히 '머리 좋은' 사람으로 칭찬받아야 마땅할 것이다. 이종현 사장이 30%나 할증된 가격(한화 약 9백억 원)으로 지분을 매각한 것은 이런 점에서 쉽게 이해된다. 굳이 게임산업에 대한 사명감이 없는 상태에서 기업을 고수할 도덕적 의무 역시 없기 때문이다. 하지만, 그것으로 모든 문제는 끝나는 것인가?

'일파만파'라는 말이 있다. 작은 파도 하나가 만 개의 파도를 부를 수 있다는 뜻이다. 샨다의 액토즈 인수는 만파를 부르는 일파가 될 수 있다. 게임의 소스코드와 서버 기술의 중국 이전, 운영 기술의 전수는 물론이고, 가까운 장래 중국산 게임이 저가로 동남아시장에 들어올 때 한국게임과 경쟁하게 될 것이다.

그런데, 샨다의 액토즈 인수 건에서 지적해야만 할 더 근본적인 문제가 있다. 그것은 샨다의 국내 게임사 인수가 이미 예견된 일이었음에도 한국 게임업계나 정부가 아무런 대비도 하지 않았다는 것이다. 준비 없이 사건을 맞이하는 것이 한국인의 '습관'이라고는 하나, 이번 일은 그렇게 치부하고 넘어가기에 너무 심각하다.

한국 게임사는 대주주가 마음만 먹으면 쉽게 경영권을 장악할 수 있는 구조로 되어 있다. 예를 들어, 엔씨소프트의 경우 김택진 사장이 주식을 양도할 의사만 있으면 어느 회사도 경영권을 장악할 수 있다. 주식이 분산되어 있는 NHN과 같은 기업도 안전한 것은 아니다. 대주주가 존재하지 않기 때문에, 또 미국과 일본의 게임사에 비해 시가 총액이 작기 때문에 적대적 M&A에 더욱 취약하다. 일본의 게임사 코에이가 9천억 원, 남코는 1조6천억 원에 경영권 인수가 가능하다고 하니, 샨다가 액토즈 경영권 장악에 들인 천억 원은 너무나 싸다.

한국의 온라인게임이 기술적 경쟁력을 무기로 세계시장에서 각광받고 있지만, 내부를 들여다보면 실은 몇 개 게임사가 선전하고 있는 데 불과하다. 이런 상태에서 외국 회사가 한국의 메이저 게임사 네 개 정도만 인수하면 한국 게임산업은 사라지는 셈이다.

현재 중국게임사뿐 아니라, 미국의 게임포털도 한국 게임사에 대한 투자를 타진하고 있다. 이런 상황은 이미 예측되고 있었기에, 특히 정부에 그런 사태를 대비해야 한다고 여러 차례 경고하기도 했다. 하지만, 아무런 실제적인 준비가 없었고, 이번 액토즈 인수 건이 터지자 정부는 허둥지둥하고 있다.

진정으로 한국의 게임 산업의 미래를 생각한다면, 진정으로 게임이 '5천 년 역사상 3대 발명품의 하나'라는 것을 인정한다면 어설픈 게임산업진흥책보다는 이런 한국 게임회사의 경쟁우위를 심각하게 위협하는 요인을 분석하고 대비하는 일이 더 중요할 것이다.

향후 또다시 기자가 연구실로 전화를 걸 때 "아, 결국 그렇게 되었군요"라는 자조적인 대답을 하는 일이 없기를 바랄 뿐이다.

HOW TO MAKE THE KOREAN INNOVATION MODEL?

넥슨와 엔씨 동맹,
한국판 오월동주의 결말은?

중국의 역사에 나오는 오월동주의 고사는 너무도 유명하다. 손자의 구지편에는 "예로부터 서로 적대시해 온 '오나라 사람과 월나라 사람이 같은 배를 타고(吳越同舟)' 강을 건넌다고 하자. 강 한복판에 이르렀을 때 큰바람이 불어 배가 뒤집히려 한다면 오나라 사람이나 월나라 사람은 평소의 적개심을 잊고 서로의 손이 되어 필사적으로 도울 것이다"라는 서술이 있다. 원한을 가진 사람들이 동일 목표를 위해 노력하는 것이 오월동주인 셈이다.

그러나 이런 유명한 고사와 달리 정작 중국의 오나라와 월나라가 '동주'의 처지에서 동맹을 맺었던 적은 없다.

그러나 중국과 달리 일본에는 오월동주의 역사가 존재했다. 바로 '삿초동맹'이다. 1867년 맺어진 삿초동맹은 일본 서남부의 맹주였던 사츠마현과 초슈현이 힘을 합쳐 에도막부를 타도한 동맹이다.

동맹을 맺기 전 두 현은 원수지간이었다. 에도(지금의 도쿄)에서 두 현의 사무라이가 조우하면 반드시 칼을 뽑았다고 할 정도였으니 그 증오는 알만하다. 하지만 두 현은 사카모토 료마 등의 중재로 에도막부를 타도하자는데 의기투합, 결국 삿초동맹을 맺게 된다.

이 동맹으로 일본은 부국강병의 근대화의 길을 열게 된다.

그런데 넥슨과 엔씨의 동맹이라는 '한국판 오월동주'는 일본과 같은 새로운 역사를 열지는 못할 것 같다. 2012년 6월 엔씨소프트와 넥슨은 하나의 동맹을 맺는다. 넥슨이 엔씨의 주식 14.7%를 매수해 최대주주로 올라선 것이다. 두 회사가 힘을 하나로 모은 것은 김택진, 김정주 두 창업자의 글로벌 게임 시장에 대한 의지 때문이라고 했다.

김택진 대표는 주식 매각 배경에 대해 "게임, IT 산업의 글로벌 환경이 급변하고 있는 만큼 엔씨소프트와 넥슨 두 회사가 힘을 합쳐야 세계 게임 시장에서 우리나라가 계속해서 성장, 발전할 수 있을 것이라는 판단이 가장 큰 영향을 미쳤다. 이번 파트너십으로 엔씨소프트가 가진 개발력과 넥슨의 글로벌 퍼블리싱 플랫폼이 한국뿐 아니라 세계시장에서도 강력한 시너지를 발휘할 것으로 생각한다"고 했다. 넥슨 역시 동일한 취지의 발표를 한 바 있다.

그로부터 2년 반 후인 2015년, 두 회사는 엔씨소프트를 지배하기 위해 충돌하고 있다. 넥슨은 지배주주로서 권한을 행사하겠다고 선언했으며, 엔씨는 받아들일 수 없다고 반발하고 있다. 누가 옳은가를 따지기에 앞서 양자의 싸움에서 글로벌 시장 진출과 같은 초기의 대의명분은 사라진 지 오래다.

원래 두 회사는 물과 기름처럼 다른 회사였다. 엔씨는 RPG(역할수행게임)에 강한 기업이지만 넥슨은 캐주얼게임에 강하다. 엔씨는 개발력이 강하지만, 넥슨은 퍼블리싱 능력이 강하다. 따라서 두 기업은 핵심역량과 기업문화가 전혀 다르다. 또 서로 간에 강한 라이벌 의식을 지니고 있었다. 이 때문에 처음에 두 회사가 하나로 간다고 했을 때 많은 사람들이 고개를 갸웃거렸던 것이 사실이었다.

한 달도 채 되지 않는 기간 동안 주식 매각을 협의했다고 한 점도 그리 석연치는 않았다. 그럼에도 한국의 게임산업이 위기상황이었기 때문에 두 기업의 동맹을 선의로 해석하려고 했다. 그러나 이제 드러난 두 기업의 거래는 이런 기대와 거리가 멀다.

자본주의 사회에서 기업 간의 갈등이야 항상 있는 일이다. 그러나 넥슨과 엔씨의 갈등은 개별기업을 넘어 한국의 게임산업에 바로 충격을 주기 때문에 고민스럽다. 향후의 추이 전개에서 가장 우려되는 상황은 중국 자본이 엔씨의 지배적 주주로 들어올 가능성이다. 아직까지 한국의 게임사는 개발력 면에서 가치를 가지고 있으며 중국 기준으로 볼 때 그다지 가격도 높지 않다. 실제로 텐센트는 5억 달러를 투자해 CJ E&M의 3대 주주로 올라섰다. 이들에게 있어 엔씨는 아직 매력적인 존재다.

설상가상이라는 말이 있다. 지금 게임산업의 주도권은 이미 중국이나 구글, 애플에 넘어가 있다. 그런데도 한국의 두 간판 기업은 이전투구의 싸움을 벌이고 있다. 일본의 메이지 유신과 같은 성공적인 한국판 오월동주를 기대한 것은 너무 비현실적이었던가.

HOW TO MAKE THE KOREAN INNOVATION MODEL?

대학생이 바라보는 최악의 게임사, 넥슨

얼마 전 넥슨 개발자를 만났다. 그는 이렇게 말했다. "일해도 예전만큼 신나지 않아요. '오너 리스크'라는 말이 설마 우리 회사 일이 될 줄은 상상도 못 했어요."

검찰에서 뇌물죄로 기소되어 재판을 받은 김정주 넥슨 회장을 지칭하는 것이리라. 김정주 회장에 대한 넥슨 직원들의 배신감은 너무나 큰 듯했다. 이렇게 의기소침해 있는 그에게 차마 넥슨에 관한 나의 연구 결과를 들려줄 수는 없었다.

최근 대학생을 대상으로 게임회사의 기업 이미지 분석을 했다. 학술지에 게재된 이 논문에서 넥슨의 기업이미지는 놀라운 결과를 보이고 있다. 물론 이 연구는 진경준 뇌물 사건 이전에 진행한 것이라 응답자가 이 사건에 영향을 받은 것은 아니었다.

넥슨은 분석 대상 기업 5개, 넥슨, 한게임(NHN엔터), 엔씨소프트, 넷마블, 카카오 등 5개 게임사와 플랫폼 회사 중에서 한게임과 동일하게 가장 낮은 하위 그룹이었다. 넥슨의 기업이미지는 5점 만점에 2.82를 기록해 2.75를 기록한 한게임과 동일했다. 동일하다는 것은 통계적으로 차이가 없다는 의미다.

중간 그룹은 엔씨소프트 3.07과 넷마블 3.18, 가장 높은 기업은 카카오로 3.31이었다. 한게임은 웹보드 게임 회사이기 때문에 기업이미지가 높지 않을 것으로 예측했지만 넥슨이 한게임과 같은 수준의 최하위 기업 이미지라는 것은 놀라움이었다.

그런데 의외의 분석 결과는 여기서 끝나지 않았다. 넥슨은 남학생이 여학생보다 낮은 기업이미지를 보이고 있었다. 또 게임을 둘러싸고 부모와 갈등이 있는 경우 2.63, 갈등이 없는 경우 3.09로 갈등이 있는 경우 현저하게 기업이미지는 낮았다. 게임이용 기간과 넥슨의 이미지도 반비례 관계에 있었다. 넥슨의 게임을 오래 할수록 기업이미지가 악화되는 것이다.

결국 이는 이렇게 정리된다. 넥슨의 게임을 오래 한 남학생은 부모와 갈등이 심해지고 이는 기업이미지에 부정적인 영향을 미친다. 흔히 특정 기업의 제품이나 서비스를 오래 사용한 사람은 기업이미지가 긍정적으로 향상되는 경우가 많은 데 넥슨의 경우는 반대라는 점이 놀라움이었다.

이 조사가 대학생을 대상으로 한 것이기 때문에 넥슨의 이미지 문제는 더욱 심각한 듯하다. 대학생은 더 이상 넥슨 게임을 하지 않기 때문이다. 결국 넥슨의 게임을 오래 한 사람은 부정적인 기업이미지를 유지한 채 평생을 살아가는 셈이 된다.

"왜 넥슨을 싫어하는가?"라는 나의 질문에 어떤 학생은 한마디로 대답했다.

"돈슨이잖아요."

할 말이 없었다.

이 연구를 하는 내내 한국 사회는 진경준 게이트로 들끓었다. 김정주 회장은 '우정의 배신자'라는 낙인까지 찍혔다. 앞으로 넥슨의 이런 기업이미지 개선은 쉽지 않을 것이다. 게다가 이번 연구는 외부인이 바라보는 기업이미지뿐 아니라 자사 게임 이용 당사자의 인식 또한 부정적임을 보여주고 있다.

넥슨의 깊은 고민이 필요한 시점이다.

HOW TO MAKE THE KOREAN INNOVATION MODEL?

넥슨 김정주 회장, 퇴진할 때가 되었다

2016년 진경준 검사장에 연루된 넥슨 김정주 회장이 검찰에 출두해 철야 조사를 받았다. 그리고 전날에는 김 회장 자택과 판교의 넥슨코리아 등도 압수 수색당했다. 이번 게이트는 정경유착이 아닌 '법경유착'이라는 새로운 용어도 만들어냈다. 이 모두 것이 자타가 공인하는 창조산업의 아이콘, 게임산업 최초의 사태다.

게임은 원래 정치와 관련이 먼 산업이었다. 게임은 정부 지원이나 특혜를 받지 않고 민간의 자생력으로 성장한 대한민국 최초의 혁신산업이기 때문이다. 오천 년 한국 역사에서 금속활자, 거북선에 이어 한국사회가 글로벌 제품 혁신을 이룩한 사례는 게임이 유일하다. 지금 한국의 모든 산업은 중국의 눈치를 살펴야 하지만 한때 중국시장의 90%를 지배, 중국기업이 한국의 눈치를 보아야 했던 산업이 또한 게임이었다.

그래서 게임 산업은 전통적인 재벌기업이 안고 있는 태생적인 '원죄', 정경유착이라는 그림자에서 벗어난 '양지의 산업'이었다. 지금 검찰이 수사하고 있는 롯데 비자금사건이나 2003년 현대그룹의 차떼기 사건, 2007년 삼성 비자금 사건과 같은 정치권과의 유착과 비리는 적어도 게임산업에는 존재할 필요가 없었다.

그러나 이번 사건으로 넥슨은 물론 게임산업 전체가 도덕성에서 치명상을 입었다. 국민의 차가운 시선은 과거 사행성이나 게임중독 이슈와는 달리 변명의 여지가 없고 따라서 더욱 뼈아프다. 일각에서 게임도 별수 없다는 비아냥이 나오는 이유가 그것 때문이다.

세계 2위의 자산가인 워런 버핏은 이렇게 말한다.

"잘못된 의사결정으로 거금을 잃는 것은 괜찮지만 극히 작은 평판이라도 잃어서는 안 된다."

우리가 버핏의 말을 인정한다면 이번 검찰 수사는 넥슨, 그리고 게임산업 전체가 잃어버린 평판을 만회하는 중요한 계기가 되어야 한다. 그리고 변화의 핵심은 사건을 자초한 김정주 회장의 퇴진이어야 한다.

김정주 회장의 퇴진은 게임산업의 세대교체와 혁신이라는 차원에서도 요구된다. 넥슨의 혁신 역량은 고갈된 지 오래다. 산업 초기의 게임 '바람의 나라'에서 보여준 혁신성은 10여 년의 세월이 흐르면서 사라졌다. 그리고 2000년대 후반 넥슨은 산업을 머니 게임으로 몰아갔다. 넥슨이 국내의 중견 개발사를 거의 싹쓸이하다시피 하면서 인수된 개발사의 독자적인 컬러는 사라졌다. 우수한 개발자들 역시 비용의 논리에 눌려 회사에서 밀려나기 시작했다.

더구나 스마트폰 게임의 등장으로 게임 플랫폼의 근본적인 변화가 발생했지만 넥슨은 수수방관했다. 크리스텐센 교수가 말하는 '혁신자의 딜레마'에 빠진 것이다.

해외사업도 문제다. 넥슨은 일본 모바일게임 자회사 '글룹스' 때문에 2016년 1분기 영업이익은 83% 감소하고, 63억 엔(한화 약 760억 원)의 순손실을 기록, 적자 전환했다. 글룹스는 김정주 회장이 2012년 365억 엔(한화 약 4,500억 원)을 들여 인수한 일본 모바일게임 회사다. 글룹스의 기업가치 하락이 반영되면서 실적이 큰 폭으로 감소한 것이다.

그러나 국내외 사업의 실패에도 불구하고 넥슨의 지배구조는 아무런 변화가 없다. 김정주 회장의 1인 지배는 여전히 견고하게 유지되고 있다. 김 회장과 부인 유정현 씨의 넥슨 NXC의 지분은 70%에 이른다.

네이버의 라인이 미국과 일본에 상장되었다. 여기서 이해진 네이버 의장은 "살아남기 위한 절박함과 직원들의 헌신이 오늘날의 라인을 이끌었다. 혁신의 의미는 기업들의 절박함에서 나온다"고 말했다. 맞는 말이다. 혁신은 살기 위한 몸부림에서 시작된다.

넥슨도 살기 위해 변화해야 한다. 그리고 그 변화는 넥슨 자신의 생존을 위한 처절한 몸부림이어야 한다. 이럴 때만이 넥슨은 물론 게임산업 전체는 잃어버린 신뢰를 되찾고 다시 창조산업의 아이콘이 될 수 있을 것이다.

HOW TO MAKE THE KOREAN INNOVATION MODEL?

한국 게임을 판박이로 만든 심의제도: 리니지2 사태

'쥐덫'이라는 아가사 크리스티의 유명한 연극이 있다. 1952년 영국 런던의 앰배서더 극장에서 첫 공연이 시작된 이후 지금까지 공연되는, 세계 최장수 연극이라는 명예로운 타이틀을 가진 추리극이다.

배경은 폭설에 갇힌 몽스웰 여관이다. 이곳에는 4명의 손님과 주인 부부, 그리고 1명의 형사가 갇혀 있다. 이 갇힌 공간에서 연쇄 살인 사건이 일어난다. 라디오에서 발표된 살인 용의자는 여인숙의 남자 주인과 인상착의가 비슷하다. 스키를 타고 찾아온 형사의 예측대로 또 1명의 여자가 여관에서 살해되고 연극은 제3의 피해자가 누구일까에 대한 긴장감으로 뒤덮인다.

그런데 사건은 관객의 예상을 뒤엎는 해법으로 종결된다. 바로 집요하게 사람들을 범인으로 추궁하던 형사가 진범으로 밝혀지고, 손님으로 등장해 사건의 용의자로 끊임없이 의심받던 신사가 형사로 밝혀지는 것이다.

연극 '쥐덫'은 현실의 많은 문제들에 교훈을 던져준다. 현실은 눈에 보이는 것처럼 그리 간단하게 해석되는 것은 아니며, 현실의 등장인물 중 누구를 의심해야 하는지, 그리고 이런 복잡한 상황에서 누가 이득을 얻고 누가 손해를 보는지 주의 깊게 관찰해야 한다는 점이다. 최근 정보통신윤리위원회(윤리위)의 리니지2에 대한 청소년 유해물 판정과 이에 따른 논란도 바로 '출연배우'들의 이해관계를 잘 관찰해야만 하는 문제이다.

리니지2 판정에서 등장하는 3명의 배우는 윤리위와 영등위, 엔씨소프트이다. 현재 이들을 둘러싸고 핵심으로 떠오르고 있는 쟁점은 영등위와 윤리위에 의한 이중규제이다. 일부 비판자들은 영등위에 의한 사전심의와 윤리위에 의한 사후심의라는 두 번의 심의는 부당하며 하나로 통합, 정리되는 것이 바람직하다고 주장한다.

그런데 언뜻 윤리위를 비판하는 듯이 들리는 이런 주장은 '진범'을 놓치고 있다. 즉 그렇다면 한 번의 심의는 바람직한가, 영등위와 윤리위가 통합된 심의기구나 영등위에 의한 한 번의 심의는 바람직한가라는 문제이다. 궁극적으로 게임은 중립적이고 공정한 민간 심의 기관에 의해 심의를 받는 형태로 가는 것이 바람직하다는 관점에서 볼 때 문제의 핵심이 '영등위가 바람직한가, 윤리위가 바람직한가' 또는 '영등위와 윤리위의 통합이 바람직한가'의 논의로 빠지는 것은 문제의 본질을 놓치는 것이다.

이번 사태를 정통부와 문화부라는 두 정부기관의 권력투쟁의 산물로 보는 시각도 있다. 물론 두 기관이 과열 경쟁을 하고 있으며, 이는 상당한 부작용을 낳고 있다는 점은 부인하기 어렵다. 그런데 현재 문화부는 영등위를, 정통부는 윤리위를 효과적으로 통제할 수 있는 구조가 아니라는 점에 주의할 필요가 있다. 영등위와 윤리위를 움직이고 있는 숨은 '배역'은 학부모단체와 같은 시민단체와 사회여론이다. 이들이 객석에서는 보이지 않는 주역인 것이다. 이런 시민단체와 학부모들이 납득하지 않는 한 앞으로도 리니지2와 같은 파동은 계속될 것이다.

또한 이번 사태의 '피해자'인 엔씨소프트도 비판으로부터 자유롭지 못하다는 점은 아이러니하다. 엔씨소프트는 게임의 청소년에 대한 부정적인 영향에 대해 지속적으로 문제제기를 받았음에도 과연 가슴 깊이 받아들였는가를 생각해야 한다. 또 왜 많은 게임사들이 엔씨소프트의 주장에 공감을 표시하면서도 함께 행동하기를 주저하는지도 생각해 보아야 한다.

경영전략론에서 사용하는 용어에 '파이어 파이팅(불 끄기)'이라는 단어가 있다. 기업이 주도면밀한 전략 없이 급한 사안이 생기면 이리 뛰고 저리 뛴다는, 그리고 결국 아무것도 얻는 것이 없는 경우를 지칭한다. 2년 전 리니지의 PK 문제를 둘러싼 파동이 있었을 때, 그리고 리니지2가 영등위로부터 18세 이용가를 받았을 때도 마찬가지였다. 혹시 엔씨소프트는 파이어 파이팅을 하고 있지는 않은가?

연극 '쥐덫'에서는 결국 누가 형사이고 누가 범인인지가 판가름 나고 관객은 카타르시스를 느끼면서 극장 문을 나선다. 그러나 현실은 그렇지 않다. 어떤 대안이 진정으로 도움이 되는가를 판단하기까지에는 많은 시간이 걸리고 그런 판단이 가능할 때는 더 이상 손을 쓸 수 없이 상황이 종료되는 경우가 대부분이다. 현실의 문제에서 본질을 직시하는 것이 중요한 이유가 바로 거기에 있다.

HOW TO MAKE THE KOREAN INNOVATION MODEL?

게임사가 사회적 비난에 직면했을 때

온라인게임 리니지의 불법 명의도용 사건이 일파만파를 부르고 있다. 명의도용된 피해자만 해도 벌써 이십만 명을 넘어서고 있다고 한다. 엔씨소프트가 사회적 논란의 중심이 된 것은 이번이 처음은 아니다. 2002년 리니지 내의 PK(Player Killing, 게임상에서 상대의 캐릭터를 죽일 수 있는 것) 시스템을 둘러싼 논쟁, 2004년 리니지2가 영상물등급위원회의 18세 이상 이용가와 정보통신윤리위원회의 19세 이상 이용가라는 이중판정 후 불어 닥친 이른바 '이중심의 문제', 그리고 이번 명의도용 사건이다.

우연인지는 모르지만 지금까지 2년마다 엔씨소프트는 사회적 논란의 중심이 되곤 했다. 우연치고는 대단한 우연이다.

2002년 창립 후 처음 엔씨소프트가 사회적 비난에 직면했을 때 엔씨소프트는 진지하게 반성했다. 김택진 사장 이하 전 직원이 강당에 모여 '왜 우리는 사회적 지탄을 받아야 하는가', '왜 리니지를 사랑하는 고객들이 엔씨소프트에 돌을 던지는가'를 고민했다. 그리고 그동안 자신들이 고객과 사회의 기대에 부응하지 못했음을 인정하고 새로운 기업, 고객으로부터 사랑받는 기업으로 다시 태어날 것을 다짐했다. 당시 필자가 만났던 김택진 사장의 진지한 눈빛으로부터 이런 엔씨소프트의 다짐은 거짓이 아니라고 생각했다.

하지만, 이러한 엔씨소프트의 다짐이 아직 충분하지 못함을 이번 명의도용 사건은 보여주고 있다. 명의도용 사건이 터진 후 자신의 명의도용 여부를 확인하려는 사람이 엔씨소프트에 전화를 걸어도 연결이 되지 않았다고 한다. 아직 엔씨소프트가 사태의 심각성을 인지하지 못하고 있었다는 증거이다.

또 이번 사건에 대한 회사 대응을 둘러싸고 사내에서 강경파와 온건파가 대립하기까지 했다. 이는 아직 사회적 가치로서의 기업이 무엇인지 모르고 있음을 말한다. 하지만 이런 엔씨소프트의 문제에도 불구하고, 엔씨소프트의 모든 게임을, 아니 온라인게임 산업 전체를 매도하지는 말자.

최근 명의도용의 불똥은 온라인게임 산업 전반에 대한 부정으로 확산되는 것 같다. 그 한 예가 리니지로 대표되는 한국 게임이 아이템 현금거래 시스템을 앞세운 게임이라는 점이다. 이는 전혀 사실과 다르다. 데이터를 분석해 보면 아이템 거래를 전면에 내세워도 게임은 성공할 수 없고, 반대로 성공한 게임에서는 아이템 거래가 활발해진다.

한국보다 더 아이템 거래가 활발한 중국에서 리니지가 성공하지 못한 것을 보면 알 수 있지 않은가. 또 한국보다 게임성이 뛰어난 온라인게임이 지배하고 있는 미국시장에서도 아이템 현금거래 시장은 존재한다.

한국의 3세에서 4세 유아의 절반가량은 인터넷을 사용한다. 이런 통계에 대해 우리는 '놀랍다'는 감탄사 한 번으로 끝나지만 외국인들은 감탄사로 끝나지 않는다. 일본 동경에서 열린 아시아 온라인게임 컨퍼런스 강연에서 이런 통계와 4살짜리 어린이의 인터넷 이용 사례를 소개하자 참가자들은 경악을 금치 못했다.

왜냐하면 일본의 어린이들은 초등학교에 들어갈 때까지 PC를 접할 기회가 그다지 없기 때문이다. 일본 어린이들이 주로 접하는 것은 게임기나 스마트폰이다. 한국 어린이들이 게임을 통해 PC사용법을 숙달하고, 다음으로 메일과 검색, 그리고 채팅을 통해 국경을 넘는 커뮤니케이션을 준비할 때 일본 어린이들은 게임기 속에만 매몰되어 있다. 이런 차이는 10년이 지난 후 콘텐츠 산업에서의 엄청난 창조력 차이로 드러날 것이다.

한국의 온라인게임에 대한 평가 역시 국내보다는 해외에서 더 높다. 누적 매출이 4조에 육박하는 리니지를 개발한 송재경 씨는 해외의 게임펀드로부터 많은 유혹을 받고 있지만 한국산 게임을 개발하는 자신의 길을 걷고 있다. 이런 산업과 기업을 껴안지는 못할망정 밀어낼 이유는 없을 것이다.

분명 엔씨소프트는 참다운 '기업'이 되기 위해 많은 노력을 기울여야 하는 조직이다. 하지만 비판은 하되 비난은 하지 말자. 그리고 사내에서 엔씨소프트를 바로 세우기 위해 노력하는 소수에게 격려를 보내자.

HOW TO MAKE THE KOREAN INNOVATION MODEL?

4차산업혁명은 게임에 있다

'하쿠라이힝(舶来品)'이라는 일본어가 있다. 이는 배로 실어온 수입품이라는 의미로 에도막부 말기 요코하마가 개항되어 서양 문물이 물밀듯이 들어오던 시절에 등장한 말이다. 에도 막부 말기는 일본이 서구 열강의 개항 압력에 고심하던 시기로 그 당시 미국의 페리 제독의 '구로부네(흑선, 미국의 군함)'는 에도성(지금의 도쿄 황궁) 앞까지 거슬러 올라 와 대포로 위협하던 때였다. 이런 일본과 서구 열강의 군사력의 차이는 경제력의 차이와 직결되어 있어 당시 일본인들은 서구의 문물에 대한 동경과 애착으로 '물 건너온 상품'을 하쿠라이힝으로 부르고 소중히 했다.

지금도 이런 하쿠라이힝에 대한 신화는 경제대국 일본에 남아 있다. 일본에서 부의 상징은 도요타의 크라운이나 렉서스가 아닌 벤츠나 BMW이다. 한국이나 미국에서 고급 차의 대명사로 자리 잡고 있는 렉서스도 벤츠라는 하쿠라이힝의 신화를 꺾지 못한다.

한국에도 하쿠라이힝에 대한 뿌리는 깊다. 한국전쟁 이후 들어온 미제 '구리무'나 초콜릿으로 대변되는 미국 문물에 대한 신앙은 50년이 지나고서야 조금씩 극복되어 가고 있다. 물론 아직 일본에 비해 경제대국이 아닌 한국에 이런 하쿠라이힝에 대한 동경이 있다고 해서 이상할 것은 없다. 하지만 이것이 자동차나 가전제품이 아닌 IT에서, 그것도 한국이 최고 수준을 자랑하고 있는 온라인 콘텐츠 분야에서라면 다시 한번 생각해 보아야 할 것이다.

4차산업혁명에 대한 관심이 뜨겁다. 4차산업혁명이라는 하쿠라이힝에 대한 컨퍼런스는 개발자들로 미어지고 있다. 이는 게임에도 예외가 아닌 듯하다. 어느 게임사가 인공지능을 도입하겠다고 하면 사람들은 큰 관심을 보인다.

하지만 문제는 이런 4차산업혁명이라는 개념이 한국 입장에서 그다지 새로울 것도, 특히 온라인게임의 경우는 이미 탄생에서부터 그 철학을 구현해 왔다는 점을 망각하고 있다는 점이다.

온라인게임의 기본철학은 개방성이다. 개방성은 유저들이 게임의 제작과 진화에 참여하는 길을 열어놓았다. 이전에 콘솔이나 PC게임에서 게임은 하나의 예술로 이 제작 과정에 유저들이 참여(간섭?)하는 것은 있을 수 없는 '불경'이었다.

콘솔이나 PC게임에서 유저의 의견은 참고용일 뿐이었다. 그러나 온라인게임에서 유저는 GM(게임 마스터)을 통해 자신의 의견을 전달하고, 캐릭터의 레벨을 올리고, 다른 유저와의 상호작용을 통해 게임의 확장과 진화에 직접 참여한다.

하지만 이런 아이러니보다 더 심각하게 고민해야 할 부분은 따로 있다. 그것은 4차산업혁명의 개방과 융합의 철학이 한국 게임에서 어정쩡한 수준에 머물고 있다는 것이다. 아직 게임 제작에 대한 개방성과 콘텐츠의 결과물에 대한 공유라는 철학은 한국의 게임에서는 실현되고 있지 않다.

왜 4차산업혁명 기반의 새로운 형태의 게임이 한국에서 나올 수 없었는지, 그리고 이러한 차세대 게임과 비즈니스 모델 혁신에 대해 한국 개발자들이 진지하게 고민하고 있는지 자문해야 할 때이다.

HOW TO MAKE THE KOREAN INNOVATION MODEL?

게임, 우리의 철학이 필요하다

도쿄에서 열린 게임쇼에서 피카츄를 만났다. 피카츄는 포켓몬에 등장하는 캐릭터다. 주인공이 직면한 위기일발의 순간에 "피카 피카"를 외치며 백만 볼트의 전기로 적을 박살 낸다. 어린이들은 이런 피카츄를 보기만 하면 환호하지만 사실 난 팬은 아니었다.

그런데 현실 세계에 등장한 피카츄(정확하게는 인형탈을 쓴 사람)와 마주하면서 생애 처음으로 캐릭터를 안아주고 싶다는 감정을 느끼게 되었다. 1m 40cm 정도의 키에 보드랍고 통통한 노란색 몸뚱이, 커다랗고 순진해 보이는 눈망울을 가진 피카츄는 행사장의 모두를 열광시켰다. 그 속에는 나도 있었다.

피키츄는 분명 몬스터다. 몬스터라는 단어는 괴물을 뜻한다. 괴물이란 인간을 저주하고 인간을 파멸시키기 위해 모든 사악한 행위를 한다. 그러나 피카츄는 다르다. 피카츄는 인간과 함께 살아가며 인간을 지키기 위해 다른 몬스터와 싸운다. 이 점에서 그는 자신의 종족을 배신하고 인간을 위해 헌신하는 '불행한 운명'의 존재다. 일본 애니메이션 '이누야샤'의 주인공인 이누야샤와 같은 운명인 것이다.

포켓몬은 지금 글로벌 스타가 되어 있지만 1998년 미국시장에 처음 진입할 때만 해도 미국인은 고개를 갸웃거렸다. 포켓몬은 선과 악의 대결 같은데 뭔가 대결 같기도 하고 아닌 것 같기도 했다. 피카츄는 더욱 그랬다. 쥐를 모티브로 한 몬스터인데 생긴 것은 귀엽기 짝이 없었다.

그래서 미국 유통업자는 수정을 요구했다. 피카츄를 비롯한 몬스터는 '몬스터'답게 사악하고 거칠게 그리라는 것이다. 닌텐도는 내부에서 심각하게 회의를 거듭했다. 그리고 마침내 미국 측의 수정요구를 거부하기로 결론을 내렸다. 포켓몬의 스토리는 물론 피카츄에 대한 이해가 미국과 일본이 다르다는 인식에 이르렀기 때문이다.

미국을 비롯한 서구는 모든 개념이 이분법에 의해 구분된다. 천사와 악마, 선과 악, 정의와 사악 등의 이분법이다. 그러나 일본은 다르다. 일본은 자연 숭배에 기반을 둔 '800만의 신'이 머무는 다신교의 나라이다. 신도가 그렇다. 일본의 방식은 흑과 백을 확실하게 구분하지 않는 모호성에 기반을 둔다. 절대적인 선도 없고, 절대적인 악도 존재하지 않는다. 악인도 때로는 선한 행동을 할 때가 있다.

그래서 서구의 범죄 드라마는 마지막에 선의 상징인 주인공이 반드시 악인을 응징해야 끝나지만 일본 드라마는 꼭 그렇지 않다. 극악한 범죄를 저지른 사람조차 무슨 사연이 있고, 마지막에는 참회하며 스스로 양손을 내밀어 체포되는 스토리 전개가 많다. 이렇게 인간사회의 선악의 공존, 악인과 선인의 상대화는 일본 콘텐츠의 핵심 철학을 구성하고 있다. 그리고 이 철학에 지금 서구는 열광하고 있다.

그러면 우리의 게임 철학은 무엇일까. 일찍이 리니지 개발자 송재경은 리니지의 본질을 묻는 나에게 '권선징악'이라고 답했다. 맞는 말이다. 분명 권선징악은 보편적인 인간의 테마이다. 그러나 우리에게는 권선징악을 넘어선 한국적인 철학이 필요하다. 그런 철학이 있을 때 한국 게임이나 애니메이션은 강력한 호소력을 가지고 서구에 접근할 수 있을 것이다.

HOW TO MAKE THE KOREAN INNOVATION MODEL?

게임이여, 금융을 접수하라

조선 후기 역사에는 우리 민족이 놓친 천재일우의 기회가 몇 번 나온다. 임진왜란이 일어나기 직전인 1589년 일본 사신으로 선조를 알현한 대마도 영주 소 요시토시(宗義智)는 조총과 공작 한 쌍을 선물한다. 하지만 조총은 조정의 관심을 끌지 못한 채 창고에 처박힌다.

조정이 조총을 무시하게 된 것은 연발사격능력이 활보다 떨어지고 우천시에는 무용지물이 된다는 단점이 있었기 때문이다. 당시 조총은 장전 후 발사까지 2분이 걸렸지만 활은 분당 10발도 가능했다. 조총은 사정거리도 짧았다. 당시 조선의 영웅이던 신립 장군은 겨우 50m 사거리의 조총을 비웃으며 "기병으로 조총부대를 단숨에 쓸어버릴 수 있다"고 장담하기까지 했다. 만일 조선이 조총의 잠재적 위력을 파악해 즉시 개발에 나섰다면 임진왜란은 전혀 다른 양상으로 전개되었을 것이다.

지금 생각하면 활과 총의 대비는 어처구니없지만 혁신제품의 초기에는 항상 이런 일이 발생한다. 어쨌든 문제의 핵심은 우리가 혁신제품의 잠재적 파괴력을 인지하느냐의 여부이다.

그런데 임진왜란은 과거의 일이지만 지금 우리가 이런 오류에 빠져 중요한 기회를 놓치고 있다면 어떨까.

최근 은행들이 경쟁적으로 앱을 출시, 가입자 유치에 열을 올리고 있다. 우리은행은 위비멤버스를, 하나은행은 하나멤버스, 그리고 신한은행은 신한판클럽을 출시했다. 재미있는 점은 은행들이 앱에 사이버머니를 결합시키고 있다는 것이다. 하나은행의 하나머니, 우리은행의 위비꿀머니 등이 그것이다.

덕분에 이들 은행들이 앱을 출시할 때마다 나는 친구들의 전화에 시달리곤 한다. 때로는 같은 은행에 근무하는 친구들이 연락해서로 자신의 사번을 추천자로 넣어 달라는 통에 곤혹스러운 상황이 되곤 한다. 은행 임원으로 있는 친구에게 물어보았다.

"왜 자네 은행은 이런 카카오 같은 앱을 만드는가?"

"은행도 플랫폼 비즈니스라는 것을 알았거든."

세상에서 가장 보수적인 은행이 플랫폼 비즈니스라는 말을 하다니 놀라운 현실이다. 은행은 세상의 플랫폼 비즈니스가 가진 산업적 파괴력을 감지하고 진입하는 중이다.

하지만 이들은 막상 '신세계'에는 진입했지만 무엇을 어떻게 해야 할지 모르고 우왕좌왕하고 있다. 하나은행의 경우 연말까지 천만 명의 가입자를 유치한다는 계획을 세우고 총력전을 벌이고 있지만 모인 가입자를 어떻게 활용할 것인지, 어떤 비즈니스를 연동해야 하는지에 대해서는 생각하지 못하고 있다.

은행들이 헤매고 있는 것은 너무도 당연하다. 사용자들 유입시키고, 그들의 친구를 불러들이고, 새로운 콘텐츠를 연동하고, 결재를 유도하고, 이런 일들은 모두 게임의 핵심역량이기 때문이다. 금융의 상품별 연동, 가상화폐 기반의 핀테크, 고객 관리와 증식 등은 게임사가 지난 20여 년간 축적해 온 노하우에 기반을 둔다. 게임의 노하우와 금융이 융합할 절호의 기회이다.

더구나 미래의 은행은 전부 인터넷상의 가상 비즈니스가 될 것이기 때문에 더더욱 그렇다. 아직 은행들이 안개 속에서 헤매고 있는 지금 작전명령 1호!

"게임이여, 금융을 접수하라."

그런데 여기서 문제는 게임사들이 이런 자신들의 영토에 침입자가 들어온 것을 모르고 있다는 것이다. 게임사는 금융에 게임 노하우를 이식할 수 있다는 가능성조차 인지하지 못하고 있다.

한국 게임사는 지난 20년의 세월 동안 너무나 많은 기회를 놓쳤다. 중국시장을 놓쳤고, 비트코인과 같은 가상화폐를 놓쳤고, PC방이라는 혁신적 유통망을 글로벌 전개할 기회를 놓쳤다. 그리고 이제 금융과 융합할 수 있는 절호의 기회를 놓치려 하고 있다.

조선 시대 조총의 가능성을 보지 못한 선조들의 무능함이 오늘날 다시 재현되어서는 안 된다. 백 년 후 후손이 우리를 어떻게 평가할지 밤을 새워 고민해야 할 때 아닌가.

HOW TO MAKE THE KOREAN INNOVATION MODEL?

창작자여, 야성을 회복하라

미국 음악가 밥 딜런이 노벨 문학상을 받았다. 그는 116년 만에 최초로 소설가와 시인을 제치고 수상자로 선정됐다. 음악가가 수상하니 논란도 뜨겁다. 뉴욕타임즈는 '왜 딜런은 노벨상을 받으면 안 되는가'라는 칼럼에서 "그는 위대한 음악가이기에 위대하지만, 음악가에게 노벨상을 줄 때 작가에게 줄 기회를 놓치게 된다"며 비판했다.

하지만 정작 당사자인 딜런은 무덤덤한 것 같다. 수상 다음 날 공연에서 청중들이 '노벨상 수상자'라고 연호하며 열렬한 박수와 함성을 보냈지만 딜런은 별 반응이 없었다. 나도 학창시절 즐겨 들었던 그의 노래 '블로잉 인 더 윈드(Blowin' in the Wind)'는 이런 가사로 채워진다.

"얼마나 많은 포탄이 날아야 영원히 포탄 사용이 금지될 수 있을까. 친구여, 그 대답은 바람에 흩날리고 있다네"

딜런은 1960년대 베트남 반전 운동의 기수였다. 1960년부터 1975년까지 16년의 베트남전 동안 미군은 전사자 5만 7939명, 부상자 75만 2,000명이라는 막대한 인명손실을 냈다. 더구나 베트남전은 부도덕한 전쟁으로 전 세계인의 지탄을 받은 전쟁이었다. 이런 미국의 부도덕함에 정면으로 저항한 운동이 1960년대의 반전 운동이고, 딜런은 그 소용돌이의 한가운데 서 있었다.

예술가이기에 그는 본능적으로 인간의 아픔과 고통을 감지했고, 그의 감수성은 전쟁을 반대하는 노래로 이어진 것이다. 노벨상 심사위원회는 무려 40여 년이 지난 다음에야 그의 영혼과 음악성을 자각한 셈이다.

사회적 저항이라는 공통점은 이번에도 아쉽게 문학상을 놓친 후보 1위, 무라카미 하루키도 마찬가지다. 하루키는 매년 노벨 문학상 후보 1, 2위를 다투지만 아직 수상의 행운은 그를 맞이하고 있지 않다. 하루키는 1960년대 일본학생운동 조직이었던 '전공투' 열풍 속에서 청춘을 보낸 인물이다. 그는 소설 '노르웨이의 숲'에서 이렇게 쓴다.

"'전학생 스트라이크에 총력을 결집하라' 선동하는 학생의 연설은 훌륭했고 내용에 이견은 없었지만 문장은 설득력이 없었다. 그들의 진짜 적은 국가 권력이 아니라 상상력의 결핍이 아닐까하고 나는 생각했다."

하루키도 일본 사회의 대립과 국가 권력에 대한 젊은이들의 저항 속에 고뇌하면서 인간의 본질에 대한 깊은 통찰력을 지니게 된다. 그리고 그것은 창작에 대한 강렬한 에너지가 되었다.

한국의 명작, 온라인게임에도 그런 인물이 있다. 엔씨소프트의 김택진 사장이다. 그는 나와의 인터뷰에서 이렇게 말한 적이 있다.

"1980년대 대학 시절 비록 학생운동에는 참가하지 않았지만 그들을 보면서 우리 사회를 위해 무엇을 해야 할지에 대해 고민했다.

한글 워드프로세서 개발이 한 가지 방법이라고 생각했다."

지금도 김택진 사장이 개발 현장에 집착하고 있는 것은 바로 그런 의무감과 사명감 때문이 아닐까.

불후의 콘텐츠는 야성에서 나온다. 그러나 지금 한국 창작자들은 너무도 온순하다. 굶주린 늑대가 아니라 배부른 강아지 같다. 그들은 자기 검열과 국가 권력의 검열이라는 이중의 사슬에 묶여 있다. 영등위는 영화를 감시하고 게임물관리위원회는 게임을 감시한다. 창작자들은 이런 환경에 길들여져 있다. 게임 개발자들의 머릿속에는 전체이용가, 12세, 15세 이용가의 기준표가 들어 있다. 영화도 세계인이 아니라 한국인의 감성만 자극하는 사극 영화나 만들어 돈을 번다. 이러니 40년 후에도 한국이 노벨상을 받을리 만무하다.

딜런이나 하루키가 40년 후의 노벨상을 기대하고 저항한 것은 아니다. 그냥 예술적 본능, 가장 인간의 아픔을 가장 예민하게 감지하는 그들의 본능에 충실한 것뿐이다. 지금 우리의 창작자들에게 필요한 것은 이런 본능이 아닐까.

HOW TO MAKE THE KOREAN INNOVATION MODEL?

게임이 아닌 게임, 게임을 넘은 게임으로 진화해야

게임은 무엇인가?

이 근본적인 질문을 던져볼 시점이 되었다. 특히 게임 산업의 미래, 한국의 미래라는 측면에서 짚어볼 시점이 된 것 같다.

현재 한국 게임산업에서 가장 우려스러운 점은 혁신의 엔진이 정지된 상태라는 것이다. 1990년대 중반부터 한국은 세계 온라인 게임의 혁신을 주도했지만 스마트폰 기반 모바일게임에는 뒤처졌고, VR과 AR에서는 수세적이다. 과거 온라인게임이 보여주었던 반응 속도에 비해 역동성이 현저히 떨어져 있다. 출시 7개월 만에 다시 한국에서 광풍을 불러일으키고 있는 포켓몬고에 대한 대응을 보면 알 수 있다.

우리가 압도적인 경쟁력을 가졌던 해외 시장, 특히 중국시장을 보면 격세지감을 넘어 상전벽해를 느낀다. 2000년대 중반 중국 굴지의 기업 회장은 우리나라 게임사의 과장과 미팅했고, 중국 퍼블리셔들은 한국 게임을 수입하기 위해 줄 섰다.

그러나 지금은 상황이 완전히 역전되었다. 우리의 게임사 대표들은 중국 퍼블리셔 한국 법인장(본사 대표가 아니다)을 만나기 위해 줄을 서고 있고, 중국 게임사가 우리 인력을 스카우트해가는 것에 전전긍긍하고 있다. 전통적인 온라인게임이나 모바일게임으로 중국을 역전시킬 것 같지도 않다.

여기서 해법은 무엇인가.

첫째는 혁신의 바퀴를 다시 돌리는 것이다. 즉 4차산업혁명과 게임의 전면적인 결합이다.

이세돌 9단을 이긴 알파고의 개발자 데미스 하사비스가 원래 게임개발자였다는 사실은 흥미롭다. 우리가 게임을 게임으로만 바로 볼 때 그는 게임을 넘어 '게임을 하는 게임(인공지능)'을 구상했다. 게임과 인공지능의 다양한 결합은 특히 '오타쿠'의 메카 일본에서 급속히 발전하고 있다. 우리도 시급히 게임 내 인공지능의 도입을 넘어 인공지능 내 게임의 도입을 서둘러야 할 것이다. 로봇과 게임의 결합 역시 마찬가지다.

둘째는 생산재로서의 게임이다.

지금까지의 게임이 단순 소비재였다면 이제부터의 게임은 생산재가 되어야 한다. 이미 G러닝이나 기능성게임(Serious Game) 등에서 알 수 있듯이 게임은 산업적 결합의 기반으로 작용하고 있는데 VR이 등장하면서 이런 현상은 가속화되고 있다.

교육부는 이미 수학을 포기한 학생들을 위한 게임형 콘텐츠를 도입하겠다고 발표했고 의료기업도 의학 교육을 위한 VR을 개발 중이다. 이처럼 생산적 용도로서의 게임은 미래의 중요한 트렌드가 될 것이다.

HOW TO MAKE THE KOREAN INNOVATION MODEL?

G러닝으로 글로벌 진출

2010년 미국 UCLA의 CRESST(교육평가연구소) 소장인 에바 베이커 교수를 만난 적이 있다. 그녀는 내가 추진하는 한국 G러닝(온라인게임 기반 교육)에 깊은 관심을 보여주었다. 한국의 최근 교육 현황에 대한 이야기가 시작되면서 내가 "공교육에서의 교육 격차 문제가 한국에서 큰 사회적 논란이 되고 있다"고 하자 그녀는 갑자기 웃음을 터트렸다. 내가 의아한 표정을 짓자 베이커 교수는 미국의 공교육이 처한 상황에 비하면 한국은 엄청난 성공 모델이라고 했다.

그녀의 이런 반응은 몇몇 미국 학교를 조사해 보고 나서 금방 이해가 되었다. LA의 한 초등학교는 라틴계가 70% 이상을 차지해 영어로 수업이 이루어지지 못하고 있었다. 다른 학교는 30개 이상의 언어권 학생이 섞여 있어 교육에 어려움을 겪고 있었다. 고교생의 중도탈락은 이미 심각한 사회 문제로 대두되고 있었다.

만일 한국에서 절반의 학생이 졸업하지 못하고 중도탈락하는 고교가 대도시에 수두룩하다면 이는 정권의 존립 문제로 비화할 것이다. 그러나, 미국에는 이런 학교가 수두룩하다. 미국 전체 고교의 13%에서는 40% 이상의 학생이 제때 졸업하지 못하거나 중도탈락하고 있다. 또 필라델피아, 댈러스, 휴스턴 등의 많은 대도시에는 중도탈락률이 55%를 넘는 고등학교도 상당수이다. 고교 졸업은 미국 정부의 지상과제다.

지난 2002년에 이런 교육 문제의 심각성을 인식한 공화, 민주 양당이 합동으로 교육법을 개정하여 'No Child Left Behind'라는 법안을 만든 바 있다. 이는 무슨 수를 쓰더라도 교육에서 뒤처진 아이를 내버려 두지 않겠다는 법안이지만 8년이 지난 지금 미국 교육 상황이 개선되고 있다는 조짐은 거의 없다. 아니 최근의 경제 위기는 이러한 교육 상황을 더 악화시키고 있다.

지난 2년간 미국 정부의 교육 예산이 대폭 삭감되면서 교사들이 대량 해고되고 있으며, 필수과목이 아닌 예체능 과목이 가장 먼저 교과 과정에서 사라지고 있다. G러닝은 이렇듯 위기에 직면한 미국 공교육을 정상화시킬 수 있는 유력한 대안 중 하나로 미국에서 인식되고 있다.

G러닝이란 온라인게임이 가지는 흥미와 몰입 요소에 학습 커리큘럼을 결합시켜 학습에 대한 강한 몰입 속에서 학업성취도를 향상시키는 혁신적인 교육방법이다. 게임하는 것과 같은 즐거움 속에서 학습하는 것이 G러닝인 것이다. G러닝은 2003년 중앙대의 경영학 수업에서 처음 개발된 이래 지금은 문화부와 교과부가 추진하는 8개 초등학교 시범학교로 확산되어 있다. 수학과 영어 과목의 정규 수업 시간에 G러닝은 교과서처럼 사용되고 있다.

바로 이런 한국이 만든 G러닝을 미국인들이 주목하고 있다. 그래서 미국 공교육에 G러닝을 도입하기 위해 10여 명의 미국학계와 산업계 인사들로 구성된 'G러닝 커미티(위원회)'가 2010년 6월 LA

에서 발족되었다. 할리우드의 작가이자 감독인 테니슨 스티드는 자기의 지인에게 G러닝을 소개하면서 이렇게 표현하고 있다.

"G러닝은 말 그대로 가상 세계와 사회적 대중 매체를 실시간으로 교실 안에서 상호 작용하도록 통합시키면서 한국 공교육 시스템에 혁명을 불어 넣었네. G러닝은 세계적 차원에서 절대적으로 필요한데 심지어 그리 비싼 것도 아니라네."

지금까지 '코리안 웨이브(한류)'로 불리는 한국 콘텐츠가 미국시장에 진입해 왔지만 주변부에 머물러 있는 것이 사실이다. 영화, 애니메이션, 게임과 같은 한국 콘텐츠가 미국 주류 시장으로 진입하려면 높은 문화적 진입 장벽을 넘어야 한다. 미국인들이 '망가, 아니메(만화, 애니메이션의 일본 발음)'라고 부르는 정도의 보편적 수준까지 침투하려면 앞으로도 지난한 인고의 세월을 견뎌야 한다.

그러나 G러닝은 한국이 세계 최고의 경쟁력을 자랑하는 온라인게임을 기반으로 하고 있다는 점, 그리고 콘텐츠의 문화적 진입 장벽이 낮은 교육과 결합되어 있다는 점에서 미국시장에 비교적 쉽게 진입할 수 있다. 한국 하면 6.25를 떠올리는 노인들이 많은 이곳에서 과거에는 상상도 할 수 없었던 한국 교육 콘텐츠(G러닝)의 공교육 진입이 논의되고 있다.

지난 세기 한국이 지식을 미국으로부터의 수입에 의존해 왔다면 이제는 미국으로 수출해야 할 때가 아닌가.

04
창조적 인재를 육성하려면

HOW TO MAKE THE KOREAN INNOVATION MODEL?

인공지능이 인간에 대한 테러를 한다면

이세돌이 알파고에 패배한 것은 인류에 큰 충격과 두려움을 주었다. 많은 사람들은 금방이라도 인공지능이 자신의 직업을 빼앗아 갈 것 같은 두려움을 느낀다. 또 어떤 이들은 터미네이터 같은 영화를 떠올리며 로봇이 인간을 공격하는 미래가 머지않아 올 것이라고 말하기도 한다.

그러나 사실 알파고라는 인공지능이 이세돌을 이긴 것은 그리 놀라운 사건은 아니다. 만일 이번에 이세돌이 이겼다고 하더라도 알파고가 인간을 이기는 것은 시간문제였다. 왜냐고? 영과 일의 디지털 조합으로 구성되는 세계에서 인간은 프로그램에 승리할 수 없기 때문이다. 바둑은 정해진 규칙하에서 움직이는 세계다. 바둑돌은 두 선이 만나는 지점에 놓여야 한다. 따라서 모호함이 배제된 세계에서 인공지능은 반복적인 행위(나는 학습이라고 부르지 않는다)를 통해 자신의 능력을 향상시켜 나간다.

사실 바둑 이전에도 우리 주변에는 수많은 인공지능이 있다. 자동차의 네비게이션이 그것이고, 스마트폰의 글자 자동 수정이 그것이다. 자동차 조립라인에서 일하는 용접 로봇도 머리가 좋은 것은 아니지만 프로그램화된 행위를 하고 있다는 점은 기본적으로 동일하다. 지금 가전매장에서 인기가 있는 청소 로봇 역시 인공지능의 범주에 들어간다.

사실 인공지능의 아이큐를 따져야 한다면 알파고보다 청소로봇이 더 영리해야 할지도 모른다. 알파고는 이분법적인 디지털 세계를 기반으로 하지만, 청소로봇은 모호함을 해석해서 행동을 한다, 안 한다의 이분법적 행위를 해야 한다. 예를 들어, 방바닥에 종이가 구겨져 떨어져 있다고 할 때 청소로봇은 이 종이를 어떻게 처리해야 할까? 그 종이가 중요한 서류지만 집주인이 착각해 무심결에 버린 것일 수도 있고, 아니면 그냥 쓰레기일 수도 있다. 여기서 청소로봇은 종이의 구겨진 정도나 찢어진 정도, 주인의 행동 패턴을 반복적으로 관찰해 쓰레기와 서류를 구별할 것이다. 때로 청소로봇은 글자를 해독해 쓰레기 여부를 판단할 수도 있다.

굳이 청소로봇의 이야기를 한 것은 우리가 새삼스럽게 알파고에 놀랄 필요가 없다는 말을 하고 싶어서이다. 오히려 이번 대국을 통해 구글이 인공지능 시장의 리더로 자신을 각인시켰을 뿐 아니라 주가 상승으로 기업 가치가 무려 58조 원이나 증가했다는 사실이 더 재미있을 뿐이다.

그럼에도 여전히 인간의 미래가 불안하다면 과거 18세기의 러다이트 운동을 떠올려 볼 필요가 있다. 기계에 의한 상품의 대량 저가 생산이 수공업적 숙련공을 압박하여 임금 인하와 실업을 초래한다고 생각한 영국 노동자들이 분노해 닥치는 대로 기계를 파괴한 것이 러다이트 운동이다. 하지만 지금의 노동자들은 공장 내 용접 로봇을 파괴하지 않는다. 오히려 로봇을 제거하고 노동자에게 용접을 하라면 분노하지 않을까.

벨기에 수도 브뤼셀에서 연쇄 폭탄 테러가 발생해 최소 34명이 숨지고 230여 명이 다쳤다고 한다. 벨기에 경찰은 IS에 의한 자살 테러 공격으로 추정하고 있다. 인간이 인간을 살해하는 비극이 여전히 발생하고 있는 것이다. 그런데 앞으로는 인간이 인공지능을 이용해 인간을 공격하는 일이 벌어질 수 있다는 데에 인공지능의 고민이 있다.

이미 그것은 일부 현실화되어 있기도 하다. 미군의 무인기를 이용한 테러 용의자 공격이 아프간이나 이라크에서 일상화되고 있다. 지금은 공격 목표를 무인기에 입력하는 방식을 취하고 있지만 머지않은 미래에 인간의 얼굴이나 신체적 특성을 입력해서 용의자가 발견되면 바로 공격하는 '인공지능 솔져'가 등장할 것이다. 그리고 이에 맞서 테러리스트들은 인공지능과 로봇을 사용해 사람들이 가장 많이 모이는 장소를 공격할 것이다. 인공지능과 드론의 결합은 이런 테러를 너무도 간단하게 만들고 있다.

이세돌은 처절하게, 그리고 인간스럽게 기계와 싸워 1승을 거두었다. 향후 인공지능은 더욱 깊이 그리고 더욱 많은 분야에 진입할 것이다. 이제 우리도 기계와 다른 인간이 무엇을 할 수 있고, 어떤 가치가 있는지를 고민해야 하지 않을까.

HOW TO MAKE THE KOREAN INNOVATION MODEL?

청년들이여, 사령부를 포격하라

1995년 봄 서른을 넘은 늦은 나이에 일본 유학을 떠나기에는 큰 결심이 필요했다. 일본 대학은 박사학위를 쉽게 주지 않기 때문에 10년이 걸릴 수도 있다는 외삼촌 말씀에 홀로 계셨던 어머니는 돌아서서 하염없이 눈물만 흘리셨다.

격동의 1980년대와 민주화 운동의 여진 속에 살아온 나에게 일본은 너무나 평화로운 곳이었다. 소음이 없이 고요한 도쿄의 주택가, 상대에게 폐를 끼치지 않으려는 배려심, 당혹스러울 정도의 정치적 무관심과 소시민적인 자기 취향에 대한 집착은 격동기의 한국과 너무도 대조적인 모습이었다. 한 번은 민영TV가 역사 교육의 문제를 다루기 위해 시부야를 방문, '고갸루(여고생)'를 취재한 적이 있었다. 기자가 여고생에게 "태평양 전쟁 당시 미국과 일본이 전쟁한 것을 알고 있느냐"고 묻자 그 학생은 깜짝 놀라며 "정말이에요? 그런데 누가 이겼나요"라고 되묻는 어처구니없는 영상이 방영된 적도 있었다. 어쨌든 일본은 격렬한 대립 속의 한국과 다른, 좋은 의미든 나쁜 의미든 다른 나라였다.

그러나 같고, 다름을 넘어 절대로 일본에서 배워서는 안 된다고 생각한 것이 세 가지 있었다. 그것은 청소년의 이지메(왕따), 노인의 고독사 그리고 젊은이의 무기력이다. 1990년대 중반까지 이런 용어는 한국 사회에서 극히 생소했다. 그러나 이 단어들은 지금 우리 사회에서 너무도 흔한 일상적인 용어가 되어 버렸다.

유학 첫해 역사와 전통을 자랑하는 도쿄대 검도부에 가입한 유일한 외국인이었던 나는 법학부 4학년 선배(?)와 식사를 함께 하게 되었다. 초 후지오 도요타 회장, 쿠니마쯔 다카지 경찰청 장관 등 유수한 인물을 배출한 검도부였으니 그 프라이드는 대단했다. 더구나 도쿄대 법학부는 일본 관료의 중추를 배출하는, 최고의 엘리트 양성소였다.

그 법학부 학생에게 질문을 던졌다.

"미래의 꿈이 무엇인가요?"

그 학생이 주저 없이 대답했다.

"미쓰비시 물산에 입사하는 것입니다."

순간 내가 당혹스러웠다. 다시 물었다.

"취직이 아니라 당신의 미래에 대한 꿈을 묻는 겁니다."

오랜 침묵을 지키던 그가 대답했다.

"미쓰비시 물산인데요…"

이런 대답은 단지 그 학생 한 사람만의 것은 아니었다. 박사학위를 취득한 후 대학 강단에 섰을 때는 또 한 번의 당혹스러움을 맛보아야 했다. 수업 중에 내가 던진 질문에 대해 일본 학생들은 의사표시를 하지 않았다. 손을 들어 찬반 의사표시를 하라고 해도 대다수는 눈치만 보고 침묵했다.

그로부터 15년의 세월이 지난 지금 나는 한국의 대학에서 당시 일본 학생과 똑같은 모습을 보고 있다. 학생들은 의사표시를 하지 않는다. 찬반을 물어도 묵묵히 입을 다물고 있다. 그래서 개강 첫 시간에는 항상 학생에게 룰을 선언한다.

"여러분이 찬반 의사표시를 하지 않으면 의견이 없는 것으로 간주한다. 싫으면 의견을 명확히 표시하라"

수업이 종강을 향해 갈 즈음이 되서야 학생들은 자신의 의견을 개진한다.

1966년 8월 5일 '사령부를 포격하라'는 모택동의 대자보에서 시작된 중국의 문화대혁명은 1976년까지 10년에 걸쳐 중국 전역을 뒤흔들었다. 이 과정에서 중국의 유교적 전통이나 문화는 반혁명적인 것으로 몰려 철저하게 파괴되었다. 물론 문화대혁명의 본질은 반대파에 대한 권력투쟁이었지만 홍위병으로 대변되는, 젊은이들의 기존질서에 대한 부정이라는 또 다른 측면도 있었다. 기존 질서에 대한 중국의 부정은 한국의 386세대, 일본의 60년대 전공투 학생운동과도 궤를 같이한다. 그리고 훗날 기존 질서에 대한 부정과 항의는 새로운 창조에 대한 강렬한 에너지로 재생산된다. 세계 문화사에 획을 그은 일본의 애니메이션, 중국의 영화, 한국의 게임은 이러한 반항과 부정의 에너지를 토양으로 해서 자라난 창조물이다.

도산 안창호 선생은 "낙심은 청년의 죽음이요, 청년이 죽으면 민족이 죽는다"고 말한 바 있다. 우리의 청년들이 입시경쟁과 취업난 속에서, 기성세대의 압박 속에서 죽어가고 있는 것은 아닌

가. 창조를 논하기에 앞서 우리의 젊은이들을 들여다보아야 할 때이다.

HOW TO MAKE THE KOREAN INNOVATION MODEL?

대학은 죽었다

내가 재직하는 중앙대에 백발이 성성한 노교수님이 계셨다. 그분은 자주 교정의 잔디밭에서 잡초를 뽑곤 하셨다. 혼자만 뽑는 것이 아니라 지나가던 학생을 불러 세워 함께 묵묵히 잡초를 뽑았다. 때로는 여름의 따가운 햇살을 받으며, 때로는 늦가을의 차가운 바람을 맞으며 그 교수님은 본관 앞 잔디밭에 계셨다. 그분이 정년퇴직한 지금, 잔디밭에 학생을 불러 세워 함께 잡초를 뽑는 교수는 아무도 없다. 이 노교수님이 학생들에게 가르치려고 했던 배려, 공동체에 대한 공헌을 가르치는 교수는 없다. 이제 뒤늦게 한국 사회에서 인성을 강조하지만 정작 대학에는 인성을 가르칠 만한 교수가 없다.

그렇다고 대학이 실전능력이나 전문성을 가르치는 곳도 아니다. 한 글로벌 기업의 전무가 나에게 이렇게 말한 적이 있었다. "파워포인트나 엑셀 같은 기본적인 업무 소프트웨어를 쓸 줄 모르는 신입사원이 태반이라 충격이었습니다." 이해가 되지 않아 수업 시간에 조사를 해보았더니 정말 절반이 넘는 학생이 사용한 적이 없었다. 왜냐하면 대학 수업의 대부분이 그냥 앉아서 필기하고 암기해서 시험을 치기 때문이다.

"베리타스 룩스 메아(진리는 나의 빛)"라는 중세 대학의 존재 이유처럼 진리에 대한 깊은 천착을 가르치는 대학 역시 오래전에 사라졌다. 대학 강의실은 무엇이 옳은 것인가를 치열하게 토론하는 대신 교수가 말하는 내용을 누가 충실하게 답안지에 기입하는가가 중요하게 되었다.

1980년대 내가 대학을 다닐 때 일이다. 경영학 전공수업을 하던 중 교수님이 강의실의 학생들에게 "지금 유행하는 종속이론이 무엇인지 설명해 달라"고 하셨다. 친구들에게 떠밀린 내가 간략히 그 이론을 설명하자 교수님은 "아, 이런 내용인 것 같군"이라고 해석하였다. 문제는 바로 그 순간이었다. 선후배들과 세미나 하던 습관이 그냥 툭 튀어나와 버렸다. 나도 모르게 "그건 교수님이 제 말을 이해하지 못한 것 같네요"라고 한 것이다. 순간 당황하신 교수님의 표정은 지금도 잊혀지지 않는다. 이런 대형사고를 쳤음에도 나는 F가 아니라 B라는 성적을 받았다. "old good times(오래전 좋은 시절)"의 대학에서 교수들은 학생들의 진리 탐구에 대한 열정을 이해해 주었다.

대학이 한국 사회 문제 해결에 기여하는 것도 아니다. 한국의 대학은 1970년대와 1980년대에 한국 사회의 중요한 지식 발신 거점이었다. 미국에서 생산된 지식을 가장 빨리 흡수해 사회 전반에 전파하는 역할을 했던 곳이 바로 대학이었다. 공학이건 경제학, 경영학이건 분야를 막론하고 글로벌 사회를 이끌어가는 미국의 첨단 지식을 흡수해 한국에 전파한 것이다. 그러나 이제 한국은 미국과 다른 독자적인 사회 시스템과 사회적 과제를 안고 있어 외부 지식의 흡수만으로는 한계에 직면해 있다.

예를 들어 한국 사회에서 심각하게 논란이 되고 있는 빈부격차의 증대나 청년 실업 문제는 사실 이미 선진국, 특히 2000년대 전후 유럽이나 일본에서 심각한 이슈가 되었던 사안이었다. 당시 유럽에서는 지금에야 우리가 고민하기 시작하는 '잡 쉐어링(일자리 공유)'이나 파트 타이머의 정규직 대우 등에 대한 고민을 하고 있었다.

또 빈부격차나 중산층 소멸과 같은 뜨거운 이슈를 놓고서도 이들 국가의 교수들은 고민하고 있었다. 그러나 한국 사회가 동일한 고통에 휘말려 있는 지금 그에 대한 대안이 한국의 대학에서는 나오지 않는다. 왜냐하면 한국의 대학은 해외 지식의 흡수에 특화되어 있어 독자적인 지식의 생산에는 취약하기 때문이다.

한국의 대학은 존재가치를 도전받고 있다. 안으로는 한국 사회에 기여하기를 요구받고 있고 밖으로는 하버드와 MIT가 중심이 된 EdX나 스탠퍼드 대학이 중심인 코세라 같은 온라인 대학강의가 위협하고 있다. 지미 웨일즈 위키피디아 회장은 "앞으로 대학교육은 급변해 글로벌 온라인대학교가 생기고 대부분 무료로 강의를 듣게 될 것이다"고 말한 바 있다. 한국 대학은 절체절명의 위기 상황이다.

HOW TO MAKE THE KOREAN INNOVATION MODEL?

교수에게 돌을 던져라

안종범, 조원동, 김종, 김상률, 김종덕의 공통점은 무엇일까. 최순실 국정농단의 조연들이라는 것은 쉬운 답이다. 공통점은 또 있다. 잘 모르겠다면 다음 이름을 추가하면 더 쉽게 답할 수 있을 것이다. 최경희, 김경숙, 남궁곤, 류철균이다.

이제야 독자들은 씁쓸하게 웃을 것이다. 그렇다. 이들의 공통점은 교수다. 대한민국 지식인 사회의 정점에 있는 교수들이다. 한국 사회에서 존경받는 지위에 있는 교수들이 최순실의 하수인이 되었고, 그녀의 딸 정유라를 위한 학사 비리를 저질렀다.

1970년대와 1980년대, 교수는 지식인이자 저항의 상징이었다. 1980년만 해도 5.18 광주민주화운동 때문에 전국적으로 해직된 교수들은 87명이나 되었다. 또 대학에 남아 있던 교수 가운데도 지식인으로 행동한 분들이 많았다.

당시 독재정권은 교수들의 수업을 감시했다. 학내에 사복 경찰이 들어와 요주의 교수의 수업 내용까지 기록하는 상황이었다. 누가 학생인지 모르는 상태에서 교수라도 발언하기 지극히 어려운 상황이었다. 그런 속에서도 서울대 최종고 교수의 법학개론은 아직도 기억에 남는다. 어느 날 교수님은 "사적 소유에 반대하는 사람은 손들어 보라"고 했다. 내가 손을 들어 "우리나라에서는 수업

시간에 그런 이야기를 할 수 없습니다"라고 말했다.

최 교수님은 내 수업은 괜찮으니 의견을 말해 보라고 했다. 몇몇 학생이 손을 들었고, 교수님은 이렇게 말했다.

"여러분은 사적 소유를 부정하는 공부를 하는 걸로 아는데 그래도 이렇게 긍정하는 사람이 많구먼. 허허."

하지만 이제 대학에서 그런 가치 판단의 문제와 무엇이 옳은가를 논하는 수업은 거의 없다. 연구비를 잘 끌어오는 교수, 별 가치 없는 논문을 대량 생산해 학교 랭킹에 공헌하는 교수가 인정받는 곳이 대학이다. 지식인으로서의 교수는 죽었다.

대한민국 교수에게 주어진 두 번째 역할은 지식 창조자이다. 한국 사회는 팔로워에서 혁신자로 이행하는 과도기다. 이는 기업에서 사회, 그리고 대학에 이르기까지 모든 사회 조직에 주어진 과제이자 숙명이다. 과거 캐치업(catch-up) 방식의 성장 모델, 즉 선진국의 제품을 빠르게 모방하는 방식은 이제 통용되지 않는다. 한때 IT나 인터넷에서 한국은 세계를 주도하는 이노베이터(혁신자)가 되었지만 이제 더 이상은 아니다. 4차산업혁명의 주요 모듈인 AI(인공지능)나 로봇, 3D프린터, IoT 등에서 한국은 더 이상 리딩 컨트리(leading country)가 아니다.

여기서 한국의 교수는 한국 사회의 돌파구를 열어주는 선구자로서 역할을 해야 하지만 그런 역할 역시 미미하다.

세 번째 교수의 역할은 고유 기능인 교육이다. 다만 과거와 같이 화이트칼라 대량생산 공장으로서의 대학이 아닌 미래 사회에 걸맞은, 창의적 인재 교육의 주체로서의 교수다. 아니, 창의적 교육까지는 못해도 좋다. 지금 좌절하고 있는 대학생들에게 그나마 공정하다고 느낄 수 있는 교육이라도 하면 다행이다.

나는 수업 첫 시간에 학생들에게 이렇게 말한다. 우리 사회에는 불평등이 만연하고 있다고, 하지만 적어도 내 수업에서만큼은 평등하도록 노력하겠다고, 노력하는 학생이 좋은 성적을 받을 수 있도록 하겠다고. 그래서 취업한 학생에게조차 똑같이 과제 제출과 수업참여를 하도록 해 왔다. 이유는 단순하다. 나는 학생을 교육하는 교육자이기 때문이다.

교수는 대한민국을 지탱하는 최후의 보루가 되어야 한다. 아무리 사회가 부정으로 얼룩져도 대학과 교수는 달라야 한다. 그런 점에서 이번 최순실 국정농단과 이화여대 사태는 한국사회에 너무나 큰 충격을 주었다.

조선말 유학자인 황현은 '매천야록'에서 서원철폐령을 이렇게 쓰고 있다.

"서원의 설치는 최초에는 좋은 생각에서 시작된 것이다. 그러나 서원은 폐단이 많아 그들을 가리켜 가죽을 뚫고 골수를 빨아먹는 남방의 좀이라고까지 불렀다. 서원철폐라는 비상지변을 당한 서원 내 유생들은 미쳐서 날뛰어 반대하는 상소가 연달았으나 양식 있는 이들의 비웃음을 받았다."

1871년 대원군의 서원철폐령에 의해 47개 서원만이 남고 수백개의 서원이 폐쇄되었다. 만일 이런 식으로 대학교수가 사회에 기

HOW TO MAKE THE KOREAN INNOVATION MODEL?

한국 지식생태계가 붕괴되고 있다

북송의 시인 소동파는 지식인의 고뇌를 이렇게 말하고 있다. "인생은 글자를 알면서 우환이 시작된다. 이름 정도 쓰는 정도면 편히 쉬면서 살 수 있다."

소동파가 말한 식자우환(識字憂患).

백번 맞는 말이다. 사리 분별과 사회정의에 대한 고민이 시작되면 인간은 편히 쉴 수도, 번뇌에서 벗어날 수도 없다. 제아무리 "만족한 돼지보다 불만족한 인간이 되는 편이 낫다(존 스튜어트 밀)"고 설득한 들 지식인의 태생적 괴로움은 사라지지 않는다.

그럼에도 난세가 도래하면 반드시 지식인은 새로운 이론을 가지고 등장한다. 지식인이란 배부른 돼지 상태에서는 별다른 사상을 만들지 못하지만 배고픈 소크라테스, 아니 전쟁과 대립이 난무하는 난세가 되면 반드시 새로운 사상을 창조한다. 기원전 700년~200년 전 사이의 중국 춘추전국시대도 그랬다. 이 시대는 유가(儒家), 묵가(墨家), 도가(道家), 법가(法家) 등 9개의 학파가 등장해 치열하게 논쟁한 백가쟁명의 시대로 중국 사상의 황금기이기도 하다.

지금 대한민국은 난세다. 남북의 대립이 격화되고 있고, 중국과 미국의 틈새에 끼어 오도 가도 못하고 있다. 한때 IT산업을 기반으로 나라가 잘 나가다 싶더니 어느새 저성장의 늪에 빠져 허우

적거리고 있다.

일부 젊은이들은 자신들의 조국을 저주하는 '헬조선'이라는 말을 서슴없이 쓴다. 그도 그럴 것이 과거 세대와는 달리 이들은 자신의 삶이 과거보다 나아질 것이라는 희망이 없다. 그저 60세 정년까지 잘리지 않고 몸을 보존할 수 없는 일자리가 있으면 앞다투어 달려간다. 미래에 대한 불안 때문에 젊은이들은 결혼을 미루고 결혼해도 출산을 주저한다.

한국은 미래의 준비라는 측면에서도 위기다. 과거 캐치업 방식의 성장 모델, 즉 선진국의 제품을 빠르게 모방하는 방식은 이제 끝났다. 그리고 한때 IT나 인터넷으로 한국은 세계를 주도하는 이노베이터(혁신자)가 될 수도 있었지만 이제 그 가능성은 사라져가고 있다.

이런 난세니 새로운 지식이 등장, 백가쟁명의 시대가 되어야 하지만 정작 대학과 지식인은 조용하다. 지식의 산실인 대학, 1980년대 사회 변혁에 대한 온갖 이론이 쏟아져 나왔던 한국의 대학은 지금 아무런 움직임이 없다. 왜냐하면 한국의 학계는 독자적인 한국적 지식을 생산하는 생태계가 붕괴되어 있기 때문이다. 특히 이러한 붕괴는 인문, 사회과학에서 현저하다.

이런 붕괴의 가장 큰 이유는 교수의 업적평가 제도다. 미국이나 일본, 유럽의 상위 대학은 사회에 영향을 미친 저작물, 특히 장기 연구의 결과물인 저서의 유무를 중요하게 판단한다. 그러나 한국의 대학은 교수의 연구업적평가에서 저서를 제외한다. 그리고 별 의미 없는 논문의 생산량만을 가지고 평가한다. 아무리 연구해도 업적으로 인정되지 못하고, 아니 업적 미달로 징계받는 상황이니 누가 지식의 생산 공장을 가동하려 하겠는가. 더구나 1년이라는 단기 평가로 재단하는 데 누가 장기 연구를 하려 하겠는가.

일본의 서점에 가보면 '일본의 잃어버린 20년'을 분석한 저서가 책장에 가득하다. 그러나 한국의 서점에는 IMF위기에 대한 저서들이 별로 없다. 이런 지식의 부재 속에 우리는 외국의 교수를 비싼 돈 주고 모셔다 그들의 책 보면 다 나오는 내용을 열심히 듣는다.

조선 후기 국가적 위기 상황에서 실학파가 등장해 다양한 대안을 쏟아냈다. 다시 제2의 실학파 등장을 위해 어떻게 망가진 지식 생태계를 복원해야 할지 고민할 시점 아닌가.

HOW TO MAKE THE KOREAN INNOVATION MODEL?

종말로 향하는 한국 대학들

생자필멸(生者必滅). 태어난 자는 반드시 소멸한다는 불교 용어다.

이 말은 생명이 아닌 기업이나 정부 조직에도 해당한다. 인간이 만든 모든 조직은 생물처럼 생로병사를 거쳐 사멸해 간다. 로마제국은 천 년을 유지했지만 콜로세움을 남기고 사라져 갔다. 혁신기업의 대명사로 여겨졌던 미국기업 코닥은 디지털카메라라는 혁신의 물결에 휩쓸려 소멸했다. 1976년 미국 필름 시장의 90%, 카메라 시장의 85%를 점유했던 코닥은 2012년 파산신청을 해 132년의 역사에 종지부를 찍었다.

최고의 고등교육 기관인 대학 역시 생자필멸이라는 운명에서 벗어날 수 없을 것 같다. 근대 대학의 기원은 12세기경 설립된 이탈리아 볼로냐 대학과 프랑스의 파리대학에 있다. 볼로냐 대학은 11세기 이래 로마법의 권위자인 일네리우스를 비롯한 많은 법학자들이 열었던 개인학교에 모인 학생들의 길드에 기원한다. 이에 반해 파리 대학은 파리 주변의 성당이나 수도원 부속 학교에서 강의하던 교사들이 결집해 탄생한 것이다.

따라서 볼로냐 대학은 학생이 교수를 고용하는 형태로, 파리대학은 교수가 학생을 모집하는 형식을 취하고 있었다. 특히 볼로냐 대학은 지금의 교수들이 보면 기절초풍한 만한 교칙을 제정하고 있었다. 예를 들어, '무단으로 수업을 휴강해서는 안 된다', '학생 길드에 통고하지 않고 도시를 나가서는 안 된다'는 등 교수를 엄격히(?) 통제하고 있었다. 그 후 학생이 교수를 고용하는 형태는 사라졌지만 대학의 탄생 이후 천 년이 지난 지금 대학의 존재를 위협하는 위기가 시작되고 있다.

위기는 두 개의 진원에서 오고 있다. 하나는 IT와 교육의 결합이고, 다른 하나는 사회 진화의 가속화이다. IT와 교육 결합의 대표적인 형태가 온라인 강의인 무크(MOOC)이다. 이를 두고 파우스트 하버드대 총장은 '지진(seismic)'으로, 헤네시 스탠퍼드대 총장은 '쓰나미'로 표현하기도 했다. 또 라파엘 라이프 MIT 총장은 '교육에서 종이 이후 가장 중요한 혁신'으로 표현하기도 했다. 미국을 중심으로 한 글로벌 무크는 점차적으로 한국 대학의 교육 과정을 잠식할 것이다.

글로벌 무크는 한국어라는 언어 장벽으로 겨우 버티고 있는 대학 과정 중 먼저 교양 과정을 파괴할 것이다. 예를 들어 '정의란 무엇인가'로 유명한 마이클 샌델 등의 명강의가 AI에 의한 자동번역을 통해 전달되면 그 순간 대부분의 국내 교양 과정은 문을 닫아야 할 것이다. 다음 타겟은 전공 영역이 될 것이다. 하버드 비즈니스 스쿨의 경영학 강의가 무크로 제공되면 국내의 경영학 교육은 초토화될 것이다. 하버드대의 저명한 마이클 포터 교수와 내가 동시에 전략론 강의를 개설할 때 학생들이 누구의 강의를 선택할지는 자명하지 않은가. 그리고 마침내 삼성전자나 네이버가 입사 자격에서 미국의 무크 과정을 인정하게 된다면 한국 대학은 치명상을 입을 것이다.

또 하나의 위기는 사회 진화의 가속화에서 온다. 예를 들어 한국 대학과 기업의 관계는 1990년대를 기점으로 역전되었다. 그 이전에는 대학이 기업을 견인하는 관계였다면 그 이후는 대학이 기업에 끌려가는 형태가 되었다. 특히 온라인게임이나 IT와 같은 혁신 분야에서 그러한 현상은 더욱 심화되어 첨단지식은 대학이 아닌 기업에서 창출되고 있다. 또한 글로벌 사회가 과업수행형 인간이 아닌 문제해결형 인간, 나아가 문제를 발굴하고 문제를 정의할 수 있는 창의적 인간을 요구하는 데 반해 대학은 여전히 20세기 초 찰리 채플린 시대에나 걸맞은 과업수행형 인간을 양산하고 있다.

그런데 대학이 위기인 더 근본적인 이유는 이러한 급진적 변화를 수용할 수 있는 내적 역량이 결여되어 있다는 데 있다. 대학교수들은 균질화되어 여러 배경과 경험을 기반으로 한 이질성과 다양성이 부족하다. 더구나 지난 10여 년간 대학평가라는 미명하에 진행되어 온 대학의 서열화는 별 의미 없는 논문의 대량생산을 강요했고, 그 과정에서 교수들의 창의성과 자발성은 말살되어 왔다. 대학사회가 냉소와 무관심, 다른 전공 교수들과의 협력이 단절되어 있는 데 어디서 융합을 하고, 혁신을 하겠는가.

내가 20년 후 다시 대학 교정을 찾을 때 어떻게 변화되어 있을까. 두려울 뿐이다.

HOW TO MAKE THE KOREAN INNOVATION MODEL?

한국 대학의 생존 전략

'미지근한 물 속의 개구리'라는 비유가 있다. 개구리를 뜨거운 물 속에 집어넣으면 바로 뛰쳐나오지만, 미지근한 물 속에 집어넣고 서서히 온도를 높이면 그 변화를 감지하지 못한 채 익어 버린다는 이야기다.

한국의 대학은 지금 '미지근한 물 속의 개구리' 신세가 되고 있다. 냄비 속에서 물 온도가 올라가기 있지만 그렇다고 아직 익을 정도는 아니다. 하지만 예민한 '개구리(?)'들은 느낀다. 냄비를 걷어차지 않으면 익어 버리는 것은 시간문제라는 것을.

한국 대학의 위기는 IT와 교육 결합의 대표적인 형태인 온라인 강의 무크(MOOC)와 사회 진화의 가속화에서 오고 있다.

이 시점에서 근본적인 질문을 던질 필요가 있다.

'왜 대학은 존재하는가?'에 대한 질문이다. 이 질문에 대한 답은 두 가지다. 첫째는 한국대학의 글로벌화이고, 둘째는 지식 생산구조의 확립이다.

한국 대학의 글로벌화에 있어 무크는 중요한 무기다. 가수 싸이의 강남스타일은 미국 빌보드차트 7주 연속 2위를 차지하고, 유튜브에서 뮤직비디오 조회 수 25억 건을 넘어섰다. 이런 대기록으로 기네스북에까지 오른 싸이의 전설이 가능했던 것은 미국 기반의 플랫폼 유튜브가 있어서이다. 만일 싸이가 전통적인 음악 유통 채널을 통해 글로벌 시장에 진입하려 했다면 오늘의 영광은 없었을 것이다.

이 점에서 무크와 같은 온라인 강의는 한국 대학에 크나큰 위기이지만 동시에 글로벌 교육 시장에 진입할 통로를 열어주는 트로이의 목마이기도 하다. 과거 대학은 해외에 진출하려면 캠퍼스를 구축하고 학생 수에 맞는 교수진을 확보해야 했다. 그러나 온라인강의는 이러한 시공간적 한계와 비용적 한계를 극복할 수 있게 한다.

예를 들어, 미국 영리 교육기관인 피닉스대학은 한때 등록학생 수가 70만 명을 넘어서기도 했다. 이러한 시도는 대학 운영 형태의 다원화를 가능하게 한다. 온라인강의와 온라인 학생 서포트만으로 운영되는 형태에서 온라인/오프라인 강의의 결합과 오프라인 학생 지도에 이르는 다양한 형태의 대학이 존재할 수 있게 되었다.

둘째, 지식 생산구조의 확립이다. 지금까지 한국의 대학은 지식의 자체 생산이 아닌 해외 지식의 수입과 유통에 집중해 왔다. 해외 대학에서 학위를 받은 교수가 그 지식을 국내에 전파하는 구조이다. 이러한 지식의 수입과 전파는 한국이 개발도상국 시절에는 유용했고, 사회에 기여해 왔다. 그러나, 이제 한국이 '모방자'에서 '혁신자'로 변신하고 있는 상황에서 이런 대학의 기능은 의미를 잃어가고 있다. 대학은 이제 한국 사회가 요구하는 지식의 창조 기능을 가져야만 한다.

손자병법 삼십육계(三十六計) 중에는 '반객위주(反客爲主)의 계'가 있다. 이 말은 주객이 전도된다는 말이다. 때를 보면서 능력을 키워 타인의 군대를 아군으로 이용하는 전략이다. 한국의 대학이 반객위주의 계를 실행할 수 있을까?

HOW TO MAKE THE KOREAN INNOVATION MODEL?

학생의 인성을 측정한다는 코메디

일본의 최고 명문대 중 하나가 사립 게이오 대학이다. 게이오는 와세다와 더불어 일본 사학의 양대 산맥을 이룬다. 게이오는 우리의 연세대와 비슷한 학풍으로 와세다에 비해 상대적으로 부유한 학생이 많으며 하시모토 류타로, 고이즈미 준이치로 전 총리 같은 유명 정치인을 배출한 명문이기도 하다. 명문 대학이기 때문에 입학도 무척이나 어렵기로 유명하다. 특이한 점은 유치원에서 대학까지 일관제를 유지하고 있다는 것이다. 유치원에서 초중고를 거쳐 대학까지 게이오 계열을 이루고 있어 유치원에 입학하면 거의 자동으로 대학까지 진학할 수 있다.

당연히 게이오 대학 입학을 위한 가장 어려운 관문이 유치원 입학이다. 게이오 유치원은 평균 20대 일의 경쟁률을 기록한다. 입학시험 역시 특이하다. 2009년도 입학시험 문제는 운동장에 마쯔리(축제) 분위기를 연출한 가운데 지원자들이 자유로이 놀게 하는 것이었다. 시험관은 자유분방하게 노는 어린이들을 관찰하고 평가한다. 물론 평가의 기준은 있다. 놀이에 얼마나 열중하는가, 다른 어린이를 이끄는 리더십은 어떤가를 평가한다. 지극히 주관적인 것 같지만 일본에서 게이오 유치원의 입학 전형에 대해 논란이 된 적은 없다.

더 재미있는 사실은 게이오 유치원 '입시'를 위한 사설 학원들이 번성하고 있다는 것이다. 어느 해에는 면접 문제로 "부모와 요리를 한 적이 있는가"라는 질문이 나왔다. 정답은 "어느 날, 몇 시에 엄마는 만두피를 만들고 나는 만두 속을 만들어 솥에 넣었다"는 구체적인 대답이었다. 다음 해 입시학원은 한 달 전부터 어린이와 부모를 모아 만두를 함께 만드는 실습을 시켰다. 웃지 못할 해프닝이다.

교육부가 인성교육진흥법을 제정했다. 이 법에 명시된 인성교육의 정의는 '자신의 내면을 바르고 건전하게 가꾸며 타인, 공동체, 자연과 더불어 사는 데 필요한 인간다운 성품과 역량을 기르는 것을 목적으로 하는 교육'이다.

이 법안에 따라 2015년 7월부터 국가와 지방자치단체, 학교에 인성교육 의무가 부여된다. 이를 위해 정부는 인성교육진흥위원회를 설립해 5년마다 인성교육 종합계획을 수립하게 된다. 전국의 초중고교는 매년 초 인성교육 계획을 교육감에게 보고하고 인성에 바탕을 둔 교육과정을 운영해야 한다. 교사는 인성교육 연수를 의무적으로 받아야 하고, 사범대, 교대 등 교원 양성기관은 인성교육 역량을 강화하기 위한 필수 과목을 개설해야 한다.

인성 수준 측정은 70개의 인성문항을 활용하는 방안이 검토되고 있다고 한다. 인성지수는 구체적인 상황에 대한 학생의 답변을 토대로 정직, 배려, 자기조절 등 10개 항목별로 인성을 점수화한다. 뿐만 아니라 대학입시에도 인성평가를 대폭 강화한다고 한다.

무슨 골프나 양궁도 아닌 인성을 점수화한다는 것은 참으로 놀라운 '한국적 발상'이다. 인성은 지식의 요소가 아니라 지극히 정서적이고 감성적인 요소이다. 사회적인 요소가 다분히 깔려 있기도 하다. 예를 들어 미국의 "유 아 라이어(당신은 거짓말쟁이야)"나 일본의 "아나타와 우소츠키(당신은 거짓말쟁이야)"와 같은 정치적 비난은 상대방에 대한 치명적인 공격이지만 한국 사회는 그렇지 않다. 1974년 미국 37대 대통령이었던 닉슨은 민주당을 도청하고도 관련이 없다는 거짓말로 일관하다 결국 사임했다. 그러나 한국의 정치인들은 수많은 거짓말을 하고도 생존해 왔고, 앞으로도 그럴 것이다.

한국의 교육 과정 역시 편법이 난무하고 있다. 미국의 수능시험인 SAT 문제를 훔쳐 팔고 있는 곳이 한국이며 이 문제를 사서 고득점을 올리는 학생 역시 한국인이다. 미국 주재원으로 나간 지인은 실제로 이 고민을 나에게 털어놓은 적이 있다. 한국인 브로커가 접근해 SAT 만점을 보장하겠다고 유혹했다는 것이다. 어떻게 문제 입수가 가능하냐고 했더니 바로 미국 동부와 서부의 시차였다. 동부에서 먼저 본 SAT 문제를 빼내 서부의 학생에게 제공하는 것이다. 한국의 대학도 입학사정관 제도를 도입하고 있지만 여기에 필요한 봉사를 부모가 대신해 주는 경우가 많다.

이런 사회적 상태에서 인성지수 평가는 사회적 현실과 유리된 또 하나의 '허수'일 뿐이다. 게이오 유치원의 입시처럼 실제로 부모와 요리를 만든 적이 없는 어린이가 시험에서는 만두를 함께 만들었다고 대답하는 것과 같은 것이다. 이번에 도입되는 인성평가는 또다시 '인성교육을 위한 학원'을 만들어낼 것이다. 그리고 학생들에게 이런 유형의 문제는 이런 것이 정답이라는 교육을 시킬 것이다.

인성은 사회의 거울이다. 배려심 깊은 성실한 사람이 높게 평가받는 사회에서는 학생들이 자연스럽게 좋은 인성을 갖추기 위해 노력할 것이다. 인성은 결과물인 것이다.

HOW TO MAKE THE KOREAN INNOVATION MODEL?

자식을 죽여야 자식이 산다

가끔 출장차 도쿄에 간다. 서울에서는 거의 TV를 보지 않는 나지만 10년 가까이 살았던 도쿄에 가면 언제나 TV를 켜놓고 일본사회의 변화상과 관심사를 지켜보곤 한다. 그때 TBS라는 민영TV에서 대단히 흥미 있는 프로그램을 방송하고 있었다. 최근의 일본 젊은 세대의 변화에 대한 조사를 소개하고 출연자들이 자신의 감상을 토로하는 프로그램이었다.

그날의 주제는 지금 일본 사회의 큰 논란거리인 '유토리 세대'의 사회 진출이었다. '유토리'는 여유를 뜻하는 일본어로 우리 식으로 말하면 '이해찬 세대'와 유사하다. 2003년부터 시작된 유토리 교육은 학생들의 학습 시간을 대폭 줄이고 학습 이외의 여가 시간을 늘리는 획기적인 정책이었다. 주입식 교육, 경쟁 위주의 교육이 낳은 폐해를 극복하고자 한 야심찬 정책이었다.

그러나 그 결과는 너무나 참담했다. 학생들의 성적은 현저하게 떨어졌고, 만사에 의욕이 없는 8만 엔(88만 원) 세대가 양산되었다. 이런 유토리 세대의 사회 진출은 일본기업에 대단한 충격을 주고 있다.

TBS의 조사는 바로 이런 기업의 충격을 분석하고 있었다. 사원 수 1,000명 이상의 235개 대기업을 대상으로 한 조사에 따르면

22.6%의 기업이 학생의 부모에게서 직접 전화를 받은 적이 있다고 응답했다. 네 개 중 한 개의 기업이 학생 본인이 아닌 부모로부터 취업과 근무에 대한 문의를 받았다는 것이다. 유토리 세대에게 부모와 함께하는(?) 직장 생활은 너무도 당연한 이야기가 되었다. 이런 사례도 있었다. 어떤 기업이 신입사원에게 야간 업무를 시켰는데 다음 날 어머니로부터 "내 자식에게 무슨 짓이냐"는 항의가 왔다. 오늘의 일본을 일으킨 세대는 경악할 만한 변화가 쓰나미처럼 밀려들고 있다.

하지만 인형처럼 길러지고 있는 일본 젊은이들의 이야기가 결코 남의 일이 아니라는 데 우리의 고민이 있다. 우리의 젊은이들 역시 부모에 의한, 부모를 위한, 부모의 자식이 되고 있다. 우리나라 기업의 인사 담당자들 역시 취업지망생의 부모로부터 전화를 받는 일이 늘어나고 있다고 말한다. 최근 미국 아이비리그 대학이 한국 학생 합격률을 떨어뜨리고 있는 것도 이와 무관하지 않다. 이들 대학의 입학사정관들은 한국 학생의 문제 해결 능력이 떨어진다고 지적한다.

미국의 좋은 대학일수록 학생 간의 경쟁은 치열하고 주어진 문제를 창의적으로 해결하는 능력은 중요하다. 그러나 한국의 학생들은 부모가 정해 준 코스대로 왔기 때문에 주어진 문제를 해결하는 능력이 현저히 떨어진다. 한국 학생의 SAT 점수에 대한 불신이 커지고 있는 것도 이러한 사태의 반영이다. 한국 학생은 SAT 점수와 고교 성적은 좋지만 그것이 그 학생의 능력을 반영하지 못한다는 것이다. 한국 부모의 헌신적인 사랑이 오히려 자식의 미래를 망치고 있다.

조선시대 한석봉의 이야기는 때로는 '냉혹한' 부모의 사랑이 어떻게 대가를 만들었는가를 보여준다. 김정희와 쌍벽을 이루는, 조선 중기의 서예가 한석봉은 행서, 초서 등 각 서체에 능한 천재였다. 이 한석봉을 만든 사람이 바로 떡 장사를 해서 아들을 뒷바라지한 어머니였다. 절에 공부하러 보낸 아들이 어머니가 보고 싶어 집에 돌아오자 불을 끄고 글자를 쓰게 해서 바로 쫓아 보냈다는 일화는 너무도 유명하다.

나는 자식을 키우기 전까지는 한석봉의 어머니를 단지 냉철한 사람으로만 생각했다. 그러나 두 딸을 키우면서 한석봉 어머니의 결단이 얼마나 처절한 것이었는가를 알게 되었다. 멀리 타향에서 자식이 돌아왔을 때 하다못해 따뜻한 밥 한 끼라도 먹여 보내고 싶은 것이 부모의 마음이다. 한석봉의 어머니가 당일로 자식을 쫓아 보내고, 얼마나 피눈물을 흘렸을지는 내가 부모가 되고서야 알았다.

캥거루 세대에 인용되는 캥거루 새끼도 9개월을 주머니에서 머무를 뿐 그 이후는 어미에게서 벗어나 독립한다. 이제 우리의 젊은이도 대학생이 되는 순간 강제로라도 캥거루 주머니에서 벗어나도록 해야 하지 않을까.

때로는 냉혹함이 가장 큰 애정이다.

HOW TO MAKE THE KOREAN INNOVATION MODEL?

한국 엄마가 자녀의 미래를 망치고 있다

2011년 미국 예일대 로스쿨 교수인 에이미 츄아의 저서 '타이거 마더'는 미국 사회에 큰 논쟁을 불러일으켰다. 모든 과목에서 A를 받아야 하고, 운동과 연극을 제외한 나머지 과목에서는 1등을 해야 하며, 피아노나 바이올린 중 하나를 하루도 빠지지 않고 연습해야 한다는 엄격한 룰을 적용한 교육방식이었다. 물론 또래 아이들이 즐기는 게임이나 TV도 금지했음은 물론이다. 그녀는 책에서 중국인 엄마의 엄격한 자녀 교육 방식은 서양 엄마보다 우수하다는 주장을 펼쳐, 미국 사회를 찬반양론으로 갈라놓았다.

그녀의 주장은 큰딸 소피아가 하버드와 예일대 두 군데 모두에서 입학허가를 받으면서 입증되는 듯이 보였다. 그러나 둘째 딸 루이사가 츄아의 교육 방식에 반기를 들면서 결국 츄아도 둘째 딸에게는 자신의 교육 방식을 적용하지 못했다. 이 점에서 츄아의 교육 방식은 자신의 자녀에게서조차 절반이 성공에 그치고 있다.

아이들에게 그다지 엄격하지 않은 미국인의 기준에서 보면 츄아 식의 타이거 맘은 충격적이겠지만 이미 이에 못지않은 '대치동 맘'이 자리 잡고 있는 한국 기준으로 보면 그다지 대단한 것은 아니다. 한국의 어린이들은 초등학교 시절부터 영어와 수학 과외를 시작으로 피아노와 바이올린, 그리고 태권도와 수영을 배우며 일주일을 보낸다. 츄아는 자녀들의 게임과 TV 시청을 금지했다고 했지만 한국의 어린이들은 게임과 TV를 볼 시간이 없기 때문에 자동으로 금지된다.

이런 대치동 맘 교육방식이 뛰어난 성과를 낸 분야가 있다. 그것은 여성 프로골프이다. 박세리가 미국 LPGA의 문호를 연 후 박인비, 전인지 등 한국 여자선수들이 미국 LPGA를 휩쓸고 있다. 이들의 뒤에는 공통으로 대치동 맘 또는 대치동 파파가 있다. LPGA 대회를 보면 스코어 보드에 기록된 10명의 이름 중 6, 7명은 한국 이름이다. 오죽했으면 미국 LPGA에서 외국 선수 출전 자격에 영어 시험 성적을 도입하려고 했다가 한국 선수를 배제하려는 음모라는 비난을 받았겠는가.

그러나 LPGA 같은 스포츠가 아닌 학문과 비즈니스의 세계로 오면 이야기가 달라진다. 미국 아이비리그 대학에서 한국계 학생의 중도탈락률이 거의 30%에 육박한다는 이야기가 있다. 부모가 없는 상태에서 자신이 의사결정을 하고 진로를 개척해 가는 능력이 떨어지기 때문이다. 미국 유수 대학의 입학 사정관이 한국 학생의 선발에 주의한다는 말도 미국에서 들은 적이 있다. 미국에서만의 이야기도 아니다. 한때 이해찬 세대의 학력 저하 문제의 심각성에 대해 교수사회가 우려한 적이 있었지만 이런 현상은 이해찬 세대가 지나간 지금도 지속되고 있다.

최근에는 대학생 자녀의 수강과목 선정과 수강신청을 대신해주는 엄마가 있는가 하면, 자녀의 입사 면접시험에 동석하면 안 되냐고 문의받은 기업의 인사 담당자도 있다. 나조차도 취업한 대학생 딸의 출석과 성적을 문의하는 부모의 전화를 받은 바 있다. "따님은 이미 대학생이고 성인이기 때문에 당사자가 해결해야 할 문제"라고 정중히 설명하고 전화를 끊었지만 영 뒤끝이 개운치 않았다. 이런 현상은 아이들의 인생과 미래를 생각하지 않고, 오직 단기적 성과에 급급한 부모가 자초한 문제이다.

여기서 타이거 맘 방식이 좋으냐 나쁘냐가 문제의 핵심은 아니다. 만일 자녀에게 시행착오할 기회를 주기 위한 타이거 맘, 창의성을 발휘하고 자녀가 주체적으로 의사결정을 할 수 있는 능력을 키우기 위한 타이거 맘이라면 그건 두손 들어 환영할 만하다.

지금 한국사회가 창의성을 화두로 온통 들끓고 있지만 정작 자녀 교육의 가장 중요한 축인 부모가 창의성에 역행하는 교육을 '타이거 맘' 방식으로 하고 있으니 안타까울 따름이다.

HOW TO MAKE THE KOREAN INNOVATION MODEL?

기러기 가족의 경제적 계산법

한 예능 TV 프로그램에서 가수 김흥국 씨의 기러기 아빠 생활이 소개되어 많은 사람에게 충격을 주었다. 그는 1, 2년도 아닌 무려 10년을 가족과 떨어져 살며 두 자녀를 위해 그 외롭고 고독한 생활을 인내해 왔다고 눈물을 보였다. 그럼에도 그는 "기러기 아빠 생활은 하고 싶지 않지만, 아이들이 유학하겠다고 하면 보낼 수밖에 없을 것 같다"고 해 또 한 번 놀라움을 주었다.

1990년대 조기유학 붐으로 인해 시작된 기러기 아빠는 이제 한국 사회에서 생소한 개념은 아니다. 이미 국어사전 '훈민정음'에 수록되었고, 국립국어원 '2002년 신어 보고서'에도 신조어로 포함되어 있으니 '기러기 가족'은 당당한 보통명사로 한국 사회에 자리잡고 있다. 그 숫자도 53만 가구로 추산된다니 기러기 가족은 이미 가족의 한 형태가 아닌가.

기러기 아빠는 경제력과 만남의 형태에 따라 네 가지로 세분된다는 우스갯소리가 있다. 먼저 펭귄 아빠다. 펭귄 아빠는 돈이 없어 가족에게 못 가고 1년 내내 하염없이 하늘만 바라보는 경우이다. 다음이 기러기 아빠로 1년에 한두 번 날아가 가족과 재회하는 경우이다. 세 번째는 독수리 아빠로 자주 날아가 가족을 만날 수 있는 사람을 말한다. 마지막이 황금독수리 아빠로 가족이 보고 싶으면 시도

때도 없이 날아가 만날 수 있는, 시간과 경제력이 있는 아빠다. 기러기 아빠들은 서로 어디에 속하는지를 물으며 쓴웃음을 짓곤 한다.

나는 미국 UCLA에서 방문 교수 생활을 할 때 여러 국가의 연구자들과 한국의 '기러기 가족'에 대해 이야기를 해 본 적이 있다. 먼저 가족을 중시하는 미국인과 유럽인에게는 충격 그 자체로, 이들은 입을 다물지 못했다. 그건 가족의 해체가 아니냐는 것이다. 일본인은 자녀를 위한 심정은 이해하지만 실제로 실천하기는 어렵다고 답했다. 유일하게 중국인은 그럴 수 있고 중국에도 기러기 가족이 등장하고 있다고 말해 주었다.

다만 중국인의 경우 앞에서 분류한 정의에 따르면 독수리 아빠에 가깝다. 미국 방문 비자 취득이 지극히 까다로워 돈 있는 중국인 아니면 자녀의 미국 교육은 꿈도 꾸지 못하기 때문이다. 그러면 순수하게 펭귄형, 또는 기러기형 가족은 한국에만 존재한다는 결론이 나온다. 이 점에서 기러기 가족은 지극히 한국적 현상이다.

그러나 10조 원이 넘는 막대한 국부를 쏟아부으면서 조기유학과 영어 교육을 위한 기러기 아빠가 성과가 있을지는 이제 심각하게 고민해야 할 시점이 아닌가 싶다. 기러기 아빠가 한국의 입시지옥에서 벗어나 자유롭게 공부시키고 싶다는 소박한 일념에서 시작되었다면 그건 착각이다.

우리가 감동적으로 보았던, 로빈 윌리엄스의 주연 영화, '죽은 시인의 사회'에서 존키팅 선생은 학생의 책상 위에 선 채로 이렇게 말한다.

"내가 왜 이 위에 섰는지 이유를 아는 사람?
책상 위에 선 이유는 사물을 다른 각도에서 보려는 거야.
어떤 사실을 안다고 생각할 때 그것을 다른 시각에서도 봐야 해.
틀리고 바보 같은 일일지라도 시도를 해봐야 해."

그러나 이 영화와 같은 품격 높은 교육은 필립스 아카데미(Phillips Exeter Academy)나 케이트 스쿨(Cate School) 같은 명문 사립학교에서 이루어지지만 학비만 미국 사립대학 수준의 연 4만 달러를 요구한다. 그러면 공립은 어떠한가. 유감스럽게도 공립학교는 그다지 수준이 높지 않다. 캘리포니아주의 상당수 공립 초등학교의 경우 예산 삭감으로 인해 음악, 미술, 체육 교사가 해고되어 예체능 과목이 아예 없는 학교도 많다.

또 제대로 교육을 시키려면 미국도 한국 수준의 헌신과 노력을 요구한다. 자녀의 숙제를 도와주어야 하고, 한국처럼 학원을 찾아 속칭 '뺑뺑이'를 돌려야 한다. 그러나 영어가 약한 기러기 엄마는 자녀의 엄청난 양의 학교 숙제를 도와주기 어렵다.

기러기 엄마들은 자녀들이 미국인 친구와 떠드는 유창한 영어를 들으며 흐뭇해 하지만 문제는 이들의 대화 수준이다. "어제 어디 갔어?", "에밀리 옷차림 촌스럽네" 등의 일상적인 잡담으로 채워지는 대화는 품격 높은 영어와 거리가 멀다.

미국에 입시경쟁이 없다고 생각한다면 그건 엄청난 착각이다. 자녀를 하버드, 예일과 같은 아이비리그에 보내려는 미국인들도 초등학교부터 관리에 들어간다. 미국 중산층 엄마도 학교성적, 스포츠, 과외활동 등을 관리하는 맹모 수준의 생활을 한다. 그리고 대학에 자녀가 입학하면 '하버드 맘(엄마)', '스탠포드 맘' 같이 자신들이 타고 다니는 차 번호판에 자식 자랑을 붙이고 다닌다.

경제학에 '밴드워건 효과'라는 용어가 있다. 다른 사람의 행동에 부화뇌동하는 것을 지칭한다. 연 10조 원의 국부를 투입하고 50만 명의 자발적 이산가족을 만들어내고 있는 지금 기러기 가족의 비용과 교육성과라는, 투입과 산출의 냉정한 경제학적 계산을 해 보아야 할 때가 되지 않았을까.

HOW TO MAKE THE KOREAN INNOVATION MODEL?

전문가 부재의 동네 축구는 그만 하자

어린 시절 내가 다니던 초등학교는 남녘 멀리 전라남도 장흥군에 소재한 작은 학교였다. 학교 주변에는 탐진강이 흐르고, 1급수에만 산다는 은어가 강물 위로 뛰어올라 저녁노을에 비늘이 반짝이곤 했다. 수업이 끝나고 나면 항상 친구들과 학교 운동장에서 해가 질 때까지 공을 차고 놀다가 집에 오곤 했다.

처음에 경기를 시작할 때는 누구는 공격수, 누구는 수비수 등등 역할을 정하지만 어느새 자신의 포지션을 지키고 있는 사람은 아무도 없었다. 골키퍼만 빼고 우리 편도 상대 편도 모두 공 있는 곳으로 몰려다니는, 누구나 어린 시절의 추억을 가지고 있는 동네 축구였다. 한 골을 먹으면 "왜 수비수가 공격을 하냐"고 서로 언성을 높이고, 자기 자리를 잘 지키자고 다짐하지만 이런 다짐이 지켜진 적은 없다.

이런 동네 축구는 프로축구의 세계와 거리가 멀다. 화려한 개인기를 자랑하는 남미축구건, 조직력으로 승부하는 유럽축구 건 선수들은 조직적인 팀워크로 상대 팀을 압박한다. 물론 동네 축구가 항상 열등한 것은 아닐 것이다. 만일 양 팀 선수들의 기량이 동등하다면 상대편 골문 근처에 골키퍼를 뺀 10명이 포진해 수비수와 육탄전을 벌일 경우 100%의 확률로 골을 넣을 수 있을 것이다.

하지만 이때 수비수가 공을 걷어 내 우리 진영으로 공이 날아온다면 역시 거의 100%의 확률로 골을 먹게 되어 있다. 골키퍼 혼자 우두커니 서 있는 곳에 상대편 공격수 서너 명이 달려온다고 생각해 보라. 이처럼 동네 축구는 단기적 응집성은 강하지만 변화에 대한 대응력이 약하다.

지금 한국과 미국, 일본 같은 선진국의 사회 시스템을 비교하면 동네축구와 프로축구의 차이가 드러난다. 한국사회는 단기적 응집성이 강하며 트렌드에 대단히 민감하다. 예를 들어 2013년 6월 기준으로 스마트폰 보급률을 보면 한국은 67.6%로 세계 평균의 15%에 비하면 4.6배, 2위인 노르웨이 55%, 3위 일본 40%에 비해 압도적으로 높다. 스마트폰 소개 후 불과 3년 6개월만의 사건이다. 기술경영의 대가인 도쿄대 후지모토 다카히로 교수는 이런 한국인의 집중력에 대해 일본인은 도저히 흉내 낼 수 없는 무서운 응집력이라고 나에게 말한 적이 있다.

그러나 이런 응집력의 이면에는 동네 축구와 같은 치명적인 약점이 도사리고 있다. 공이 반대편으로 날아가는 것과 같이, 상황이 급변하면 대응하지 못한다는 것이다. 지난 세월호의 비극도 마찬가지이다. 수백 명의 어린 학생들의 목숨이 일분일초를 다투고 있는 상황에서 정작 해상 재난 전문가도, 변변한 장비도 없었다.

재난 전문가는 평시에는 전혀 쓸모가 없는 사람이다. 평상시에 이들에게 투입되는 비용은 말 그대로 '예산 낭비'로 감사원에서 지적받기 딱 좋다. 그러나 1년에 한 번, 아니 10년에 한 번이라도 재난이 발생하면 이들은 능력을 발휘한다. 다른 분야도 마찬가지다.

예를 들어 우리에게는 번역 전문가가 없다. 그러나 일본의 경우 노벨문학상 후보로 거론되는 무라카미 하루키는 미국 소설의 전문번역가이기도 하다. 그는 '호밀밭의 파수꾼'으로 유명한 제롬 데이비스 샐린저의 소설 '프래니와 주이(Franny and Zooey)'를 번역하고 있다고 밝혀 독자들을 놀라게 하기기도 했다. 한국의 유명 작가가 번역이나 하고 있다면 비웃음거리가 되기 십상이다.

동네축구는 후진국이 선진국을 캐치업할 때 사용하는 전략이다. 1960년대와 1970년대 한국의 경제 개발 전략이 여기에 해당하고, 구 소련의 스탈린이 미국을 따라잡기 위해 사용한 중공업 집중과 농업 희생 전략이 여기에 해당한다. 하지만 이런 식의 전략은 1등이 되어야 하는 혁신이 요구될 때 무용지물이다. 공이 어로 튈지 모르는데 한 군데만 사람이 몰려 있어 봤자 무슨 소용이 있는가.

이제 한국은 동네축구에서 조직축구로 전화해야 할 시점이다. 필요할 곳에 필요한 인재가 존재하는 사회, 필요하다고 예측되는 곳에 인재가 준비되고 있는 사회, 이런 전문가들의 결합체로서의 한국사회로 진화해야 할 시점이다. 국가적 위기 상황이 발생하면 전문가가 없다고 언제까지 한탄할 것인가.

HOW TO MAKE THE KOREAN INNOVATION MODEL?

창조적 인재 양성을 위한 조건

2007년 1월 삼성전자는 이건희 회장의 "천재 1명이 10만 명을 먹여 살린다"는 천재경영론에 따라 미국에서 극비리에 인재를 영입한 적이 있었다. 그 인물은 IT 분야의 천재로, 영입된 후 주변 사람들이 상상도 하지 못하는 제품 기획을 줄줄이 내놓았다.

그러나 그에게는 커다란 약점이 하나 있었다. 조직에 융화되지 못하는, 지극히 자기중심적인 성격이라는 점이다. 그는 자신의 사고에 동의하지 않는 주변 동료들을 '이디엇(멍청이)'이라는 극단적인 단어로 비난하기도 했다. 또 자신의 자유분방한 생활습관을 바꾸려고 하지도 않았다. 몇 달 동안 머리를 감거나 목욕을 하지 않아 동료들은 아무도 냄새나는 그의 옆에 가려고 하지 않았다. 신발을 신지 않은 채 맨발로 삼성전자 건물의 로비를 뛰어다니기도 했다.

결정적으로 삼성전자 경영진의 머리를 아프게 만든 것은 그가 강한 중독성을 가진 마약 LSD를 상습 복용한 적이 있다는 사실이었다. 삼성전자의 임직원 중에 상습적인 마약 복용자가 있다는 사실이 외부에 알려질 경우 기업 이미지에 치명상을 입힐 수도 있었다. 이미 회사 내에서 그의 능력을 옹호하는 사람은 아무도 없었다. 1년도 채 되지 않아 삼성전자는 조용히 그를 해고해 미국으로 돌려보냈다. 이 때문에 삼성전자는 초기 스마트폰 개발에서 애플에 뒤처지는 치명적인 실수를 하고 말았다.

여기서 독자들은 이 비화의 주인공이 누구인지 궁금할 것이다. 그는 스티브 잡스이다. 스티브 잡스는 애플의 창업자이자 오늘날의 애플 제국을 이룩한 인물이다. 물론 삼성전자가 그를 고용했다는 부분은 픽션이다. 이 부분을 제외하면 마약 복용, 이중성, 주변 인물에 대한 냉혹함 등 앞의 묘사는 전기에 나온 스티브 잡스의 특성을 그대로 정리한 것이다. 삼성전자뿐 아니라 과연 어떤 한국기업이 스티브 잡스 같은 자유분방한 인물을 조직에 포용할 수 있을 것인가.

우리는 창조적이라는 단어를 좋아한다. 그리고 창조적 인물이 만들어낸 제품과 서비스를 향유하며 즐거워한다. 스티브 잡스의 아이폰과 아이패드를 한시도 손에서 떼 놓지 않으며, 그가 만든 태블릿 PC는 노트북 PC를 파괴하는 새로운 혁명이 되고 있다. 하지만 우리는 창조성의 이면에 일반인이 이해하기 힘든 괴벽과 문화, 경우에 따라서는 조직에 융화되지 못하거나 반사회적인 성향조차 존재한다는 사실을 받아들이려 하지 않는다. 동질성을 강조하는 한국사회는 창조적인 인재조차 사회적으로 '모범생'이기를 요구한다.

그러나, 창조와 모범생은 태생적으로 서로 다른 종이다. 창조는 기존의 존재를 부정하는 데서 출발하는 것으로 기존 질서에 가장 잘 순응하는 모범생과 양립할 수 없다. 창조는 이단아로부터 탄생하는 것이다. 놀랍게도 한국 사회에서 이단아들이 혁신을 이룩한 사례가 있었다. 바로 온라인게임이다. 5천 년 한국 역사에서 금속활자, 거북선에 이어 한국사회가 글로벌 제품혁신을 이룩한 사례는 온라인게임이 유일하다. 이런 온라인게임 혁신의 이면에는 리니지 개발자 송재경이나 넥슨의 김정주가 있었다. 그들은 밤낮으로 게임을 하며 놀다(?) 문제학생으로 찍혀 KISAT 대학원에서 제적될 뻔했다.

도쿄대에서 만난 마이클 쿠스마노 MIT 교수는 마이크로소프트는 면접한 MIT 학생 중 5%만을 입사시킨다고 말했다. 5%의 선별이 가능한 것은 채용 담당자들이 한 달에 걸쳐 캠퍼스에 상주하면서 대상자를 면밀하게 분석하기 때문이라는 것이다. 그는 한 마디 덧붙였다.

"한국기업이라면 응시한 MIT 학생 전원을 입사시켰겠지요"

그냥 씁쓸하게 웃을 수밖에 없었다.

창조적 인재 양성에 가장 중요한 것은 선별 기능이다. 그러나 한국기업에 결정적으로 결여되어 있는 기능이 바로 이 선별 기능이다. 삼성전자조차 전국 200개의 학교를 빌려 일제고사를 치러 신입사원을 선발하는 판국에 창조를 논하는 것은 사치가 아닌가.

HOW TO MAKE THE KOREAN INNOVATION MODEL?

'검색의존증'을 우려한다

내 수업은 토론과 발표를 중심으로 진행한다. 그래서 학생들이 해야 하는 과제가 많다. 중간 · 기말시험은 기본이고, 한 학기 내내 팀 과제와 발표를 한다. 이는 학생들의 논리적 사고력과 창의력을 함양하기 위한 과정이다.

그런데 최근 학생들에게서 우려스러운 현상이 나타나고 있다. '검색의존증'이라고 부를 수 있는 현상이다. 검색의존증은 몇 가지 특징을 가지고 있다.

첫째, 조사하라는 과제를 내면 득달같이 네이버 검색부터 한다. 그리고 검색 결과가 나오지 않으면 자료가 없다고 한다. 1차 데이터를 수집하거나, 자신 주변의 살아 있는 데이터를 수집하려는 노력을 하지 않는다.

둘째, 도서관 같은 오프라인상의 지식저장고를 찾지 않는다. 대체로 1990년대 이전 자료는 검색에 잘 걸리지 않는다. 과거의 자료를 찾으려면 발로 뛰는 수고를 들여야 한다. 그러나 학생들은 '손안의 검색' 이상을 하려고 하지 않는다.

셋째, 한글 기반의 네이버 검색을 주로 사용한다. 당연히 영어 기반의 해외 정보에서 차단된다. 특히 일본이나 미국, 유럽의 정보를 검색할 때 이는 심각한 장애물이 된다. 전 세계 정보는 90% 이상이 영어로 되어 있다. 따라서 영어 기반 검색을 사용하지 않으면 처음부터 이 90%의 정보에서 소외되는 결과가 된다.

넷째, 자신의 생각을 쥐어짜기보다는 기존 자료나 생각을 편집하려 든다. 어설프거나 미완성인 자신의 생각보다는 나름 세련되어 보이는, 그리고 검색에 걸려 신뢰성이 있는 듯이 보이는 기존 정보를 짜깁기하려 든다. 그래서 학기마다 동일한 조사를 시키면 비슷한 결론의 발표하는 경우가 많다.

물론 한글 검색에 익숙해 있는 학생들이 마치 알라딘의 요술램프 같은 검색을 쓰지 않는 것은 고통스럽기까지 할 것이다. 그러기에 나는 학생들에게 더 요구한다. 불편해도 영어로 검색하기를 요구하고, 국내 엔진보다는 해외 검색 엔진으로 조사하기를 요구한다.

검색은 인간을 바보로 만들기도 한다.

우리는 차량 내비게이션의 전례를 본 바 있다. 내비게이션은 편리하다. 처음 가는 길을 안내해 주기 때문에 인간이 어느 길을 어떻게 갈지 고민하지 않아도 된다. 그러나 그 대신 인간은 사고하지 않게 되었다. 나 자신도 그렇다. 여러 번 간 길을 기억하지 못해 매번 내비게이션에 목적지를 입력해 안내받아야 한다.

이제 검색은 인공지능과 결합해 진화하고 있다. AI(인공지능) 비서는 지금의 검색기능을 완비, 우리가 필요한 대답을 줄 것이다. 심지어 인공지능이 쓰는 논문도 그리 멀지 않다. 사회과학 분야의 경우 논문의 구조는 정형화되어 있다. 다른 유사 연구를 기반으로 해

가설을 세워 데이터를 처리하고 그 결과와 시사점을 논술하면 그럴듯한 논문이 될 것이다. 그래서 인공지능은 지금처럼, 특히 한국의 학계처럼 그렇고 그런 유사 논문을 대량생산하는 데 탁월한 능력을 발휘할 수 있다.

그러나 여기서 비극은 시작된다. 검색의존증의 인간은 광풍처럼 몰아치는 4차산업혁명의 시대에 도태되기 딱 좋은 인간 모델이다. 이런 인간형은 미국 대선 기간에 쟁점이 된 가짜뉴스(fake news)를 구별하지 못한다. '힐러리가 테러단체인 이슬람국가에 무기를 팔았다'거나 '교황이 트럼프를 지지한다'는 등의 가짜 뉴스를 검색의존증의 인간이 거짓으로 판별할 수 있을까.

검색의존증은 기계와 경쟁하는 인간을 만들기 십상이다. 인공지능과 로봇이 등장하면 인간은 이들과 다른 더 고차원적인 인지능력을 요구받는다. 기계가 도출한 정보에 대한 판단능력과 의사결정 능력이 그것이다. 인공지능처럼 주어진 알고리즘 하의 결론이 아닌 다양한 상황과 변수를 고려한 판단능력은 미래를 위한 가치 있는 자산이다.

'정의란 무엇인가'라는 책으로 유명한 하버드대 마이클 샌델 교수는 학생들의 강의실 노트북 사용을 금지했다고 한다. 이번 학기에 나도 학생들의 스마트폰 사용을 금지해 볼까.

HOW TO MAKE THE KOREAN INNOVATION MODEL?

소프트파워 시대, 남자는 도태되는가?

얼마 전 게임사 대표를 만났다. 이런저런 이야기를 하다가 그는 문득 이렇게 말했다.

"최근 청년층의 취업난을 피부로 느낍니다. 저희 회사 공채에서 경쟁률이 무려 240대 1입니다. 요즘 게임회사가 인기가 있다고는 하지만 이렇게까지 올지는 몰랐습니다."

이런 무시무시한 경쟁률을 뚫고 입사한 직원들이라, 갑자기 궁금증이 생겼다. 게임은 지극히 창의적인 콘텐츠인데 어떤 사람이 잘할까? 그는 "국내파보다는 해외파가, 남학생보다는 여학생이 더 잘하는 것 같다"고 답했다. 상당한 충격이었다.

남학생이 여학생보다 떨어진다는 지적은 그동안 여러 차례 나온 바 있다. 2015년 영국 시사주간지 이코노미스트는 '약화되는 성(weaker sex)'이라는 제목의 분석에서 "남학생이 여학생보다 성적이 떨어지며 그 격차는 커지고 있다"고 지적했다.

64개국을 대상으로 한 이 조사에서 여학생은 남학생보다 성적이 약 1년 정도 앞선 것으로 평가됐다. 하위권 학생들의 차이는 더욱 컸다. 남학생은 읽기, 수학, 과학 등 세 가지 과목에서 여학생보다 과락 확률이 50%나 더 높았다.

그런데 이런 부진의 원인으로 들고 있는 것이 바로 게임과 인터넷 서핑이었다. 남학생은 여학생보다 17% 더 많은 시간을 게임에 보내고 있었다. 반대로 학습 시간은 여학생이 주당 5시간 반으로 남학생보다 한 시간 더 길었다. 게임을 더 하고 공부는 덜 하니 남학생이 여학생을 이길 방법이 없는 것이다.

미국에서도 이와 동일한 결과가 여러 차례 나온 바 있다. 기술과 엔지니어링 이해도에 대한 전미(全美) 테스트에서도 여학생 성적이 남학생보다 3% 높았다. 얼마 전 OECD가 발표한 PISA 2015에서 한국 순위 하락의 원인으로 남학생이 지목되었다. 그리고 남학생을 이렇게 만든 범인으로 간주되는 것 역시 게임이다.

남녀는 즐기는 게임 장르가 다르다. 남학생이 주로 RPG(역할 수행게임)나 슈팅게임을 하는 데 반해 여학생은 캐주얼게임을 한다. RPG는 캐주얼게임에 비해 플레이 시간이 길고 중독성이 강하다. 그러니 아들을 가진 대한민국의 거의 모든 가정은 전쟁 상태다. 오죽하면 게임에 몰두한 아들을 보고 인터넷 랜선을 가위로 잘라 버렸다는 학부모가 있을까. 화가 머리끝까지 치밀어 순간적으로 PC 전원을 꺼야 한다는 생각조차 못 했다고 한다.

그런데 게임사 대표의 말이 충격적으로 다가온 것은 단순한 성적이 아닌 '창의성'이라는 영역에서조차 여학생이 우수하다는 '증언' 때문이었다. 여학생 성적이 좋은 것은 기존 시험제도에 잘 적응했기 때문이라고 '변명'이라도 할 수 있는데 창의성 영역에 오면 그런 변명조차 통하지 않는다. 이렇게 되면 미래에 남성은 정말로 위험한 상황에 직면할 수 있다. 도태되거나 문제 종(種)으로 찍힐 수도 있다.

물론 게임에는 창의성을 함양할 수 있는 내용이 다수 포함되어 있다. 하지만 '핵 앤 슬래시(자르고 베는 게임)'에 치중한 게임도 많고, 슈팅게임처럼 상대를 공격하거나 죽이는 목적의 게임도 많다. 이런 게임들이 창의성을 함양한다고 보기는 어렵다.

지금 글로벌 이슈가 되고 있는 4차산업혁명에서 인재의 가장 중요한 조건은 창의성이다. 인공지능이나 로봇에 비해 인간의 가치를 높일 수 있는 것이 바로 창의성 영역이다. 또 창의성과 더불어 중요한 능력은 커뮤니케이션, 공감 그리고 명령과 복종이 아닌 설득과 이해에 기반을 둔 리더십이다. 이런 능력들은 소프트파워라 부를 수 있다.

남자가 스스로를 패착으로 몰아간 역사적 사례는 많다. 그중 하나가 가전의 발명이다. 세탁기, 청소기, 냉장고 등의 가전은 남성이 돈을 벌기 위한 수단으로 개발했지만 여성의 가사 노동으로부터 해방이라는 예기치 않은 결과를 가져 왔다.

남성이 개발한 게임이 만일 남성의 도태를 촉진한다면 이 역시 가전처럼 패러독스가 될지 모른다. 남성이 자신의 종에 대한 위기의식을 느낀다면 남성의 능력을 증대시킬 수 있는 게임, 예를 들어 소프트파워를 키울 수 있는 게임을 개발해야 하는 것 아닐까.

HOW TO MAKE THE KOREAN INNOVATION MODEL?

인터넷에는 감정이 없다

일본에 가면 항상 만나는 지인이 있다. 지금은 은퇴한, 로이터통신에서 30여 년을 재직한 일본에서 존경받는 언론인, 마키노 요히지 씨이다. 한국에 대해서도 깊은 애정을 가진 분으로 항상 한일 관계에 대해 염려하는 사람이다. 얼마 전 도쿄 프레스센터에서 만나자마자 대뜸 "인터넷 때문에 한일관계가 최악으로 치닫고 있어요"라고 말했다. 무슨 말인가 싶어 그의 얼굴을 빤히 쳐다보았다.

그는 이렇게 덧붙였다.

"한국 언론사에서 인터넷으로 제공하는 신문기사나 사설이 실시간으로 번역되어 불필요하게 일본인들을 자극하고 있어요"

그의 설명은 이랬다. 인터넷이 등장하기 전에는 일본의 특파원들을 통해 한국의 기사들이 일본어로 해석, 정리되어 독자에게 전달되었다. 그래서 감정적인 단어들이 걸러졌는데 지금은 인터넷을 통해 실시간으로 '직역된' 한국 기사들이 전달되기 때문에 감정을 정제하고 필터링하는 메커니즘이 사라졌다는 것이다. 그는 한일 양국을 이해하기 때문에 인터넷의 역기능을 더욱 답답해했다.

사실 한국의 신문은 감성적이다. 어떤 신문의 사설만 보아도 '악질적인, 악성 바이러스, 시대착오적' 등등의 감정적인 단어들이 서슴없이 사용되고 있다. 그러나 일본의 신문은 이런 단어들을 거의 사용하지 않는다. 미국 신문의 사설도 마찬가지다.

문제는 이런 사설이나 기사가 인터넷에서 직역되어 일본인에게 전달될 때 그들이 논리적으로 설득되는 것이 아니라 심리적으로 충격을 받는다는 사실이다. 특정 사안에 대한 사실 관계나 전후 배경 지식 없이 갑자기 결론만을 들을 때 느끼는 충격이다.

한일 간의 정서적 차이로 남녀 관계가 있다. 한국의 남성(스토커가 아닌)은 짝사랑하는 여성에게 마음을 표현하고자 할 때 남성적인 저돌성을 앞세우는 경우가 많다. 예를 들어 비가 억수같이 오는 날 꽃을 들고 밤새워 그녀의 집 앞에서 기다리는 경우가 있다. 때로 한국 여성은 그 정성에 감동해 마음을 받아들이는 경우도 있다.

그러나 동일 상황에서 일본 여성은 기겁하고 도망가 버린다. 그녀의 마음에는 감동이 아닌 공포가 엄습한다. 이 말을 전해 들은 친구들은 이구동성으로 한마디씩 한다. "정말 큰일 낼 남자야. 절대로 만나면 안 돼." 일본의 여성은 차근차근 시간을 가지고 자연스럽게 접근하는 것을 좋아하지 한국식으로 '남자답게' 저돌적으로 접근하는 데에는 질겁한다. 이러한 두 나라의 차이는 논리적으로 시비를 가릴 수 있는 문제는 아니다. 그냥 다를 뿐이다.

국가 간 문제에 대한 접근도 마찬가지다. 한국의 내용을 전달할 때는 형식이 필요하다. 거두절미하고 몸통만을 감정적으로 전달하면 외국인은 이해하지 못한다. 머리와 꼬리를 함께 담아 전체를 보여줄 때, 더구나 상대의 방식으로 차분하게 보여줄 때 외국인들은 납득하고 비로소 공감한다.

일본인들도 이런 치명적인 실수를 한 바 있다. 일본이 2차 대전에서 패하기 직전 연합국은 포츠담 선언을 받아들일 것을 요구했다. 이에 대해 일본 외무성은 영어로 '노 코멘트(논평하지 않음)'라는 의미의 단어를 기자들에게 전달했다. 그러나 정작 일본어로 발표한 단어는 '모쿠사츠', 우리말로 해석하면 '묵살'이었다. 분개한 연합국은 더 이상의 협상이 의미가 없다고 판단, 직후에 히로시마와 나가사키에 원폭이 투하된다.

인터넷은 정보를 전달하고 습득하는 데에는 최적의 매체이다. 인천 공항으로 가는 리무진 버스가 몇 시에 도착하는지에 대해 인터넷은 가장 효율적으로 정보를 전달한다. 그러나 인터넷은 차가운 정보의 이면에 숨은 해석이나 인간의 의도를 전달하지는 못한다. 왜 그 사람은 그런 단어를 사용했는지에 대한 해석이나 감정을 전달하지 못한다. 그런 점에서 인터넷은 철저하게 기계나 도구 그 이상도 이하도 아니다.

이탈리아의 기호학자 움베르토 에코는 "인터넷은 신이다. 하지만 아주 멍청한 신이다"라고 갈파한 바 있다. 우리도 이제 '멍청한 신'의 본질을 자각할 때가 되지 않았는가.

05
혁신 한국을 위한 전략

HOW TO MAKE THE KOREAN INNOVATION MODEL?

4차산업혁명과 한국의 위기

어린 시절 시골 동네에는 소위 '약장수'들이 오곤 했다. 오일장이 열리면 북 치고 장구치고, 때로는 울긋불긋한 피에로 복장을 하고 지나가는 사람들을 불러 모으곤 했다. 사람들이 신기한 얼굴로 모이면 약장수들이 내놓는 약이 있었다. 호랑이 크림이나 호랑이 연고, 때로 용의 뼈가 들어 있다는 용골 약재 등이다. 호랑이 뼈가 왜 신경통에 좋은지, 용의 뼈가 진짜인지 궁금하기도 해 물어보면 돌아오는 대답은 항상 똑같았다. "애들은 집에 가."

이 약장수들이 공통으로 하는 말이 있었다. 이 약만 사용하면 모든 병이 낫는다는 것이다. 신경통, 요통, 두통 등등이 다 낫는 만병통치약이라고 했다. 지금도 약장수들은 시골을 돌아다니며 약을 판다고 한다. 세월은 흘러도 속이는 사람이나 속는 사람은 여전한 모양이다.

지금 한국 사회를 뜨겁게 달구고 있는 4차산업혁명도 비슷한 양상이다. 대선주자조차 앞다투어 4차산업혁명을 주창한다. 어떤 사람은 4차산업혁명이 마치 한국의 구세주인 양, 모든 기업이 달려들어야 하는 '만병통치약'인양 말한다. 하지만 현실은 그렇게 간단하지 않다.

4차산업혁명의 가장 중요한 포인트는 기존의 챔피언 기업이 더욱 강해지고 있다는 점이다. 이는 파괴적 혁신과 전혀 다른 특성이다. 파괴적 혁신의 특성은 기존의 챔피언이 몰락한다는 것이었다. 50년이 넘는 기술경영연구에서 이 점은 예외가 없었다.

돛을 단 범선은 증기선과의 경쟁에서 패했으며, 워크맨의 소니는 MP3라는 새로운 혁신적 플레이어의 등장으로 패배했다. 게임산업의 혁신에서도 동일한 과정이 반복된다. 한국에서 PC라는 새로운 게임 플랫폼이 등장할 당시, 콘솔의 제국이었던 소니나 닌텐도는 이에 제대로 대처하지 못하다 뼈아픈 실패를 맛보았다. 그리고 이제 '혁신의 재앙'은 한국 게임사에 돌아오고 있다. VR이라는 새로운 플랫폼의 등장에 한국 게임사는 대응하지 못하고 있다.

이런 특성을 본다면 4차산업혁명은 파괴적 혁신이 아니라고 판단할 수 있다. 아니 연속적 혁신이라는 관점에서 보는 것이 타당할 것이다. 연속적 혁신은 약자가 판을 뒤집을 기회를 주지 않는다. 한국이 가지는 위기감의 근원은 바로 여기에 있다.

예를 들어, 4차산업혁명의 주요 모듈인 인공지능(AI)은 구글의 딥마인드나 아마존의 알렉사가 대표 주자다. 자율주행이나 로봇의 경우 도요타, 혼다, 테슬라 등이 있고, 사물인터넷은 GE, 빅데이터에는 아마존, IBM 등이 포진하고 있다. 이런 글로벌 리그에 낄 수 있는 한국기업은 삼성전자나 현대차 정도다. 하지만 이런 기업조차 4차산업혁명의 글로벌 리그에 낄 수 있다는 말이지 그 흐름을 주도한다는 의미는 아니다.

4차산업혁명은 융합이기도 하다.

이미 제조업과 ICT(정보통신), 은행과 ICT 등 전통적인 산업 장르의 구분은 의미를 상실했다. 게임회사인 닌텐도는 애플이 자사의 경쟁자가 될 것이라고 상상도 못 했다. 도요타도 검색회사로 여긴 구글이 자신의 경쟁자가 될 것이라고 생각하지 못했다. 그러나 이제 이 모든 것은 현실이 되었다.

누가 적이고 누가 아군인지 뒤죽박죽이고, 하룻밤 자고 일어나면 기업 간 제휴 관계도 엉클어져 있다. 상황이 이러니 기업도 정부도 개인도 당혹스럽기는 마찬가지다. 이런 4차산업혁명의 본질을 고려하지 않고 무작정 덤비라는 것은 빈손으로 나가서 전사하라는 말과 같다.

4차산업혁명에 직면한 우리가 가장 먼저 해야 할 것은 우리의 역량에 대한 분석과 전략적 목표의 설정이다. 세계를 제패했던 한국 게임의 핵심역량은 엔진도 미들웨어도 아니었다. 바로 게임과 서버 기술의 결합에 기반을 둔 콘텐츠 제작 역량이었다. 게임 제작에서 콘솔보다 떨어지는 역량은 이용자 커뮤니티라는 새로운 시스템의 도입으로 커버했다. 이런 역량의 구축과 진화에 의해 한국 게임은 세계를 뒤흔들었다.

한국은 어떤 기술을 가지고, 어떤 핵심역량을 기반으로 4차산업혁명에 대응해야 할 것인가. 우리가 후세에게 약장수 소리를 듣지 않기 위해 고민할 문제다.

HOW TO MAKE THE KOREAN INNOVATION MODEL?

게임과 인공지능의 결합

어떤 게임회사 CEO가 진지하게 물은 적이 있다.

"4차 산업혁명이라고 난리인데 저희 같은 게임 회사와 관계가 있는 건가요?"

나와 오랜 친분이 없었다면 그는 이런 진솔한 질문을 하지 않았을 것이다. 4차 산업혁명으로 난리인 판국에, 빅데이터나 IoT, 인공지능 같은 단어를 한 마디라도 언급해야 나름 유식하고 시류에 앞서간다는 인상을 주는 세상 아닌가.

게임 산업은 말 그대로 총론 '백화제방', 그러나 각론 부재의 상태다. 알파고의 충격이 가신 지 얼마 되지 않지만 한국 게임이 어떻게 4차산업혁명과 결합해야 하는가에 대한 이야기는 그다지 없다. 특히 글로벌 게임 시장에서 중요한 화두로 떠오르고 있는 인공지능만 해도 우리는 이제 시작 단계다.

일본은 2016년 말 발매된 '파이널 판타지 15'를 비롯해 여러 게임에서 인공지능을 실험하고 있다. 사실 인공지능과 친화성이 있는 게임은 콘솔이다. 콘솔은 전통적으로 인간과 기계, 인간과 프로그램의 대결인 게임 형태다. 그래서 콘솔에 있어 인간의 행동에 근접한 캐릭터, 인간과 유사한 느낌을 주는 NPC(Non Player Character, 프로그램된 비인간형 캐릭터)는 중요하다.

그런데 어떤 경우에 인간은 인공지능에 친밀감을 느낄까. 두 가지의 경우가 있다. 첫째는 동일한 상황에서 인간과 유사한 반응을 보이는 것이다. 이를 반영한 게임이 '파이널 판타지 15'에 탑재된 AI다. 이 AI 캐릭터는 추우면 몸을 떨고, 비가 내리면 하늘을 쳐다보는 행동을 한다.

둘째는 인간의 예상을 벗어난 의외의 반응을 보이는 경우다. 게임은 아니지만 일본 마이크로소프트사의 '린나'라는 AI 여고생 채팅봇이 이런 경우다. 최근 서비스된 린나는 아직 어려운 대화를 할 수준은 아니다. 예를 들어, 내가 '학문'이나 '대학에 갈 건가' 등을 묻자 '사이타마(일본의 도시)' 같은 엉뚱한 답을 한다. 짓궂은 농담에는 '미안'이라고 대답을 피해 버리기도 한다.

그런데 놀랍게도 대화한 지 채 1분도 채 되지 않아 "당신 주변에는 엄청난 사람이 많을 거 같아, 게이오여고(일본의 명문여고) 학생 같은 겁나는 애들이 바글거릴 것 같네"라는 말을 던져 왔다. 의외의 대답이었다. 대답을 요구하지 않았는데도 날아온 말이었다. 린나의 이런 애교 넘치는 답변 때문에 벌써 5백만이 넘는 친구가 등록되어 있다. 이렇듯 약간 유치할 수도 있지만 귀여운 의외성은 인간을 설레게 한다.

4차산업혁명이라는 말은 무겁고, 거창한 느낌을 준다. 그래서인지 개발자에게는 부담스럽게 다가온다. 그러나 게임과의 결합은 알파고같이 심오하거나 고도의 기술을 구사하지 않아도 된다. 약간의 의외성, 약간의 애교만으로도 게임 유저들은 충분히 즐거워한다.

그런 점에서 인공지능 기반의 게임 개발은 기술 측면보다는, 플레이하는 유저의 즐거움과 위로라는 본연의 측면을 더 중시할 필요가 있다. 현실에서 구하지 못하는 '위안'을 구하고자 하는 것이 게임 아니었던가.

한국 게임사들도 최근 AI를 활용한 게임을 시도하고 있다. 하지만 여전히 기술이라는 중압감에 짓눌려 있는 느낌이다. 조금 더 과감하고, 가볍게 터치해도 좋지 않을까.

HOW TO MAKE THE KOREAN INNOVATION MODEL?

4차 산업혁명, 인간의 존재 이유를 묻다

AI(인공지능)나 로봇, 그리고 IoT, 빅데이터 등이 결합된 4차 산업혁명이 시작되고 있다. 사람들은 미래에 펼쳐질 세상에 대해 한편으로는 기대감을, 다른 한편으로는 두려움을 안고 주시하고 있다. 두려움의 근원에는 인간을 대체할지 모르는 '사물'이 있다. 사물은 지극히 논리적이고 감정에 휘둘리지 않으며 주어진 작업을 정해진 시간에 불평 없이 해낸다.

미래학자 토마스 프레이는 2030년까지 전 세계에서 20억 개의 일자리가 사라질 것으로 추정했다. 20억 개면 지구상 인류의 일자리 중 25%가 소멸한다는 계산이 된다. 이러니 사람들이 4차 산업혁명이 가져올 신세계보다 자신의 일자리를 빼앗길지 모른다는 두려움에 예민하게 반응하는 것도 당연하다.

인간과 경쟁하는 차가운 '사물'에 대한 공포는 인류 역사상 처음은 아니다. 러다이트 운동이 그것이다. '러디'라는 지도자 이름에서 유래한 러다이트 운동은 노동자에 의한 기계파괴 운동이었다. 기계에 의해 실업이 증가한다고 생각해 분노한 노동자들은 공장 내 기계를 폭력적으로 파괴한다.

1811년에서 1817년까지 영국 중북부의 직물공업지대에서 일어난 러다이트 운동은 단순히 기계 몇 대 부수는 수준은 아니었다.

그것은 자신의 생존과 목숨을 건 저항이기도 했다. 기계 파괴와 공장 건축물에 파괴에 대한 최초의 법률은 1769년 영국에서 제정되었다. 이 법률은 기계 파괴를 심각한 사회적 범죄로 규정, 해당자는 사형에 처했다.

1813년 1월 13일 요크에서는 3명에게 처음으로 사형선고가 내려졌고, 삼일 뒤에는 15명의 노동자가 처형되었다. 오늘날 한국에서는 기물손괴죄의 경우 3년 이하의 징역이나 700만 원 이하의 벌금형에 처한다. 이런 기준에 비추어 볼 때 영국의 처벌이 얼마나 가혹한지 알 수 있다.

영국의 시인 바이런은 러다이트를 자유를 위한 투쟁으로 인식, 미국 독립전쟁에 비유하면서 이렇게 찬양하기도 했다.

> 바다 건너 자유로운 젊은이들은 자유를 싸게 피로 샀다.
> 우리의 젊은이들은 자유롭게 살 것인가
> 아니면 투쟁 속에서 죽을 것인가.
> 그리고 러드 이외의 모든 왕을 무너뜨리자.

러다이트 운동 후 200여 년의 세월이 지난 지금 그 운동이 옳았다고 생각하는 사람은 거의 없다. 자본주의는 수공업을 파괴했지만 다른 한편으로는 사무직 노동자와 같은 새로운 직업을 만들어냈다. 심지어 사회주의 창시자인 마르크스조차 "물질적 생산수단이 아닌 사회적인 착취형태를 공격해야 한다"며 러다이트를 비판하기도 했다.

그럼에도 우리가 지금 러다이트 운동을 떠올리는 것은 그만큼 '사물'의 위협에 대한 본능적 공포가 크기 때문이다. 23년만에 독일로 돌아온 아디다스 공장, 스피드 팩토리는 100% 로봇 자동화 공정을 갖추고 있다. 상주 인력은 10여 명뿐이다. 연간 50만 켤레의 운동화를 생산하는 이 공장이 개도국에 있다면 600명의 노동자가 일했을 것이다.

아마존은 2012년 키바 시스템을 적용한 뒤 2년 동안 약 9억 달러의 인건비를 절감했고, 작업시간이 하루 평균 2시간 단축되면서 생산성도 크게 향상됐다. 이렇게 되면 글로벌 경쟁에 휘말려 있는 기업들이 인간을 대체할 수 있는 '사물'을 투입하지 않을 이유가 없다. IBM의 인공지능인 왓슨의 암판독 정확도는 96%에 달한다. '인간' 의사의 오진율이 20%에 달하는 것과 비교하면 왓슨은 인간보다 더 신뢰할 수 있을지 모른다. 가까운 미래에는 미크론 수준의 정교한 수술도 로봇이 인간보다 더 잘할 것이다.

여기서 인간은 인류 역사상 처음으로 자신의 '피조물'에 의해 부정당할지 모르는 상황에 직면하고 있다. 여기서 '인간의 가치는 무엇인가'라는 근본적이고 철학적인 질문이 나온다. 이런 질문은 단지 생산성이 얼마나 향상되고, 새로운 직업이 얼마나 창출될 것인가 등의 저차원적인 질문과 다르다.

'인간이 만든 창조물'과 인간이 공존해야 하는 세계에서 인간은 무엇을 해야 할까. 이 점에서 4차산업혁명은 지극히 철학적이다. 그리고 그 답은 4차산업혁명의 본질 속으로 안내해 줄 것이다.

HOW TO MAKE THE KOREAN INNOVATION MODEL?

4차산업혁명에 기반을 둔 콘텐츠의 진화

한국의 콘텐츠 산업이 기로에 서 있다. 콘텐츠 산업의 위기는 단지 중국의 사드 보복에서 오는 것은 아니다. 오히려 본질적인 위기는 한류로 대변되는 한국의 콘텐츠 산업이 내생적인 한계에 다다른 데서 오고 있다. 일본에서 한류 드라마는 밀려난 지 오래고 중국에서도 시간문제였을 뿐이다.

게임은 이미 중국시장에서 밀려났고, 드라마나 방송 예능에서 중국은 한국 콘텐츠 수입을 넘어 자체 제작을 위한 한국 인력 흡수 단계에 접어들고 있다. 이런 추세로 가면 조만간 한국시장에 '중류(中國流)' 열풍이 불지 말라는 법이 어디 있는가.

한류의 등장은 정부의 의도적인 정책과 노력으로 이룩된 것은 아니다. '겨울 연가'에서 시작된 일본의 한국 드라마 붐은 일본의 드라마 시장 조건에 맞아 떨어진 결과였다. 일본 드라마 시장은 젊은 층 대상으로 이동해 중년 여성의 이탈을 초래하고 있었다. 겨울 연가는 비어 있던 중년 여성 취향의 일본 멜로 시장에 자연스럽게 진입해 대성공을 거두었다. 한 일본 여성은 TV 예능 프로에 나온 배용준을 보고 나에게 이렇게 말했다.

"다도를 하는 배용준의 우아한 자태는 기존의 한국인 이미지를 산산조각 내 버렸어요."

게임도 그랬다. 중국에서 한국 게임이 맹위를 떨치던 2006년 당시 중국 문화부의 게임담당 과장은 나에게 이렇게 털어놓았다.

"한국 게임은 중국 젊은이들의 머릿속을 지배하는 마약과 같다. 이 상황을 그대로 보고 있을 수만은 없다."

그 후 중국 게임은 한국의 게임을 필사적으로 모방, 드디어는 한국 게임과 대등하거나 능가하는 수준에까지 이르렀다. 이제 한국의 게임사는 중국 게임 수입을 주저하지 않는다.

무엇이 문제였던가?

가장 먼저 지적할 수 있는 것은 성공에 따른 우리의 자만이다. '우리'라는 것은 정부와 민간, 양자를 말한다. 기업은 콘텐츠의 새로운 진화에 소홀했으며, 정부는 진화에 필요한 동력을 제공하지 못했다. 아니 제공하지 않는 것을 넘어 각종 규제를 남발, 한류에 찬물을 끼얹기도 했다. 게임 산업에 대한 각종 규제가 바로 그것이다. 이 점에서 지난 10년은 콘텐츠에 있어 '잃어버린 10년', '암흑의 10년'이라고 할 수 있다.

한류의 글로벌 확산은 새로운 기술과의 결합이 있기에 가능했다. 싸이의 강남 스타일 성공은 유튜브라는 플랫폼을 빼고는 말하기 어렵다. 한국 게임이나 웹툰의 성공도 인터넷이라는 새로운 기술 발전에 기반을 두고 있다. 한류의 성공은 콘텐츠와 정보통신기술(ICT)의 절묘한 결합에 있다. 반대로 일본 콘텐츠가 한국처럼 글로벌 폭발성을 가지지 못한 것은 바로 ICT와의 결합이 약하기 때문이다. 이 점에서 향후 한국 콘텐츠의 진화는 새로운 혁신적 기술과의 결합에 기반을 둬야 한다.

지금 4차산업혁명이 화두다. 인공지능이나 가상현실(VR) 같은 가상 기술의 등장은 콘텐츠의 기능과 역할에 변화를 요구하고 있다. 과거에 관객은 제작자의 의도대로 만들어진 콘텐츠를 단지 소비만 했다면 이제는 단순 소비가 아닌 콘텐츠 생성에 참여하는 주체로 변화하고 있다.

또한 인공지능에 기반을 둔 콘텐츠는 제작 방식도 변화하고 있다. 인공지능 기반의 게임은 플레이어의 수준에 맞추어 스스로 난이도를 조정할 수 있다. 드라마나 영화 역시 관객의 선택에 따라 다양한 스토리 전개가 가능할 것이다. 이러한 제작 방식과 콘텐츠 구성의 변화는 기존의 산업에 엄청난 충격을 준다. 그리고 적응하지 못한 개발자나 제작자들은 도태되느냐, '러다이트 운동(기계 파괴 운동)'이냐의 양자택일에 직면할 것이다.

퀀텀 점프(Quantum Jump)라는 말이 있다. 몸길이 3mm인 벼룩이 최고 33cm를 뛰어오른 것과 같은 도약을 말한다. 자신의 몸길이의 110배에 달하니 인간이라면 무려 200m를 뛰어올라야 한다는 계산이 된다. 4차산업혁명은 바로 이런 퀀텀 점프를 가능하게 하는 도구다.

이제 우리는 4차산업혁명이라는 화두에 맞는 콘텐츠 진화를 고민해야 한다. 새로운 기술과 결합한 새로운 콘텐츠는 한국의 내생적 위기를 극복하게 해 줄 것이다.

HOW TO MAKE THE KOREAN INNOVATION MODEL?

디지털 '십만양병론'

이명박, 박근혜 정부 10년은 가히 콘텐츠 산업의 암흑기라 할 만하다. 이명박 정부는 4대강 사업이라는 토목 사업에 22조 원을 쏟아부었고, 그 태반의 예산은 ICT와 콘텐츠에서 잘려나갔다. 박근혜 정부에 오면 콘텐츠에 대한 정책은 거의 실종되어 버렸다.

여기다 최순실이라는 인물은 문체부에 자신의 심복을 심어 예산을 요리하려고 했으니 제대로 된 관료가, 제대로 된 정책을 수립했을 리 없었다. 더욱 우려스러운 점은 콘텐츠나 디지털, 혁신, 융합과 같은 미래 준비를 위한 어휘들이 최순실, 차은택의 흙탕물을 뒤집어쓴 채 '조소'의 대상이 되고 있다는 것이다.

국내가 이렇게 어지러운 판국에 더해 한류의 미래에 대한 불안감도 증폭되고 있다. 중국의 콘텐츠 경쟁력은 이미 우리의 턱밑까지 치고 올라와 있다. 게임은 이미 중국에서 밀려나 있고, 드라마와 K팝은 위험수위에 와 있다. 중국 콘텐츠는 한국 피디를 직접 고용해 제작하는 단계에 와 있다. 콘텐츠 수입과 모방단계를 넘어서면 인력을 직수입해 제작하는 단계가 된다. 이 단계를 넘어서면 게임은 끝난다. 한국은 중국의 문화적 지배하에 놓이게 된다.

중국은 미국에 맞서는 유일한 강대국이며, 문화적 자존심이 무척이나 강한 국가다. 중국의 당이나 명, 송 그리고 청나라에 이르는 동안에도 그랬다. 이 시기에 고려와 조선은 거의 문화적 속국이나 다름없는 시기였다.

그런 '잠을 깨고 있는 사자' 중국에 대해, 사천성 인구의 절반에 불과한 한국의 콘텐츠가 중국을 뒤흔들고 중국인의 마음을 사로잡았다. 한국과 중국 5천 년 역사에서 단 한 번도 존재하지 않았던 문화적 상하관계의 역전이다. 그만큼 한류는 위대한 것이다. 그렇기에 한류는 단지 산업적 의미를 넘어 한국의 문명사적 의미가 있다.

하지만 이런 한류가 위기다. 그렇기에 우리에게 '잃어버린 10년'은 뼈아프다. 더구나 지금은 미국, 유럽발 4차산업혁명이 콘텐츠와 결합해 사회와 경제의 혁명적 변혁을 야기하고 있다.

그렇다면 이제 우리는 무엇을 해야 하는가. 잃어버린 10년의 회복과 한류 재도약은 '디지털 전사 10만 명 양성'에서 시작해야 한다. 가난하지만 우수한 청년 10만 명을 선발해 전 세계로 보내는 정책이다. 그것은 과거 당나라에 있던 '신라방' 같은 클러스터를 글로벌 차원에서 설치해 이곳을 통해 한국의 인재를 유입시키는 것이다.

그리고 그 시작은 전략적 거점 국가에서 시작되어야 한다. 미국이라면 실리콘밸리, 일본이라면 도쿄와 교토, 중국이라면 상해와 북경, 유럽이라면 베를린과 런던이 이러한 거점이 되어야 한다. 이 거점에는 한국의 젊은이들이 초기에 안착하고, 교육받을 수 있는 새 둥지 같은 시설이 자리 잡아야 한다. 이러한 거점은 기존의 코트라 같은 무역관과는 차원이 다른 혁신의 인큐베이션이 되어야 한다. 또 그것은 박근혜 정부가 재벌의 약점을 비틀어 억지춘향 격으로 만든 창조혁신센터 같은 곳과도 달라야 한다.

조선 중기 이율곡은 일찍이 조선의 변란을 예감하고 10만 양병설을 주장했다. 조선시대 인구가 420만이었으니 정병 10만 명은 당시 인구 비율로 따져 2.5%나 된다. 지금 한국의 인구 비례로만 계산해도 130만 명이라는 계산이 나온다. 130만 명은 지금 한국군 병력의 2.5배이니 정부 예산만 산술적으로 따져도 100조 원, 무려 25%의 정부 예산이 소요된다. 당시 류성룡을 비롯해 대신들이 벌떼같이 들고 일어나 반대할 만도 하다.

그러나 준비하지 못한 대가는 너무도 참혹했다. 임진왜란 후 도성 한양 인구는 10만 명에서 3만 명으로 줄었고, 170만 결이던 경작가능 토지는 3분의 1로 감소했다. 온 나라가 초토화된 것이다. 미래의 위기를 준비하지 않는 국가는 이렇게 된다.

한국은 5천 년 역사에서 처음으로 기회를 맞고 있다. 글로벌 문화 강대국으로서의 가능성이다. 백 년 후 우리의 후손이 지금의 우리를 어떻게 평가할 것인가, 깊이 고민하고 행동할 때다.

HOW TO MAKE THE KOREAN INNOVATION MODEL?

인구감소는 기회다

2032년부터 한국의 인구가 줄어든다. 통계청에 의하면 현재 한국 인구는 5,125만 명으로 2032년이 되면 0%의 성장을 기록할 것이라고 한다. 그리고 다음 해인 2033년부터는 인구가 감소하기 시작한다. 반대로 고령인구는 가파르게 증가해 현재 13.2%인 고령자 비율은 2030년에는 24.5%, 2060년에는 41%까지 폭발적으로 증가할 전망이다. 기근이나 페스트 같은 전염병이 유행하는 것도 아닌데 인구가 감소하고, 더구나 고령인구가 급증하는 것은 인류 역사상 초유의 사건이다.

중세 유럽의 흑사병은 신의 징벌에 의한 인간사회의 종말로 간주되었다. 유럽 중세사학자 필립 데이리더는 흑사병이 창궐한 초기 4년간 희생자를 통상 인구의 45~50%로 추산했다. 유럽에서는 지역에 따라 다양한 사망률을 보였는데 이탈리아, 스페인, 프랑스 남부 등에서는 지역에 따라 인구의 80%가 희생되는 경우도 빈번했다고 한다. 페스트 한 번에 인구가 절반으로 줄어든 것이다. 이때 희생자는 주로 면역력이 떨어진 노인이나 어린이들이었다. 중세까지 전염병은 노인인구를 강제로 소멸시키는 하나의 기제로 작동했다.

그러나 산업 혁명 이후 인간은 기아를 극복했고, 마침내 페스트 같은 '역병'까지 극복하고 있다. 그 결과 인류는 인구 폭발이라는 놀라운 생태계적인 변화를 맞이한다. 이런 인구 증가로 인해 불과 얼마 전까지만 해도 우리 정부는 어떻게 하면 인구증가를 억제할 것인가에만 골몰했다.

보건복지부의 가족계획 표어의 변화는 재미있다. 1982년에 나온 "둘도 많다. 하나 낳고 알뜰살뜰"이라는 구호는 1990년에도 이어져 "하나로 만족합니다. 우리는 외동딸"이 된다. 그러다 2004년이 되면 "아빠 하나는 싫어요"로 돌변한다. 인구증가율의 저하와 노인인구의 급증이 사회적 재앙이 될 수 있다는 조짐을 감지했기 때문이다. 불과 15년도 내다보지 못하는 것이 우리의 정부다.

그런데 인구 감소는 재앙일까. 꼭 그런 것은 아닐 것이다. 인구 감소는 우리의 준비 여하에 따라서는 기회일 수 있다. 4차산업혁명 과정에서 등장하고 있는 인공지능이나 로봇은 인간 노동력 부족을 메울 수 있는 좋은 도구다. 지금 자동차 조립라인에서 열심히(?) 일하는 용접로봇이나 운반 로봇은 인간 대비 몇 배의 생산성으로 기여하고 있다. 만일 근로자에게 다시 용접을 하라거나, 차량 시트를 손으로 들어 운반하라고 하면 바로 파업에 들어가지 않을까.

인구의 감소는 생산설비나 자원의 효율화도 촉진할 것이다. 인구의 감소는 시장 수요의 감소를 의미하고 그렇게 되면 비효율적인 기업은 도태될 수밖에 없다. 이런 자연도태에 의해 상대적으로 효율적인 기업이 생존하게 된다.

인구 감소는 해외의 우수한 젊은 인력을 유입시킬 수 있는 국가적 계기이기도 하다. 이미 지원자가 급감하고 있는 공대의 경우 우수한 동남아나 동유럽의 학생들이 대학 연구실을 메우기 시작하고 있다. 하지만 아직 우리 사회에서 그들의 가치는 인정받지 못하고 있다. 인구의 감소는 그들의 가치를 인정받게 하고 나아가 한국 사회의 다원화와 글로벌 리더십을 촉진할 것이다.

인구 감소와 고령화를 기반으로 설계된 새로운 사회 시스템은 강력한 산업경쟁력을 가질 수 있다. 우리 바로 옆 이웃인 중국은 조만간 우리보다 더 심각한, 거의 '핵폭탄' 수준의 재앙을 맞을 것이다. 중국에서 2020년이면 60세 이상 인구가 3억 명, 2030년에는 5억 명으로 무려 인구의 40%가 고령자가 된다고 한다.

이처럼 중국 사회는 고령화가 초고속으로 진행되지만 준비할 시간도, 예산도 부족하다. 중국은 인구의 15%에 해당하는 약 2억 명이 하루 생활비 1.25달러 이하인 국제 빈곤 기준상 빈곤층이다. 중국의 국가 정책은 빈곤층의 해소와 경제 성장에 있어 아직 인구 감소와 고령화 사회에 대한 대비를 하기 어렵다. 따라서 중국이 본격적으로 고령화 사회에 접어들 때 한국의 경제와 기업, 사회 시스템은 중국이 필요로 하는 바로 그 '솔루션'이 될 것이다.

위기는 기회이기도 하다. 지금이 바로 한국의 질적 전환을 위한 준비기, 시스템 설계의 순간이다.

HOW TO MAKE THE KOREAN INNOVATION MODEL?

정부는 혁신을 아는가

고려 시대에 중국 송나라에서 사신이 오게 되었다. 사신이 오는 것은 좋은 데 하나 문제가 있었다. 오기로 예정인 중국 사신은 학문에 대한 깊은 조예가 있어 꼭 상대측의 영접자를 시험해 보고, 만일 질문에 제대로 대답하지 못하면 심하게 무안을 주는 것으로 유명한 까다로운 인물이었다. 왕이 대신들을 대상으로 영접자를 물색했지만 서로 얼굴만 쳐다볼 뿐 아무도 선뜻 나서려 하지 않았다. 할 수 없이 전국에 방을 붙여 학식이 뛰어난 인물을 구했지만 이미 소문이 퍼진지라 역시 자원자가 없었다.

시간이 흘러 중국 사신이 오기 직전에 바보로 소문난 어느 젊은이가 응모하게 되었다. 이미 남은 시간이 없었기에 할 수 없이 그를 관리에 임명해 보냈다.

거만한 표정으로 도착한 중국 사신이 그를 보고 대뜸 두 손의 엄지와 검지를 붙여 사각형을 만들어 보였다. 그러자 이를 보던 바보가 역시 두 손의 엄지와 검지를 붙여 둥글게 만들어 보였다. 이에 당황한 표정을 지은 중국 사신은 다시 손가락 네 개를 펴 보였다. 그러자 바보는 이번에는 손가락 세 개를 펴 보였다. 더 당황한 표정의 중국 사신이 이번에는 수염을 쓰다듬었다. 이에 질세라 바보는 배를 쓰다듬었다.

여기까지 오자 얼굴이 하얗게 질린 중국 사신은 그대로 고려 국경에서 중국으로 돌아가 버렸다. 주위 사람들이 그 사신에게 물었다.

"왜 이렇게 도망가듯 돌아가십니까"

그 사신 왈

"내가 사각형을 보인 것은 '땅의 이치를 아느냐'는 것이었는데 그는 '하늘의 이치도 안다'고 대답했다. 내가 네 손가락을 펴서 '사서를 아느냐'고 묻자, 그는 '삼경도 안다'고 손가락 세 개를 펴 보였다. 내가 '신농(神農) 씨(중국에서 처음으로 농사와 의약을 가르쳤다는 전설 속의 황제)를 아느냐'고 묻자, 그는 배를 쓰다듬으며 복희(伏羲) 씨(팔괘를 처음 만들고 수렵과 어로를 가르쳤다는 전설 속의 황제)도 안다고 답했다. 저런 인물이 고려에 있다니 내가 돌아갈 수밖에 없지 않느냐."

한편 이 바보에게도 고려의 관리들이 물었다.

"도대체 어떻게 대답했길래 사신이 도망가듯이 돌아갔느냐."

바보 왈.

"저는 그 사람이 네모난 떡을 먹었다고 하길래, 나는 둥근 떡을 먹었다고 대답했고, 그 사람이 네 개를 먹었다고 해서 나는 세 개를 먹었다고 했지요. 그가 떡이 맛있었다고 수염을 쓰다듬기에 나는 배가 부르다고 답했지요."

이 바보는 사신을 맞이하기 직전에 어머니가 준 떡을 배불리 먹고 갔던 것이다. 두 사람은 심각하게 대화를 나누었지만 결국 전혀 딴생각을 하고 있었던 것이다.

이런 비슷한 상황이 21세기 한국 정부에도 있다.

정부: 창조경제에 대한 성공 사례를 많이 수집해 보고해 주십시오.

민간위원: 창조경제의 기준이 무엇인가요?

정부: 그건 워낙 다양해 말하기 어렵습니다.

민간위원: 그럼 어떻게 수집해야 하나요?

정부: 그건 여러분이 알아서 판단해 주세요.

이것은 정부 주최로 열린 자문회의에서 나온 대화다. 마치 위의 일화와 너무 흡사하지 않은가.

정부는 창조경제를 위해 '무슨 무슨 혁신위원회'를 만들고 혁신을 어떻게 할 수 있는가에 대해 머리를 안고 고민한다. 좋은 일이다. 지금은 한국사회가 모방(이미테이션)을 넘어 혁신(이노베이션)을 해야 하는 단계에 와 있다는 점에서 더욱 그렇다. 그러나, 문제는 혁신이라는 말이 또 하나의 유행처럼 번지고 있을 뿐 그것의 내용이 결여되어 있다는 것이다.

현재 논의되고 있는 혁신의 대부분은 단어를 '개선'으로 바꾸어도 전혀 문제가 없는 것이다. 실제로 혁신사례로 보고되고 있는 대부분의 사례는 약간의 개선에 그치고 있는 것이 많다. 문제는 이런 사소한 개선을 혁신으로 착각한다는 점이다. 혁신은 기본적으로 구제도와의 단절을 의미한다. 혁신은 기존의 비즈니스 모델이나 방식으로부터의 비약을 내포하고 있다. 혁신은 조직의 강한 저항을 수반하고 위험부담이 크기 때문에 성공 가능성에 대한 부담도 있다. 따라서, 혁신은 오랜 시간 인내심을 가지고 추진해야 한다. 과연 정부는 혁신이 무엇인지 알고나 있는 것인가.

HOW TO MAKE THE KOREAN INNOVATION MODEL?

한국 정부여! 등잔 밑을 보라

독일 프랑크푸르트 대학의 코넬리아 스토즈 교수로부터 갑자기 이메일이 날아왔다. 그녀(이름으로 보아 여자라 여겨지지만)는 자신에 대한 소개 후, 미국 캘리포니아 대학교수와 '앙트레프레너십(기업가 정신)'에 대한 연구를 진행하고 있다고 했다. 그는 학회 발표 예정 논문을 보내 나에게 논평해 줄 것을 정중히 요청했다. 여기까지는 대학 교수 사이에 흔히 있는 이야기다. 그런데 재미있는 것은 다음이었다. 이들의 연구주제가 '한국 온라인게임 산업의 기업가 정신'이었던 것이다.

스토즈 교수의 관심은 어떻게 기존의 대기업 체제를 벗어난 한국의 벤처기업이 우후죽순처럼 탄생, 글로벌 시장을 휩쓸었냐는 것이다. 한국 하면 재벌경제 또는 대기업 중심의 산업구조를 연상하는 그들이기에, 온라인게임과 같이 글로벌 시장을 뒤흔든 파괴적 혁신 사례는 충격적으로 다가온 것이다.

이처럼 전 세계에서 유일하게 인정하는, 파괴적 혁신을 이룩한 성공 사례로 주목받는 것이 한국의 온라인게임이다.

그러나 우리 정부는 한국 벤처보다 이스라엘에 더 관심이 있는 것 같다.

이스라엘 벤처의 원천으로 이른바 '후츠파 정신'은 유명하다.

후츠파란 '뻔뻔한, 오만한, 주제넘은' 등의 의미를 가지고 있는 히브리어다. 인구 710만 명인 이스라엘은 미국 다음으로 나스닥 상장 기업이 많고, 1,884명당 1명 창업이라는 가장 밀도 높은 벤처 창업이 일어나고 있다고 한다.

그런데 이스라엘이 성공한 데에는 중요한 물적 토대가 있었다. 그것은 미국에 존재하는 유대인 네트워크이다. 미국의 금융시장과 기업을 지배하는 막강한 유대인 네트워크가 존재하기 때문에 이스라엘에 미국의 자본과 기술이 흘러드는 것이다. 이 점에서 미국과 이스라엘은 인적 네트워크로 연결된 단일한 국가 체인이라 할 수 있다. 비이스라엘권 국가가 아무리 발버둥 쳐도 도달할 수 없는 태생적인 한계가 존재하는 것이다.

그러나 한국의 온라인게임은 이러한 미국의 자본과 인적 자산의 고리를 벗어나 혁신을 이룩하고 글로벌 산업을 주도한 놀라운 케이스다.

아니, 온라인게임은 1980년대 이후 20여 년 동안 정부의 방관과 무관심, 때로는 탄압 속에서 오직 혁신가들의 분출하는 에너지만으로 거대한 IT 생태계를 구축했다. 지금까지의 역사에서 개발도상국이 파괴적 혁신을 이루어 선진국을 뒤집은 사례는 그다지 존재하지 않는다. 그래서 미국이나 유럽의 학자들은 한국 온라인게임이 탄생한 '후추파 메커니즘'에 지대한 관심을 가지는 것이다.

등잔 밑이 어둡다는 우리 속담이 있다.

우리 정부는 미래 성장 동력을 찾기 위해 중동의 이스라엘까지 뒤지고 있지만 정작 바로 눈앞에 굴러다니는 황금은 안 보이는 것 같다. 멀리 해외로 가기 이전에 한국이 보유하고 있는 황금, 아니 황금이 태어난 과정을 제대로 연구하고 이를 정책에 반영하는 것이 먼저이지 않을까.

HOW TO MAKE THE KOREAN INNOVATION MODEL?

단 칼에 무 자르듯 되는 일은 없다

지난 2008년 1월 이명박 대통령 당선인은 인수위원회에서 전남 영암군 대불국가산업단지의 전봇대를 질타한 바 있었다. 10m 높이의 전봇대 때문에 20~30m 높이의 트레일러들이 도로를 통과하지 못한다는 것이다. 이 때문에 트레일러들이 통과할 때는 전선을 절단했다가 통과 후 다시 연결하는 어처구니없는 일이 생기고 있다고 당선자는 한탄했다. 이 전봇대는 불필요한 정부 규제의 상징으로 비난받았고, 3일 후 한전은 비가 오는 가운데 감전의 위험성을 무릅쓰고 공사를 강행, 두 개를 철거했다.

그 직후 비난의 표적이었던 산업자원부 사무관을 만난 적이 있었다. 그런데 사무관의 설명은 전혀 달랐다. 그는 전봇대 때문에 트레일러의 통행이 방해받는 것은 맞다고 인정했다. 그러나 문제의 원인이 전혀 달랐다. 그의 설명은 이랬다.

1997년 8월 준공된 대불공단은 42%대의 낮은 분양률에 허덕이고 있었다. 15개 블록 대부분이 4만 평에서 20만 평까지 광필지로 조성되어 부지 수요가 많은 5,000평 미만의 중소기업 입주는 거의 불가능한 형편이었다. 이 문제는 1980년대 말 한국토지공사가 공단을 조성하는 과정에서 수요를 잘못 예측해 일어난 것이었다.

또한 원래 대불공단은 전봇대뿐 아니라 도로, 다리의 하중에서 트럭의 회전 각도에 이르기까지 대형 트레일러가 다니지 않는다는 것을 전제로 조성되었다고 했다. 공단 내 업체들의 생산품은 통상 트럭이나 컨테이너로 운반되며 도로법상 적재 높이가 한정되어 있어 전봇대 높이 13m에 훨씬 미치지 못하기 때문에 문제가 없었다.

전봇대 문제는 추가 모집으로 입주한 업체 때문에 발생했다. 입주업체 지원율이 저조하자 관리위원회는 부랴부랴 추가 모집을 강행했고, 그 과정에서 입주해서는 안 되는 선박용 대형 블럭 제조업체가 입주한 것이다. 왜 처음에 고려하지 않았던 선박 블럭 제조업체가 입주했을까. 토지공사나 공단 관리위원회가 낮은 입주율에 대한 문책을 두려워해 아무 업체나 입주시켰으리라는 것은 예측 가능하다. 이처럼 문제의 원인은 전봇대가 아니라 반대로 트레일러였다. 애초에 트레일러가 다니면 안 되는 도로를 억지로 다니면서 애꿎은 전봇대만 마녀사냥한 꼴이 된 것이다.

더구나 사후약방문격으로 대형 트레일러가 통과하려면 전봇대 제거뿐 아니라 전선 지하매설, 도로 확장, 하중에 견딜 수 있는 교량공사 등을 다시 해야 한다. 단지 전봇대 몇 개 제거가 아닌 공단의 도로 주변을 재시공할 정도의 막대한 예산이 소요된다는 것이다. 이 공사비를 누가 책임질 것인가도 불분명했다. 이런 문제의 복잡성 때문에 5년의 이명박 정부가 끝난 지금까지 당시 뽑은 두 개의 전봇대 이외에 다른 전봇대들은 모두 '무사(?)' 하다고 한다.

세상사에 단칼에 무 자르듯 되는 일은 없다.

문제는 복잡하게 서로 얽혀 있어 무엇이 원인이고 결과인지 알기는 쉽지 않다. '전봇대 사건'만 해도 아무도 문제를 심층적으로 들여다 보지 않았다. 단지 관료들의 무능과 보신주의만을 규탄하고, 전봇대 두 개만 뽑고 의기양양하게 돌아갔을 뿐이다. 그러나 문제의 본질은 전봇대 두 개가 아니라 공단의 조성에서 시작해 낮은 입주율, 부적절한 입주업체 선정 등이 구조적으로 얽혀 있었다.

지금 유병언을 체포하고 '관피아'를 척결하면 모든 일이 다 해결되는 듯이 요란스럽다. 하지만 세월호의 비극 역시 많은 원인들이 구조적으로 얽혀 있었다. 이제 이런 구조적인 문제들을 하나하나 들여다보아야 할 시점이다. 노후 선박은 왜 수입해야 하는지, 선박이나 차량의 안전 검사가 왜 방치되고 있는지, 퇴직관료와 민간기업의 유착을 어떻게 차단해야 할지 등등 우리가 들여다 보아야 할 문제는 너무도 많다.

다시 5년이 지난 후 여전히 다른 '전봇대'들이 무사하다면, 아니 건재해서 활보하고 있다면 이건 코미디가 아니라 '피눈물 나는 비극'이지 않은가.

HOW TO MAKE THE KOREAN INNOVATION MODEL?

영혼 없는 공무원의 창조경제 딜레마

지난 2008년 1월 이명박 대통령이 당선된 후의 일이다. 대통령 인수위원회에서는 국정홍보처 공무원을 대상으로 노무현 정부 시절 언론 정책의 문제점을 추궁하고 있었다. 그때 출석한 해당 공무원이 "우리에게는 영혼이 없다"라고 대답해 장안의 큰 화제가 된 적이 있다. 영혼 없는 공무원론은 그 후 정부 관료의 기회주의성을 비난하는 말로 두고두고 사람들의 입에 회자되었다.

그러나 이런 일반적인 인식과는 달리 '영혼 없는 관료'는 독일의 사회학자 막스 베버의 이론을 너무도 잘 이해한 말이다. 19세기 근대 관료제의 이론적 기초를 제공한 막스 베버는 합리적이고 비인격적인 규칙에 따라 움직이며, 전문성을 가진 집행기구로서의 관료제를 주창했다. 이런 베버의 이론은 현대 국가의 골간을 이루는 행정조직의 설계 원칙으로 지금도 지켜지고 있다.

그래서 역설적이게도 관료에게 영혼이 없다는 말은 부끄럽거나 비난받을 단어가 아니라 베버의 이론을 가장 잘 이해한 명언(?)인 것이다. 또 정권이 바뀔 때마다 관료가 모순되는 정책을 충실하게 집행하는 것은 관료제의 본질에 충실한 것으로 비난의 대상이 아닌 칭찬의 대상이 되어야 한다. 오히려 우리가 우려하고 걱정해야 할 것은 관료가 관료로서의 기능을 넘어서는 역할을 하는 경우이다.

박근혜 정부가 추진했던 창조경제를 둘러싼 관료의 역할이 바로 이런 경우이다. 창조산업 사업 330개 중에서 이명박 정부의 녹색사업과 유사한 사업이 전체 예산 규모의 47.7%라고 한다. 전체 사업의 절반이 내용은 같으나 이름만 다른 사업이라는 것이다. 특히 미래창조부 사업의 경우 무려 63%의 사업이 이전 정부사업과 유사하다고 하니 더 할 말이 없다.

이런 중복성은 어쩌면 당연한 귀결로 가장 창조적이지 않은 관료들에게 가장 창조적인 역할을 요구한 결과로 나타난 문제이다. 여기서 문제는 사업의 중복성만은 아니다. 창조사업을 기획하고 예산을 분배하며 관리하는 기능이 전부 관료들의 손에서 이루어진다는 점이 더 큰 문제이다.

또 창조란 시간이 걸리는 행위이기도 하다. 1990년대 후반 블레어 총리 하의 영국 정부가 창조산업을 주창하면서 가장 먼저 교육 개혁을 했다. 초등학교에서 성인교육까지 영국 전체의 교육 과정 개혁에서 출발한 것이다. 창조산업이 몇몇 단기 프로젝트에서 나올 수 없다는 것을 영국정부는 알고 있었다. 그러나 지금 한국 관료들의 창조산업은 너무나 조급하다.

창조경제란 기존에 존재하지 않은 무엇인가를 만들어내는 창의적인 활동의 결과물이다. 창조적 활동은 결정된 사안을 집행하는 기계적 행위와 전혀 다르다. 모호하고 방향을 알 수 없고, 때로는 오랜 시간 실패를 거듭해야 하며, 실패할 경우 모든 비난을 감수하고 책임을 져야 하는 것이 창조적 활동이다. 이러한 창조경제의 특성은 관료제의 본질과 다르다. 관료는 정해진 정책의 집행 주체이지 정해지지 않은 사안을 창조하고 기획하는 것이 아니다. 이 점에서 지금 추진 중인 창조경제는 추진 주체의 측면에서 자기모순에 빠져 있다. 가장 창조적이지 않은 관료가 가장 창조적인 활동의 주체가 되어 있는 것이다.

한국을 대표하는 글로벌 기업으로, 가장 절박한 혁신의 과제를 안고 있는 주체는 삼성전자일 것이다. 2011년 애플의 스티브 잡스는 아이패드2 공개 행사에서 삼성전자를 '카피캣'이라고 공격했다. 카피캣을 우리 말로 번역하면 흉내쟁이 고양이 정도의 수준이지만 영어적 의미로는 상대의 지적재산을 훔치는 파렴치한이라는 치욕적인 뜻이 숨어 있다.

바로 그렇기 때문에 삼성전자는 이미 무덤에 들어가 있는 스티브 잡스의 조롱을 불식하기 위해 절치부심하는 것이다. 하지만 한국의 가장 우수한 인재가 모여 있다는 삼성전자조차 아직 세계가 인정하는 창조적인 제품을 내놓지는 못하고 있다. 다른 사람이 하지 않은 것을 하는 창조란 이토록 어려운 것이다.

창조 경제의 성패는 민간의 창의적 에너지를 어떻게 결집시키는가에 달려 있다. 과연 관료가 이런 역할을 수행할 수 있을까.

HOW TO MAKE THE KOREAN INNOVATION MODEL?

웹툰 산업, '정부 리스크'를 주의하라

최근 웹툰의 성장세가 심상치 않다. 만화는 오랜 세월 한국사회에서 천민(?)이나 천덕꾸러기 취급을 받아 왔다. 1970년대나 1980년대 종례 시간이면 담임 선생님이 던지던 주의사항이 있었다. "오늘 교육청에서 특별 점검이 있다고 연락 왔다. 만화방, 극장, 오락실에 절대 가지 말도록."

당시 만화방, 극장, 오락실은 '불량업소 3종 세트'로 간주되어 모범생은 절대로 가면 안 되는 시설이었다. 하지만 부모나 선생님 말씀을 곧이곧대로 듣는 자식이 어디 있는가. 나도 어린 시절 어머니 몰래 만화방에 가곤 했다. 한여름에 선풍기 아래 쭈쭈바를 빨며 보던 만화는 어찌 그리 재미있었던지 지금 생각해도 웃음이 나온다. 신간이 나오면 가장 먼저 보고 친구들에게 그 내용을 자랑스레 이야기해 줄 때도 있었다. 신간은 구간보다 대여비가 비싸기 때문에 신간을 본 친구는 선망의 대상이 되곤 했다.

그런데 음지의 산업이던 만화가 2000년대 들어 양지의 산업으로 변신하고 있다. 아니 산업을 넘어 온라인게임처럼 21세기 한국판 르네상스를 주도할 수 있는 또 하나의 중요한 혁신이 시작되고 있다. 이미 웹툰을 연재하고 있는 플랫폼만 30여 개가 되고 7천 개가 넘는 작품이 쏟아지고 있다. 가히 2000년대 초반 온라인게임을 방불케 하는 열기다.

웹툰의 가치는 아이디어의 보고(寶庫)라는 점에도 있다. 웹툰은 낮은 진입 장벽과 표현의 자유 때문에 다양한 콘텐츠 산업의 소스가 될 수 있다. 일본에서는 '망가'로 불리는 만화가 이런 역할을 했다. 일본 만화는 영화, 드라마, 게임 등 콘텐츠 산업의 뿌리로 작동하고 있다.

웹툰도 이미 소스 콘텐츠로서 기능하기 시작했다. 기안84 작가의 '패션왕'이나 주호민 작가의 '신과 함께'는 영화화되었거나 영화로 만들 예정이다. 웹툰 캐릭터를 이용해 라인이나 카카오톡에서 이모티콘을 만들거나, 기업이나 상품 광고를 만화로 제작하는 브랜드툰도 늘고 있다. 네오위즈는 '마음의 소리'라는 웹툰을 모바일 게임으로 개발했다. 연재가 끝난 웹툰을 종이책으로 출간하는 경우도 많아 네이버 웹툰의 60% 정도가 종이책으로 출판되었다. 웹툰의 이런 자생적인 에코시스템의 구축과 확장 과정은 한국 온라인게임 전성기와 너무도 유사하다.

"그렇다면 웹툰이 온라인게임과 같은 실수를 하지 않기 위해 중요한 것은 무엇인가요?"

어제 만난 기자가 나에게 이렇게 물었다. 나는 주저 없이 대답했다.

"정부 리스크."

온라인게임이 각광을 받자 정부는 뒤늦게 육성한다고 뒷북을 치다 규제로 돌아서 산업에 치명상을 안겨 주었다. 이미 웹툰에도 이런 조짐이 보이고 있다. 2018년까지 매출 1조, 수출 1억 달러 산업으로 육성하겠다는 문화부의 발표는 '정부 리스크'의 시작이다. 육성의 효과도 의심스럽고 다음에는 반드시 규제가 따라오니까. 박재동 화백은 이렇게 이야기 한 바 있다.

"과거 만화는 청소년들의 유일한 문화콘텐츠였다. 하지만 정부는 유해물질이라는 낙인 아래 만화책을 불태우며 억압했고, 지금은 진흥법을 만들어 죽은 산업을 살리려 하고 있다."

만화를 초토화시킨 장본인이 웹툰이 육성한다니 억장이 무너질 법도 하지 않은가.

HOW TO MAKE THE KOREAN INNOVATION MODEL?

포켓몬고, 명텐도고?

며칠 동안 연구실 전화가 불이 났다. 포켓몬고 신드롬에 대한 기자들의 인터뷰 전화였다. 그런데 기자들과 대화하다 한 가지 재미있는 사실을 발견했다. 7년 전 한국사회에서 논란이 된 소위 '명텐도'를 모르는 기자가 의외로 많다는 것이다. 하기야 7년 전이니까 지금 기자의 나이가 만 26세라면 한참 입시에 찌들었을 고3이었을 가능성이 크다.

명텐도는 이명박 전 대통령과 닌텐도의 결합어다. 2009년 2월 4일 이명박 당시 대통령은 과천 정부청사에서 비상경제대책회의를 주재했다. 그때 이 대통령은 "요즘 닌텐도 게임기를 초등학생들이 많이 가지고 있던데 일본의 닌텐도 게임기 같은 것을 개발해 볼 수 없느냐"고 주문했다. 당시 닌텐도 DS는 2007년 1월 국내에 정식 발매되어 200만 대 이상 팔리며 선풍적인 인기를 끌고 있었다. 이에 이 대통령은 국산 닌텐도를 만들어 일본에 수출하자고 한 것이다.

이 말이 보도되자마자 인터넷에서는 '명텐도'라는 신조어가 등장했고, 조롱하는 유사 시리즈가 범람했다. "왜 구글 같은 사이트가 없느냐? 명글개발", "왜 MS 윈도 같은 운영체계가 없느냐? 명도즈 MB 개발" 등 같은 우스갯소리가 차례로 등장했다.

그런데 7년이 지난 지금 '명텐도2'가 등장할지도 모르는 상황이 생겼다. 포켓몬고가 몰고 온 충격 때문이다. 한국은 온통 포켓몬고로 들끓었다. 속초 가는 버스표는 매진되었고, 속초 시장실까지 나타난 포켓몬은 모두를 환호하게 했다. 하기야 미국 미시건 주에서는 지명수배자가 포켓몬을 잡느라 제 발로 경찰서에 들어가는 일까지 생겼으니 아직 우리의 소동은 약과일지 모른다. 어쨌든 닌텐도는 한국에서 돈 한 푼 안 쓰고 수조 원의 마케팅을 했으니 개발뿐 아니라 마케팅의 선수이기도 한 것 같다.

그런데 기자들이 또 공통으로 묻는 것이 있었다. "그럼 우리 정부는 무엇을 해야 하나요", "왜 여기서 정부를 묻는가"라고 반문하고 싶었다. 정부에 명텐도2를 만들어 달라고 할 것인가?

포켓몬고의 대박은 닌텐도가 와신상담한 산물이지 일본 정부의 '지도'나 '지원'의 산물은 아니다. 마찬가지로 포켓몬고를 극복하는 것 역시 우리 기업의 노력에서 나와야지 정부의 지도에서 나올 것은 아닐 것이다.

2016년 정부의 R&D 예산은 20조 원에 육박하지만 포켓몬고와 같은 성공작을 만들지 못하고 있다. 그도 그럴 것이 포켓몬고는 기술집약형이 아닌 보급형 미들 테크노로지(중급 기술)에 기반을 둔 제품이기 때문이다. 이 점에서 포켓몬고는 철저하게 비즈니스 전략의 산물이다.

왜 우리는 포켓몬고를 만들지 못했을까. 이 질문과 추궁은 게임업체와 삼성전자와 같은 디바이스 회사에 던져야 한다. 왜 VR

같은 하이테크에 집착해 정작 글로벌 시장을 닌텐도에 넘겨 주었을까라는 질책은 이들 기업에 던져야 한다.

넥슨 김정주 회장이 진경준 검사장에 만들어 준 126억 원을 '메이플스토리고'나 '크레이지아케이드고'를 개발하는 데 썼다면 지금쯤 전 세계는 넥슨 열풍으로 들끓고 있지 않았을까.

HOW TO MAKE THE KOREAN INNOVATION MODEL?

우리는 왜 포켓몬을 만들 수 없는가

포켓몬고의 한국 '공습'이 시작되었다. 개발사 나이앤틱의 국내 서비스가 시작되면서 우리 게임사에는 긴장감이 감돌고 있다.

포켓몬고는 가히 허리케인급이다. 2016년 7월 출시된 포켓몬고는 출시 3개월만에 매출 6억 달러, 다운로드 수 5억 건을 넘어섰다. 한국 1위의 모바일게임 세븐나이츠의 2년 누적다운로드 수가 1,350만 건이니 거의 37배 차이가 난다.

포켓몬고의 등장은 개인적으로도 고민이다. 내 강의실에 피카츄가 등장해 학생들이 앞 다투어 잡으려 할 때 관대하게 허용해야 되는가, 아니면 해당 학생을 강의실에서 추방(?)해야 하는가의 문제다. 미국에서는 몬스터를 잡으려다 교통사고를 당하고, 절벽에서 실족사하고, 심지어 원전에 몰래 침입했다 경찰에 체포되는 소동까지 생겼으니 강의실에서의 소동은 애교 수준 아닌가.

포켓몬고의 성공 뒤에는 포켓몬이라는 강력한 IP가 있다는 것은 주지의 사실이다. 그런데 포켓몬을 볼 때마다 떠오르는 또 하나의 캐릭터가 있다. 슈퍼마리오다. 포켓몬과 쌍벽을 이루는 글로벌 캐릭터다.

지난 브라질의 리우올림픽 폐막식에서 아베 일본 총리는 마리오 복장으로 깜짝 등장했다. 이 행사를 위해 아베 총리는 무박 3일

일정으로 도쿄에서 리오까지 비행기로 날아갔다. 일본 현지의 '도라에몽(만화 주인공)'에게서 공을 넘겨받아 리우올림픽 경기장에 나타난 마리오는 놀랍게도 아베 총리였다. 일국의 총리가 게임 캐릭터 복장을 입고 나타난 것은 세계인을 놀라게 했다.

일본의 IP가 일본을 넘어 세계인의 사랑을 받고 있는 것은 이유가 있다. 그것은 일본의 게임과 망가(일본 만화), 아니메(일본 애니메이션)라는 삼각 편대가 서로 상승작용을 하고 있기 때문이다. 1996년 2월에 처음 게임으로 나온 포켓몬은 고작 23만 개가 판매되어 그리 성공한 게임은 아니었다. 그러나 카드게임 출시에 이은 만화와 애니메이션이 제작되면서 폭발적인 인기를 얻었다. 이런 선순환과 시너지의 사이클에 때로 영화가 동참하기도 한다.

하지만 한국에는 게임과 만화, 애니메이션의 연결과 상호작용이 없다. 만화 원작을 게임에서 사용하기는 하지만 서로가 서로를 끌어 올려주지는 못한다. 강력한 시너지가 없다는 이야기다.

또 하나의 이유는 문화적 시민권의 이슈다.

일본의 게임은 '양지의 산업'이지만 한국의 게임은 '음지의 산업'이다. 게임은 비난과 억압의 대상이다. 이런 상황에서 만일 한국의 대통령이 리니지 전사 복장을 하고 나타난다면 그건 비난이나 조소의 대상이 되기 십상이다.

일본의 중심부 도쿄역에는 외국 관광객이 열광하는 곳이 있다. 캐릭터샵이다. 피카츄, 도라에몬, 이웃집 토토로 등 평소 동경하던 캐릭터 사이에서 남녀노소, 일본인, 외국인을 막론하고 모두 캐릭터를 안고 행복해한다. 우리에게는 이런 곳이 없다.

이제 한국의 게임 캐릭터들도 부산 지스타의 좁고 답답한 전시장을 뛰쳐나와야 할 때가 아닌가.

HOW TO MAKE THE KOREAN INNOVATION MODEL?

포켓몬고, 이제 우리의 전략은 무엇인가

포켓몬고의 2차 공습(?)이 시작되었다. 2016년 7월 1차 공습에서는 속초가 포켓몬고의 성지가 되어 이용자들은 앞 다투어 속초행 버스에 올랐다. 그로부터 7개월 만에 포켓몬고는 글로벌 매출 10억 달러(한화 1조 2천억 원)를 기록, 모바일 게임 사상 최단 기록을 세웠다. 현재 세계에서 연 매출 10억 달러를 넘긴 게임은 단 세 개에 불과하다.

그리고 그 여세를 몰아 포켓몬고는 한국에 진입했고, 새로운 기록을 세우고 있다. 천만 다운로드, 7백만 이용자의 하루 평균 3시간 반 이용 등 1차 공습을 능가하는 충격을 던지고 있다. 나 역시 예외는 아니다. 중학생 딸과 함께 포켓몬고 경쟁을 시작했고, 3월에 개학하면 학생들과 함께 학교 캠퍼스를 배회하게 될 것이다.

도대체 포켓몬고는 왜 사람들을 이렇게 몰입시키는 것인가. 그 이유는 세 가지로 정리할 수 있다.

첫째, 보급형 중급 기술 기반 게임이라는 점이다. 포켓몬고는 기술집약형이 아닌 보급형 미들 테크놀로지(중급 기술)에 기반을 둔 제품이다. 따라서 게임 플레이에 어려운 스킬이 요구되지 않는다. 포켓몬고는 게임에 약한 여성이나 중년 남자를 쉽게 끌어들인다.

둘째, 포켓몬이라는 강력한 지식재산권(IP)이다. 1996년 게임이 출시된 이래 만화, 애니메이션 등 포켓몬 관련 매출은 무려 50조 원으로 추산되고 있다. 콘솔게임기가 힘을 쓰지 못하는 한국에서조차 포켓몬은 누구나 아는 캐릭터다. 이런 유명 글로벌 캐릭터에 기반을 두고 있으니 벌써 70점은 먹고 들어간 것이나 마찬가지 아닌가.

셋째, 온라인과 오프라인의 믹스이다. 스마트폰 게임이 실내의 게임을 실외로 끌어냈다면 포켓몬고는 게임을 매개로 가상과 현실을 융합했다. 나는 포켓몬고를 시작한 지 얼마 되지 않아 볼을 다 소진해 버렸다. 그러자 미처 잡지 못한 '몬스터 게'가 내가 이동하는 장소마다 출현해 나를 놀려 댔다. 얼마나 분하고(?) 어처구니 없었는지 모른다. 이처럼 현실의 세계를 게임의 일부로 사용하는 것, 바로 포켓몬고의 전략이다. 그러나 우리의 게임은 여전히 게임의 세계에 머물러 있다.

그러면 이제 우리는 무엇을 해야 할까. 먼저 정부가 깊이 고민해야 할 점은 산업이나 혁신 정책이 '기술을 위한 기술 개발'에 치중하고 있다는 것이다. 2016년 정부 연구개발(R&D) 예산은 20조 원에 육박하지만 포켓몬고와 같은 성공작을 만든 적은 없다.

둘째는 게임사의 IP 생성과 관리다. 한국 게임사가 IP의 중요성을 자각한 것은 중국 개발사 때문이었다. 중국기업이 뮤나 미르의 전설2 같은 한국산 게임을 기반으로 모바일게임을 개발하고 중국시장에서 대성공을 거두면서 뒤늦게 한국 게임사들은 IP 관리에 나섰다. 닌텐도는 초기부터 게임 IP 관리에 소홀하지 않았다.

캐릭터 생성도 중요한 이슈다. 일본시장을 보면 포켓몬뿐 아니라 슈퍼마리오, 원피스, 도라에몽 같은 다양한 종류의 캐릭터가 경쟁하고 있다. 이러한 캐릭터는 모두가 게임의 소재가 되고 있다.

셋째는 혁신 생태계의 복원이다. 2000년대 중반까지 한국의 게임에서는 질풍노도처럼 혁신의 연쇄반응이 일어나고 있었다. 게임 장르도 RPG에서 캐주얼, 웹보드게임에 이르는 다양한 형태가 등장했고, 비즈니스 모델도 월정액에서 아바타나 아이템 판매 같은 놀라운 혁신이 등장했다. 지금 게임의 보편적 비즈니스 모델인 'Free to Play(무료 사용 후 아이템 판매)'는 한국이 원조다. 이러한 한국의 혁신을 외국인들은 경이의 눈으로 바라보았다.

그러나 2000년대 후반을 지나면서 혁신의 연쇄는 끊어졌다. 한술 더 떠 정부는 규제를 중심으로 정책을 펼쳤고, 게임사는 리스크 테이킹이 아닌 '리스크 헤지(위험 회피)'로 나갔다. 게임사와 정부가 리스크 테이킹과 혁신의 생태계를 복구하는 것, 그것은 앞으로 사활적인 과제가 될 것이다.

포켓몬고는 우리에게 충격을 던져 주었다. 앞으로 충격이 충격으로 끝날지 아니면 충격을 극복하고 나갈지는 우리의 선택이 될 것이다.

HOW TO MAKE THE KOREAN INNOVATION MODEL?

창조산업과 정부의 역할

원유가의 급락은 항상 국내 산업에 큰 충격을 준다. 한국의 경우 부존자원이 풍부하지 않기 때문에 해외 시장의 원자재 가격 변동에 커다란 영향을 받아야 한다. 하지만, 한국이 국제 경쟁력을 가지고 있는 산업 중 유일하게 이런 원자재의 가격 변동에 영향을 받지 않는 산업이 있다. 그것은 콘텐츠 산업이다.

콘텐츠 산업은 제조업과 달리 대규모 설비나 원자재가 거의 소요되지 않고, 주로 고급 인적자원에 의존하는 산업이라는 점이 특징이다. 이 점에서 최근 유행하고 있는 피터 드러커나 앨빈 토플러의 말을 빌자면 콘텐츠 산업은 '지식기반산업'이라고 할 수 있다.

이렇듯 새로운 지식기반 경제의 중추가 될만한 한국의 디지털 콘텐츠 산업이 르네상스를 맞이하고 있다. 디지털 기반의 콘텐츠 산업은 아시아는 물론 세계시장에서 주목받고 있다. 온라인게임에서의 유료아이템 판매에 의한 수익모델 등은 각국 기업의 비상한 관심을 불러일으키고 있다.

그런데, 최근 이런 중요한 의미를 가진 콘텐츠 산업에 대한 새로운 도전이 시작되고 있다. 모바일 콘텐츠나 온라인 시장에 미국이나 일본, 중국 기업의 약진이 가속화되고 있다. 이런 상황이 가속화될 경우, 한국이 개화시킨 디지털콘텐츠의 결실은 미국이나 일본, 중국 기업이 수확하게 될지도 모른다.

그러나, 이런 상황에도 불구하고 여기에 대처할만한 국내 디지털콘텐츠 기업의 역량은 극히 취약한 상태이다. 개발 프로젝트에 대한 관리 능력, 글로벌 마케팅 능력, 경영 능력의 결여는 한국의 디지털콘텐츠 산업의 질적 도약을 가로막고 있다.

더욱 심각한 문제는 디지털콘텐츠에 대한 정부 정책상의 미숙이다. 디지털콘텐츠의 중요 특성 중 하나는 '융합성'이다. 게임이나 캐릭터, 음성, 영상 등의 각 콘텐츠 요소와 기술이 다양한 플랫폼 위에 통합되어 가는 것이 디지털콘텐츠의 특성이다. 이 점이 하드웨어 제품과는 근본적으로 다르다.

하지만, 정부는 여전히 제조업 기반과 동일하게 각 영역별로 할거하는 구조를 유지하고 있다. 예를 들어, 기술은 미래부, 수출지원은 산자부, 콘텐츠 제작은 문체부 하는 식으로 정부의 각 부처 역할이 수평으로 분할되어 있다. 최근 해외 해커들의 소스 코드 해킹이나 국내 핵심 기술자의 해외 유출 문제가 심각해지면서 국정원 역시 대책에 고심하고 있다. 그럼에도 불구하고 분리된 정부 조직 구조하에서 서로 유기적인 협력과 조정이 이루어지지 않고 있으며, 업무 중복에 의한 예산 낭비 역시 심각하다.

한 산업의 글로벌 경쟁력은 기술, 콘텐츠, 글로벌 마케팅 등의 통합된 역량을 바탕으로 육성된다. 기술과 콘텐츠 면에서 우위를 점하고, 이것이 해외 마케팅과 결합될 때 비로소 강력한 경쟁우위를 보유하게 되는 것이다. 이 점을 고려할 때 현재의 분할된 정부

구조는 디지털 콘텐츠 산업의 문제 해결을 지원할 수 없으며, 따라서 정부구조는 부처 간의 협력과 갈등을 조율할 수 있는 총리실이나 대통령 산하의 위원회 구조로 변화해야 할 것이다.

'자유는 잃고 나서야 그 소중함을 안다'는 말이 있다. 콘텐츠 산업 역시 마찬가지이다. 한국의 콘텐츠 르네상스가 좌절되고 나서야 그 가치를 안다면 너무 어리석지 않은가.

HOW TO MAKE THE KOREAN INNOVATION MODEL?

정부 R&D사업, 좀비기업의 온상이다

요즘 좀비기업이 화두이다. 좀비기업은 정상적인 기업에 돌아가야 할 혈액(자금)을 빨아 먹으며 생존하는 암적인 존재다. 2016년 감사원은 좀비기업을 척결하기 위해 '정의의 칼'을 뽑아 들었다.

그런데 좀비 입장에서는 자신의 이름이 거론되는 것이 불편할 것 같다. 사실 좀비는 영화나 드라마에서처럼 인간을 공격하거나 해를 끼치는 존재는 아니다. 서아프리카 종교인 부두교에 따르면 좀비는 사제 보커가 인간으로부터 영혼을 뽑아낸 존재다. 보커에게 영혼을 빼앗긴 인간은 판단능력을 잃어버리고 좀비가 돼 보커의 명령에 복종해야 한다. 보커는 이런 좀비를 노동자로서 착취하거나 인신매매꾼에게 팔아버리기도 한다.

이런 인간의 좀비화에 사용되는 약품이 '좀비 파우더'라고 한다. 웨이드 데이빗 하버드대 민속식물학자에 의하면 좀비 파우더의 주성분은 복어 독인 테트로도톡신으로 이 독을 인간에게 침투시켜 가사 상태로 만든다는 것이다. 가사 상태로 있으면 산소 결핍에 의해 뇌의 전두엽에 손상이 생겨 판단능력이 결여된 인간, 좀비를 만드는 일이 가능한 것이다. 좀비는 영화 속에서처럼 인간을 공격하는 악한 존재가 아니라 인간에게 착취당하는 가련한 존재였던 것이다. 지금의 공포스러운 좀비의 이미지를 만들어낸 것이

1968년 조지 로메로 감독의 영화 '살아 있는 시체의 밤'이었으니 좀비들은 억울할 법하다.

감사원이 한 해 약 19조 원을 투입하는 국가 연구개발(R&D) 사업에 칼을 빼 들었다. 부처 간 중복과제 등 예산투자의 효율성 및 투자성과를 집중 점검하는 등 국가 R&D 사업 전반에 걸쳐 문제점을 철저히 파헤친다고 한다. 하지만 이런 감사원의 선전포고와 달리 좀비기업들은 그다지 긴장하는 기색이 없다. 어차피 지나가는 바람이고 생존하는 데 크게 지장 없다는 반응이다.

감사원의 의욕과는 달리 정부의 R&D 사업의 좀비화는 쉽게 단절될 수 없다. 아마 감사원은 R&D 사업의 중복성을 집중 확인할 것이다. 그런데 본질적으로 동일한 사업이지만 다른 사업명칭을 가지고 있을 때, 또는 동일한 사업을 다른 기술로 접근할 때 그들은 어떻게 판별할 수 있을까. 감사하는 주체가 R&D 사업의 비전문가인 마당에 말이다. 정부 사업에 기생해 사는 좀비기업을 색출해 내는 작업 역시 쉽지 않다. 정부 과제 심사에서 여러 분야 전문가들이 모여 해당 기업에게 발표를 시키고 심도 있는 질의응답을 해도 판별은 쉽지 않다. 더구나 과제 심사위원이 비전문가일 때 이미 게임은 끝이다.

좀비기업을 차단하는 것이 어려운 다른 이유는 정부 공무원이나 산하 기관과 거대한 먹이 사슬을 형성하고 있기 때문이다. 좀비기업은 '갑'인 정부 공무원이 부르면 언제든지 달려간다. 이 점에서 관료와 좀비기업은 공생관계인 셈이다. 좀비기업은 정부 사업을 수주하기 위한 전담 부서를 가지고 있고 정부 과제를 수주하기 위한 유능한 컨설턴트조차 존재한다.

좀비기업은 상황에 따른 변신도 능하다. 이들은 카멜레온처럼 관료의 주문에 맞춰 어떤 형태의 제안서든지 만들어 온다. 뛰어난 문서 편집 능력, 전문가 빰치는 프레젠테이션 능력을 웬만한 수준의 심사위원은 당해낼 수 없다.

사후 체크가 문제라고? 이 역시 어렵지 않다. 해당 사업이 실패로 평가되면 담당 공무원이 문책을 당하기 때문에 심사위원과 사전에 결론을 조율하는 것은 필수적이다. 정부 R&D 사업의 99%가 성공으로 나오는 이유가 여기에 있다. 물론 서류상으로 성공한 R&D 사업이 시장에서 성공하는 경우는 거의 없다.

그래서 한국의 R&D 정부 지출이 국내총생산(GDP) 대비 4.1%로 경제협력개발기구(OECD) 국가 중 최고지만 그 성과는 별 볼 일 없는 것이다. 하지만 이 역시 문제가 되지 않는다. 몇 년 지나면 정부 부처의 담당자가 바뀌고 전임자가 무슨 생각으로 그 정책을 기안했는지 아무도 모르기 때문이다. 인간이 망각의 동물이라는 것은 참 편리하다.

오늘도 좀비기업은 솔로몬왕의 명언을 되새길 것이다. '이 또한 지나가리니…' 그렇다. 정권은 짧고 좀비기업은 길다.

HOW TO MAKE THE KOREAN INNOVATION MODEL?

한국이 노벨상을 못 받는 이유

2014년 유럽우주국은 혜성 위에 탐사선을 착륙시키는 대사건을 성공시켰다.

로제타호의 탐사로봇 필레는 지구에서 5억 천만km 떨어진, 화성과 목성 사이에 있는 혜성, 그것도 초속 18km라는 놀라는 속도로 날고 있는 곳에 착륙한다. 총알의 속도가 초속 1km이니 총알의 18배 속도가 어느 정도의 스피드인지 상상도 되지 않는다. 유럽우주국의 맷 테일러 박사는 "날아가는 총알을 맞히겠다며 눈을 가린 채 말을 타고 질주하면서 총알을 쏘는 격"이라고 이번 프로젝트의 난이도를 표현하지만 혜성이 총알의 18배 속도이니 이 또한 적절한 비유는 아니다.

이런 프로젝트를 하겠다고 덤비는 자체가 어처구니없기도 하다. 우선 비용이다. 유럽우주국은 이번 로제타 프로젝트에 13억 유로(한화 1조 8천억 원)를 투자했다. 다음으로 수행기간이다. 로제타호는 지난 2004년 3월 아리안 로켓에 실려 발사된 뒤 10년 5개월간 64억km를 비행해 2016년 8월 목성을 도는 67P 혜성의 궤도에 진입했다. 10년 전인 2004년이라면 한국이 어떤 프로젝트를 하고 있었는지 기억도 나지 않는다. 그런데도 유럽우주국은 10년에 걸쳐 성공할 가능성이 거의 없는 프로젝트에 도전하고 있던 것이다. 이런 황당무계한(?) 프로젝트에 어떻게 10년 동안 예산이 부여되었는지 신기할 정도다.

또 하나 우리를 당혹스럽게 하는 사건이 있었다. 2014년 일본은 또 노벨상을 수상했다. 아카사키 이사무, 아마노 히로시, 나카무라 슈지 등 3명의 교수가 노벨 물리학상을 수상했다. 이 중 메이조대학의 아카사키 이사무 교수는 수상 당시 85세였다. 그는 교토대를 졸업한 뒤 마쓰시타(현 파나소닉) 전기 연구소 연구원, 나고야대 교수를 거쳐 메이조대 종신 교수로 재직 중이다. 마쓰시타 연구소 시절인 1973년부터 청색 LED 개발을 시작했으니 40년 만에 성과를 인정받은 셈이다. 그나마 살아 생전에 노벨상을 받았으니 다행이라고나 할까. 아카사키 교수는 수상자 발표 후 열린 기자회견에서 "연구를 시작할 때 20세기 중에는 못할 것이라는 말을 듣고 연구를 그만두는 사람도 많았지만 나는 조금도 그런 생각은 하지 않았다"고 말했다. 로제타 프로젝트처럼 황당하기는 마찬가지다.

이런 두 사례의 공통점은 두 가지다. 첫째는 길고 긴 장기프로젝트라는 점, 둘째는 처음 들으면 말도 안 되는 연구를 수행하는 '오타쿠'를 용인한다는 점이다. 이 두 가지 포인트는 정확히 한국의 현실과 반대된다.

한국은 연구 평가 척도에 중대한 결함이 있다. 단기 업적에 대한 집착과 오타쿠의 부정이다. 대학교수나 연구기관의 연구원들은 한 해 한 해 업적평가를 받으며 그 평가의 기준은 이공계라면 SCI, 문과계열 교수라면 SSCI라는 미국 민간회사의 저널리스트에 나열된 논문집에 논문이 실리느냐에 달려 있다. 국내 학회지도 한국연구재단이 관리하는 등재지와 등재후보지라는 논문집 리스트에 따라 평가받는다. 국가가 학자들의 논문을 평가해 점수를 주는 나라가 세상에 어디 있을까. 도쿄대의 지도교수에게 이런 한국식 논문 평가 시스템을 말하자 충격에 입을 다물지 못했다.

"어떻게 정부가 학자의 논문을 평가할 수 있나…"

따라서 해마다 논문으로 평가받는 교수나 연구원들은 절대 장기연구나 오타쿠 연구를 하지 않는다. 해마다 정해진 분량의 논문을 써야 하고, 논문의 내용이 아닌 논문의 양으로 평가받는 상황에서 당연한 귀결이다.

그러나 해마다 꼭 이맘때쯤, 노벨상 수상이 보도되면, 그리고 일본이 수상하면 똑같은 교훈과 반성이 한국 사회를 뒤덮는다. 그리고 다음 날이 되면 언제 그랬냐는 듯이 우리의 시스템인, '도토리 키재기 논문 생산 방식'으로 돌아간다.

아카사키 교수는 젊은 연구자들에게 "유행하는 연구에 매달리지 말고 자신이 하고 싶은 일을 하는 것이 최고라고 생각한다. 자신이 하고 싶은 일이라면 좀처럼 결과가 나오지 않아도 계속할 수 있다"고 말했다. 이 말을 한국에 대입하면 이렇게 될 것이다.

"자신이 하고 싶은 일보다는 유행하는 연구에 매달리는 것이 최고라고 생각한다. 자신이 하고 싶은 일이라도 결과가 나오지 않으면 빨리 그만두는 것이 좋다고 생각한다."

HOW TO MAKE THE KOREAN INNOVATION MODEL?

규제는 창조를 죽인다

삼국지에 '죽은 공명이 산 중달을 쫓아 버렸다'는 유명한 이야기가 있다. 제갈량이 죽은 후 위나라의 군사 사마의가 촉군을 공격했는데 이때 촉군은 죽은 제갈량을 수레에 앉혀 살아 있는 행세를 했다는 이야기다. 사마의는 제갈량의 모습을 보고 혼비백산, 줄행랑을 쳐 후세에 두고두고 조롱거리가 된 사건이다.

하지만 우리가 사마의의 '조건반사적 도주'를 비웃기에는 마음에 걸리는 부분이 있다. 얼마 전 지하철을 탔다가 문득 고개를 들어 주변을 돌아본 적이 있다. 오전 10시라 사람들이 많지 않았다. 그런데 내가 탄 차량에 앉고 서 있는 모든 사람이 묵묵히 손안의 스마트폰만을 들여다보고 있었다. 분명 친구들이나 가족으로 보이는 사람들도 함께 있는 것 같았지만 그들은 서로 말이 없었다. 승객들이 옷만 허름하게 입고 있다면 분명 '좀비'로 가득한 지하철이 아닌가. 소름이 오싹했다.

우리의 삶은 이렇게 '파괴한(?)' 인물이 바로 스티브 잡스다. 스티브 잡스가 기획한 스마트폰은 우리의 삶과 인간관계를 이토록 철저하게 그의 의도대로 바꾸어 버렸다. 우리는 이미 죽어 관 속에 있는 스티브 잡스의 거미줄 속에서 꼼지락거리고 있는 것이다.

스티브 잡스가 만들어낸 제품은 창의적이고 전 세계의 '애플빠'

를 몰고 다닌다. 하지만 정작 신화를 만든 스티브 잡스는 사회적 윤리와는 거리가 먼 사람이었다. 장애인 주차장에 버젓이 주차하고, 자동차 번호판을 달고 다니지 않았다. 치명적인 금지 마약인 LSD를 상습복용했으며, 자신의 여자친구가 임신했을 때 "나는 무정자증이라 임신이 안 된다"라고 우기기도 했다.

3년 후에 자신의 아이임을 겨우 인정하기는 했지만 여자 친구의 마음에 돌이킬 수 없는 상처를 준 후였다.

2005년 스탠퍼드대 졸업식에서는 "Stay hungry, stay foolish"라는 유명한 연설을 남겼지만 그의 삶을 분석해 보면 'stay free'라는 한 마디를 덧붙여야 할 것이다. 그는 자유분방을 넘어 자유방만하게 살았다. 이런 그가 한국에 살았다면 아마 전과 20범은 되어 있지 않을까. 스마트폰을 만들어 사람들이 쉽게 동영상을 주고받을 수 있게 했으니 음란물 유포 방조죄까지 포함해서. 하지만 미국이라는 나라는 그와 애플을 이런 문제로 규제하지는 않았다.

2015년에 이석우 카카오 대표가 음란물 유포 방조로 입건되었다. 사실 방조죄는 카카오뿐 아니라 대한민국 인터넷 기업이라면 누구도 자유롭지 못하다. 이 말은 한국에 본사를 두고 있는 한 이 죄명을 벗어날 수 없다는 이야기다. 그러나 동일하게 음란물이 돌아다니는 미국의 구글이나 일본의 야후, 중국의 텐센트는 방조죄로 묶이지 않는다. 카카오는 이미 한 발을 묶이고 뛰는 셈이다. 앞으로 카카오는 새로운 비즈니스 모델 개발이나 글로벌 진출보다는 음란물 유포 방지에 전력을 기울여야 할 것이다. 회사 대표가 입건된 마당에 다른 생각이 나겠는가.

지금 한국의 콘텐츠 산업은 최대의 위기다. 온라인게임은 중국에 밀린지 오래고, 스마트폰 게임의 주도권은 구글이나 애플, 그리고 텐센트에 넘어가 있다. 소위 게임중독법으로 개발자의 사기는 땅에 떨어진 지 오래다. 이런 나락에 떨어진 우리에게 그나마 카카오와 라인 같은 국산 플랫폼이 있다는 것은 천우신조이고 하늘이 아직 우리를 버리지 않았다는 이야기다.

혹자는 카카오 대표의 검찰에 대한 도전이 괘씸죄로 작용했을 것으로 추측한다. 이것이 사실인가는 중요하지 않다. 문제는 이런 규제 하나하나가 개발자의 창의성을 파괴하는 기제로 작동하는 것이다. 콘텐츠의 기본 철학은 자유이다. 칼이 강도나 살인의 도구가 되었다고 식칼 제조업자에게 방조죄를 적용하지는 않는다. 그것은 사용하는 사람의 문제이기 때문이다.

창작자들이 기획할 때 법률이나 연령 등급을 고민해서는 안 된다. 스티브 잡스의 말 그대로 'stay foolish, stay hungry' 하면 된다. 대한민국이 창조경제를 주창하면서 창의성을 죽이는 것은 넌센스 아닌가?

HOW TO MAKE THE KOREAN INNOVATION MODEL?

지금 이대로라면 한국 VR은 필패다

2010년 미국에서 살 때의 일이다. 오랜만에 가족을 데리고 국립 씨콰이어 공원에 갔다 큰일을 당할 뻔했다. 미니밴을 운전해 공원의 구불구불한 산길을 올라가는 데 중간에 희끗희끗한 눈자국이 보이기 시작했다. 11월 중순에 이미 공원에는 눈이 쌓이고 있던 것이다. 스노우체인도 없고 밖은 캄캄한 밤이 되어 있었다. 무엇보다 핸드폰 신호가 잡히지 않았다. 아무도 오지 않은 깊은 산속의 고립무원 상태였다. 천신만고 끝에 내려왔지만, 다음 날 신문 기사는 나를 경악하게 했다. 그 길을 가던 젊은 남녀의 차량이 실종되었고, 결국 길 낭떠러지에서 발견되었다는 기사였다.

미국은 대륙이기 때문에 핸드폰이 전혀 터지지 않는 장소가 수두룩하다. 그걸 모르고 나처럼 선불리 깊은 산 속에 들어갔다 조난당하면 십중팔구 사망이다. 씨콰이어 산속에서, 그것도 눈이 쌓이는 한밤중에 핸드폰이 안 될 때의 절망감은 당해 보지 않으면 모른다. 그때 정말 간절했던 것은 모토로라가 추진했던 이리듐 핸드폰이었다.

이리듐은 66개의 저궤도 통신위성을 사용해 전 세계 121개국에서 하나의 번호와 단말기로 통화가 가능한 서비스였다. 1989년 모토로라가 중심이 되어 추진된 이 사업은 히말라야, 대서양, 아마존 정글, 전 세계 어디서나 통화가 가능하다는 엄청난 가치를 가지고 있었다. 더구나 이 프로젝트에는 모토로라를 비롯 일본의 DDI, 한국의 SK텔레콤 등 전 세계 20여 개 회사가 참여하고 있었다.

여기에 대항하는 휴대전화는 장난감처럼 보였다. 도시의 제한된 지역에서만 통화가 가능하고, 통화하는 동안 기지국이 변경되면 끊어져 버리고 만다. 하지만 승부는 싱겁게 끝났다. 이리듐 전화의 1분당 5달러(약 6천 원)를 낼 수 있는 사람은 많지 않았던 것이다. 이리듐은 가입자 수 1만 명에서 정체되었고, 1년이 안 된 1999년 8월, 44억 달러 상당의 부채를 갚지 못하고 파산했다. 소비자는 기술보다 현실적 가치를 선택했다.

지금 한국의 VR산업을 보면 이리듐이 겹쳐 보인다. 기술적 우위나 논리적 당위성만 가지고 밀어붙이는 것은 이리듐과 같다. 소비자에게 VR 영상을 보여주면 탄성을 지른다. 바로 옆에서 돌고래가 헤엄치고 있는 듯한 영상은 감동이다. 그런데 그뿐이다. 콘텐츠는 더 이상 없다. 갤럭시 기어VR 같은 안경을 사서 어디에 쓸지도 모른다. VR 영상 제작자는 더 당혹스럽다. 저명한 다큐 감독인 이창재 교수는 이렇게 말한다.

"VR이 되면 감독의 의도와 달리 이용자는 자기가 보고 싶은 화면을 막 돌려서 보는데 이러면 스토리 전개가 전부 달라져야 한다. 즉 다중 구조의 스토리가 되어야 하는데 이걸 어떻게 처리해야 할지 고민스럽다."

VR이라고 해서 아무 영상이나 마구잡이로 찍으면 안 된다는 이야기다.

온라인게임은 인간 사이의 연결이라는 가치를, 스마트폰은 물리적 공간으로부터의 해방이라는 가치를 던져주었다. VR이 줄 수 있는 가치는 현실감과 체험이다. 하지만 현재 한국은 이런 가치를 실현할 준비가 되어 있지 않다.

VR이 산업화되려면 비즈니스 모델도 등장해야 한다. 그러나 한국에서 과금 모델은 존재하지 않는다. 지금 정도의 VR 콘텐츠에 돈을 내려는 유저는 없다. VR 이상의 재미를 제공하는 콘텐츠가 사방에 널려 있기 때문이다. 하다못해 동물머리 세 개를 맞추는 간단한 게임 애니팡도 중독자가 있을 정도다.

이제 VR의 가치를 실현할 수 있는 콘텐츠 개발, 타겟 유저와 장르 설정, 인프라 구축을 고민해야 한다. 한 예로 일본의 세가 온라인은 VR로 아이돌 가수의 공연을 보는 콘텐츠를 개발 중이다. 바로 1m 앞 무대에서 공연하는 자신의 아이돌을 보는 것은 팬들에게는 꿈 같은 일이다. 아마 기꺼이 비용을 지불할 것이다. 장르의 집중도 중요하다. 게임이라면 FPS(슈팅게임)를 기반으로 해야 한다. FPS는 '오타쿠(한국에서는 오덕후라는 우아한 이름으로 불리는)'의 놀이터다.

지금 한국의 VR 개화를 위해 중요한 것은 정부 관료의 개발 예산 따기나 삼성전자의 디바이스 판매 실적이 아니다. 미래 한국을 열어갈 수 있는 VR 전략의 수립인 것이다.

HOW TO MAKE THE KOREAN INNOVATION MODEL?

가상현실(VR)이 실패하지 않으려면

구운몽(九雲夢)이라는 한국 고전이 있다. 육관대사의 제자인 성진은 용왕의 대접을 받고 오던 길에 조우한 팔선녀에게 반해 불문(佛門)에 회의를 느낀다. 그는 번민하던 차에 양소유라는 인물로 환생해 팔선녀와 함께 부귀영화를 누리며 살다가 죽을 때가 되자 모든 것이 허망하다는 사실을 깨닫는다. 결국 그는 다시금 불도에 전념하였다는 고전이다.

현대를 사는 우리도 한 번쯤은 현재의 자신과 다른, 새로운 인생을 살아가는 것을 꿈꾼다. 영화 매트릭스는 바로 이러한 현대인의 상상을 잘 보여주고 있다. 인간의 기억을 지배하는 가상현실, 매트릭스 2199년. 인공 지능을 가진 컴퓨터(AI, Artificial Intelligence)가 지배하는 세계에서 인간은 인큐베이터에서 '재배'되어 에너지원으로 활용당한다. 컴퓨터에 의해 뇌세포에 매트릭스라는 프로그램을 입력당한 인간은 프로그램에 따라 평생 1999년의 가상 현실을 살아간다. 인간이 보고 느끼는 것들은 항상 그들의 감시에 노출되어 있고, 인간의 기억 또한 그들에 의해 입력되고 삭제된다. 매트릭스 밖은 가상 세계의 꿈에서 깨어난 인간들이 생존해 있는 곳이다.

이런 고전과 영화에서 보듯이 꿈속에서라도 현실과 다른 새로운 삶을 산다는 것은 태초부터 인류가 꿈꾸어 오던 이상이었다. 구운몽이라는 행복한 가상세계, 매트릭스라는 불행한 가상세계. 이런 긍정과 부정의 가치판단을 넘어 인간의 삶이 연장되거나 여러 형태의 인생을 재현해 볼 가능성이 열리고 있다. 그것은 바로 가상현실 비즈니스다.

가상세계는 인간의 분신인 아바타가 살아가는, 서버에 있는 가공의 세계이다. VR 속의 아바타, 게임 속의 아바타가 활동하는 세계라고 할 수 있다. 즉 가상사회는 컴퓨터 같은 하드웨어를 통해 3D로 구현된 세계에 접속, 자신의 아바타를 통해 끊임없이 소통하는 사회라고 할 수 있다.

이러한 가상현실에 대한 개발과 서비스가 지금 세계적인 붐을 이루고 있다. 현대 경제연구원에 따르면 AR VR 부문 창업 건수는 2011년 약 40건에서 2015년 약 160건으로 4배가량 증가했다. 2012년 8,600만 달러 수준이었던 세계 AR VR 투자도 2016년 18억 3,500만 달러로 5년간 20배 이상 증가했다.

VR 기반의 마케팅도 다양한 업종에서 활용되고 있다. 아시아나항공은 로마의 여행명소 한 곳과 관련한 개인 에피소드를 접수받아 채택된 사연을 VR영상으로 제작해 주는 프로젝트를 한다. KLM 네덜란드항공은 서울 무역센터점에 이른바 'KLM 암스테르담 전망대'를 개장하고 VR기기와 영상을 통해 네덜란드 암스테르담의 명소 5곳을 간접 체험할 수 있는 이벤트를 열었다.

왜 이렇게 많은 투자와 기업이 몰리고 있을까? 그것은 VR의 잠재적 파급력 때문이다. 현재 세계 각국 기업은 VR에 대한 헤게모

니를 장악하기 위해 분투하고 있다. IBM이나 삼성과 같은 대표적인 글로벌 기업들도 VR에 적극 참여하고 있다.

VR 비즈니스에 가장 활발한 모습을 보이고 있는 지역은 미국이다.

한국의 가상현실 산업은 다른 지역에 비해 상대적으로 부진한 모습을 보이고 있다. 물론 가상현실의 범주를 온라인게임까지 확장한다면 한국은 세계 최고의 가상 국가라고 할 수 있겠지만, 흔히 말하는 VR 기술 기반으로 한정한다면 그렇다.

한국은 지난 2000년을 전후해 다다월드와 조이시티라는 한국형 가상세계를 내놓은 바도 있었다. 다다월드에는 삼성전자 등 많은 기업들이 참여하여 큰 관심을 일으키기도 했다. 그러나 현재는 다다월드, 조이시티 모두 서비스를 중단한 상태로, 서비스되고 있는 가상세계 콘텐츠는 없다.

이렇게 한국의 가상세계 비즈니스가 부진한 모습을 보이고 있는 이유는 크게 콘텐츠 자체의 문제와 산업을 둘러싼 환경적인 요인으로 나누어 볼 수 있다.

한국은 가상세계와 유사한 온라인게임이라는 훌륭한 콘텐츠를 이미 보유하고 있다. 온라인게임의 태동 시기는 가상세계의 태동 시기와 맞물린다. 한국의 다다월드나 조이시티의 경우 당시 큰 반향을 일으켰던 리니지나 바람의 나라 같은 온라인게임에 밀려 실패했다.

한국에서 가상세계가 성공하려면 세계적 수준의 경쟁력을 갖추고 있는 온라인게임에 익숙해 눈이 높아져 있는 사용자들을 만족시켜야 한다는 결론이 나온다. 이 점은 콘텐츠 개발사의 노력이 필요하다.

정부가 주도하는 공공 가상사회의 구축 역시 중요하다.

예를 들어 교육에서 사용하는 가상사회가 그것이다. 교육 목적의 가상사회는 저렴한 구축비용과 높은 효과를 나타낼 수 있다. 예를 들어, 지금은 사업 실패로 폐쇄되어 버린 경기영어마을은 운영비 282억 원 중 자체 수업은 64억 원에 불과해 220억 원의 적자 상태였다. 그러나 가상으로 영어마을을 구축하면 10분의 1 수준의 초기 비용과 운영 경비가 들어갈 뿐이다. 더구나 가상의 교육 공간에는 전국적 어디에서나 접근할 수 있다는 장점이 있다. 이러한 교육형 가상공간의 대표적인 사례가 'G러닝'이다. 정부 지정 시범학교로 운영되고 있는 G러닝은 게임형 가상공간을 기반으로 한 교육의 성공적인 사례를 보여주고 있다.

향후 세계적으로 중요한 산업적 이슈로 등장할 가상사회에 산업계와 정부의 공동노력이 필요한 시점이다.

HOW TO MAKE THE KOREAN INNOVATION MODEL?

네이버가 현대차를 인수하는 날

자동차 산업이 백 년에 한 번 올까 말까 한 격변에 휘말려 있다.

그 직접적인 변화는 자동차 플랫폼의 혁명에서 온다. 미국 테슬라사는 가솔린 엔진이 아닌 배터리를 기반으로 한 자동차 플랫폼 혁신과 인간이 아닌 AI(인공지능)가 운전하는 자율주행 시스템을 결합해 세계 자동차 산업을 공략하고 있다.

테슬라의 자율주행 시스템은 아직 초보적인 수준이기는 하다. 2016년 5월 플로리다주 윌리스턴에서 발생한 테슬라차의 첫 사망사고는 세계인에게 충격을 던져주었다. 테슬라 모델S의 자동주행 센서는 '밝게 빛나고 있던 하늘'과 트럭 트레일러의 하얀색을 구별하지 못해 브레이크를 제동시키지 못했고 시속 200km로 달리던 차에서 운전자는 즉사했다.

하지만 이런 사고에도 불구하고 자율주행차에 대한 세계인의 기대와 열광은 식지 않고 있다. 가장 큰 이유는 교통사고 때문이다. 세계보건기구(WHO)는 매년 전 세계에서 자동차 사고로 사망하는 사람이 125만 명이라고 밝힌 바 있다. 2차 세계대전에서 군인과 민간인을 포함한 사망자는 5천만 명이니 인류는 40년에 한 번씩 2차세계대전을 치르고 있는 셈이다.

테슬라의 대표인 엘론 머스크가 가장 강조하는 마케팅 포인트가 바로 이 점이다. 그는 기존의 가솔린 자동차는 '위험한 물건(?)'이라는 인식을 심어 주기 위해 동분서주하고 있다.

구글 역시 자율주행에 대한 재미있는 실험을 거듭하고 있다. 구글은 브레이크 페달이나 가속 페달, 운전대가 없으며 시속 25마일(약 40km)을 넘지 않는 차량을 만들었다. 어찌 보면 놀이동산의 팬더카나 골프장의 카트를 타는 듯한 느낌의 이 차는 느린 대신 안전성에 초점을 맞추고 있다.

안전성을 중시하는 구글이냐, 스피드와 성능을 중시하는 테슬라냐를 떠나 조만간 자율주행차는 우리의 일상에 자연스럽게 스며들어올 것이다. 그렇게 되면 이런 법이 생길지도 모른다. '인간 운전 금지법.'

그런데 인간이 운전에서 해방되면 그 공간에서 무엇을 하게 될까. 자동차가 이동하는 거실이나 사무실이 될 때, 또는 침실이나 연인들의 데이트 장소가 될 때 인간은 무엇을 하게 될까. 그 해답은 전화로부터 진화한 스마트폰에 있다. 스마트폰은 자동차 역시 콘텐츠 플랫폼이 될 수밖에 없다는 것, 그리고 그렇게 되면 기존의 자동차 제조업체는 콘텐츠 기업에 밀려 주연에서 조연으로 몰락할지 모른다는 점을 암시해 준다.

지금 거실을 보면 4명의 가족은 각자 다른 콘텐츠를 소비한다. 중학생 아들은 게임에 빠져 있고, 초등학생 딸은 SNS로 친구들과 수다를 떨고 있다. 아버지는 미국 NFL 스포츠 중계를 보고 있고, 어머니는 드라마에 몰입한다.

이러한 상황은 4인 가족이 자율주행차로, 마치 '기차 같은 자동차'로 이동하는 내내 재현된다. 그 시간이 한 시간이 될 수도, 20시간이 될 수도 있지만 그 가족이 그 시간 내내 생산하고, 교환하고, 소비하는 것은 자동차라는 하드웨어가 아니고 영화, 애니메이션, 게임, 드라마 그리고 SNS 같은 콘텐츠다.

심지어 지금은 1인 창작 시대이기 때문에 자동차는 제조공장이 되기도 한다. 자동차의 실내는 스마트폰이라는 5인치의 답답한 공간과 제한된 성능을 넘어선, VR이나 AR, 음성인식 AI로 무장한 자유로운 공간이 된다. 이렇게 되면 자동차는 네이버의 개발자나 아프리카 TV의 VJ, 유튜브의 동영상 제작자들이 공간을 초월해 자유롭게 콘텐츠를 생산할 수 있는 '생산공장'이 된다.

아마 10년 후에 플랫폼 회사인 네이버가 현대차를 인수한다는 뉴스가 나올지도 모른다. 아니 구글이 스마트폰 '픽셀'을 생산하는 것처럼 네이버가 '오토'라는 브랜드로 자동차를 출시할 수도 있다. 치명상을 입어 가치가 하락한 현대차 인수가 아닌 독자적인 자동차 조립 회사를 설립할 수도 있다.

네트워크로 연결된 인간은 끊임없이 상호작용하면서 가치를 생산해 내고 가치를 이전하거나 가치를 소비한다. 이것이 바로 자율주행차가 가져다주는 진정한 가치다. 그리고 그 가치는 아이러니하게도 가치의 근원을 자동차라는 '물건'이 아닌 콘텐츠로 이전시키게 될 것이다. 자동차 회사가 스스로 자신의 무덤을 파는 상황, 흥미롭지 않은가.

HOW TO MAKE THE KOREAN INNOVATION MODEL?

한국형 리스크 테이커의 조건

현재 한국 경제 상황은 1990년대 중후반 일본과 비슷하다. 사회심리적인 차원에서 그렇다. 그 당시 일본은 20년 장기 불황에 초기 단계였다. 그때 일본인들은 다시 경기가 올라올 것이라는 희망을 가지고 끊임없이 기다렸다. 그 와중에 미국에서는 1990년대 중반부터 IT를 중심으로 산업 전반에 새로운 혁신의 물결이 시작됐다. 일본 정부는 토목과 건설 사업에 돈을 쏟아부었다. 지금 우리와 대단히 유사하다.

지금 4차 산업혁명이라는 새로운 물결이 시작됐는데 기업들은 앞이 안 보이니까 주저하고 있다. IT 중심 혁신 생태계는 망가져 있다. 국민들은 놀랍게도 "경기가 좋아질 거야. 조금만 기다리면 어떻게든 될 거야." 이런 희망을 이야기하고 있다. 자기가 어떤 액션을 취할까가 아니고 기대만 하고 있다. 1990년대 일본과 놀라운 유사성이 보인다.

1990년 후반 IMF 위기가 끝나고 난 뒤 대량 실직된 사람들이 벤처 붐의 주역이었다. 벤처 붐은 정부가 주도했다기보다는 개인들이 절실한 상태에서 등장한 흐름이었다. 반면에 최근 스타트업 붐은 인위적으로 만들어졌다는 느낌이 강하다. 벤처는 말 그대로 정부가 아니라 개인이 리스크 테이킹을 하면서 나오는 것이다. 정부가 벤처에 대해 지원하되 개입하지 않는 것이 바람직하다. 벤처는 철저하게 민간의 영역으로 가야지, 관(官) 주도의 영역으로 가면 안 된다. 벤처와 새마을운동이 다른 건 이 부분이다. 새마을운동은 철저하게 관 주도였다. 벤처 육성은 새마을운동처럼 가면 안 된다.

혁신을 이야기하면서도 행동하지 않는 것은 혁신할 의지가 없는 것이다. '혁신'이라는 말 자체는 굉장히 긍정적인 의미를 가지고 있다. "너 혁신 싫어?"라고 묻는다면 그 누구도 부정하지 않을 것이다. 그것은 혁신이라는 단어가 가진 뉘앙스를 좋아하는 것일 뿐이다. 한국기업들도 말로는 혁신을 얘기하지만 그만큼 절박하진 않아 보인다.

기업들이 혁신할 수 있는 조건은 두 가지다.

하나는 굶어 죽기 직전이나 잡아먹히기 직전, 두 번째는 미래를 준비해야겠다는 각오가 있을 때이다. 후자는 정말 어렵다. 이것을 해내는 기업은 정말 위대한 기업이다. 그리고 이런 기업은 그리 많지 않다.

혁신은 기업 내부적으로 시스템화를 이루어야 가능하다. 기업 DNA처럼 하나의 시스템으로 돌아가야 한다. 이는 우리 기업에 주어진 이제부터의 과제이다. 우리나라는 발전 단계로 보면 팔로워에서 이노베이터로 넘어가는 시점이다. 지금까지 해 왔던 자원을 모아서 한 부분에 집중시키는 캐치 업 모델은 선두를 쫓아갈 때만 가능한 모델이다.

지금의 삼성전자를 보자. 따라 할 모델이 없다. 과거에는 모방할 상대가 있어서 "쟤랑 똑같이 하라"는 주문이 가능했다. 이제는 "어디로 가야 할지 네가 직접 생각해 봐"라고 말한다. 대단히 어려운 단계다.

팔로워에서 이노베이터로 간다는 것은 그만큼 실패가 많아진다는 걸 의미한다. 팔로워는 모방을 하기 때문에, 실패할 확률이 높지 않다. 혁신 기업으로 가는 순간 대부분 실패한다. 여기서 인내가 필요하다. 그리고 실패를 용인해야 한다. 조직 내에서 도전하는 것을 끊임없이 격려해 주고, 높이 평가하는 것이 필요하다.

이것이 우리 사회가 변화해야 할 중요한 방향이다.

실패를 용인하는 사회, 실패를 두려워하지 않는 사회, 실패를 두려워하지 않는 기업, 실패자를 조직 내에서 보호할 수 있는 기업, 이런 구조가 필요하다.

반면 사회적 안전망이 약한 것도 우리의 문제다. 한 번 실패하면 개인의 인생이 망가져 버린다. 실리콘밸리에 가보면 실패한 사람들이 수두룩하다. 너도나도 다 실패해 봤다고 이야기한다. 우리 사회는 실패한 사람들에 대해 너무 가혹하다. 벤처를 하다 실패했을 때 가장 큰 것이 생활의 문제다. 그런 차원에서 보면 정부가 역할을 해줘야 한다. 실패했을 때 다시 일어설 수 있는 장치들을 마련해 주는, 하나의 안전망을 구축하는 일이다.

현재 혁신에 가장 가까이 다가가고 있는 건 그나마 한국기업이다. 사회 시스템도 이보다는 뒤떨어져 있고, 정부와 대학은 제일 뒤에서 좇아가고 있다. 아니 끌려가고 있다고 해도 과언이 아니다.

상황이 이렇기 때문에 기업 입장에서 볼 때 우려되는 것은 정부 리스크다. 기업의 경우 4차 산업혁명이 시작되고 있기 때문에 기존 대기업 재벌 중심 구조가 바뀔 필요가 있다. 과거 국가 주도형 경제 시스템이라든지, 대기업 주도라든지, 재벌 주도라든지, 이런 구조가 변화해야 한다. 변하지 않으면 우리가 이노베이터가 되기는 어려울 것이다.

네이버나 카카오는 대단히 혁신적인 기업이다. 전통적인 제조업 기업들이 내부에 혁신적인 문화나 조직 시스템을 가지고 있는지는 확실하지 않다. 우리나라의 재벌 기업들은 캐치 업 단계의 기업 시스템을 그대로 가지고 있다. 정경유착은 최순실 국정농단 사태를 통해서도 드러났다. 한국의 IT 기업은 정부는 간섭하지 말라고 하지, 도와달라고 하지는 않는다. 그런데 기존 재벌기업은 그러지 않는다. 따라서 새로운 미래형 기업들로 한국 사회가 재편될 필요가 있다.

정부는 규제 시스템을 정비해야 한다. 융합의 시대인데도 불필요한 규제가 많다. 예를 들어 업종 간 규제들, 융합 중간중간에 장벽들이 너무나 많다. 정부는 새로운 실험을 할 수 있도록 규제를 풀어주고, 나아가 도전을 촉진할 수 있는 제도적 장치들을 마련해 줄 필요가 있다.

또 하나는 정부가 R&D 측면에서 기업이 할 수 없는 부분을 담당해 주어야 한다. 현재 정부 연구기관들은 제품상용화에 너무나 가까이 와 있다. 민간 영역과 경쟁하고 있는 것이다. 그것은 정부 연구기관이 할 과제가 아니다. 정부가 해야 할 R&D, 민간이 해야 할 R&D의 영역이 있다. 정부의 R&D는 장기적 관점이어야 한다. 민간의 R&D는 주로 단기적 개발에 치중하는 쪽이다. R과 D를 합쳐 R&D라고 하는데, 그 둘을 분리해서 생각할 수 있다. 연구를 뜻하는 R은 정부가 담당하고, D는 민간이 담당하는 식으로 역할 분담하는 것이다.

| 저자소개 |

위정현(魏晶泫) (jhwi@cau.ac.kr)

중앙대학교 경영학부 교수

서울대 경영대학에서 경영학사, 도쿄대 대학원(일본 문부성 국비유학생)에서 전략경영 전공으로 석사와 박사 학위를 받았으며 도쿄대 정보대학원에서 교환교수로 강의하였다. (사)콘텐츠경영연구소 소장을 겸하고 있으며, 일본 온라인게임협회 부회장을 역임했다. 온라인게임과 인터넷 비즈니스 연구의 세계적인 권위자이자 온라인게임을 기반으로 한 혁신적 학습법인 G러닝의 창시자로 미국, 일본, 베트남 등 각국에 G러닝을 보급하고 있다. 특히 세계 최고의 교육학 연구소인 미국 UCLA CRESST(National Center for Research on Evaluation, Standards, and Student Testing)의 소장이자 전미교육학회 회장을 역임한 Eva Baker 교수의 초청으로 2010년부터 5년간 UCLA CRESST 방문교수로 재직하면서 G러닝을 개발, 공동으로 미국 초등학교에 보급하기도 했다. 지난 2007년에 한중게임산업의 경쟁력 역전, 2003년 글로벌 가상화폐와 가상경제의 도래를 정확히 예측해 놀라움을 주기도 했다. 글로벌 ICT 산업의 트렌드를 기반으로 한국 기업과 산업, 정부 전략에 대한 날카로운 시각을 제공하는 명칼럼니스트로도 유명하다.

국회 과학기술정보통신위원회 정책자문위원, 한국소프트웨어진흥원 정책자문위원장, 한국저작권위원회 위원, 증권선물거래소 코스닥 상장기업 심사 전문위원, 한국소비자원 분쟁조정위원 등을 역임했다.

2009년 International Game Convention Conference(독일), 2010년 Digital Hollywood Conference(미국), 2012년 Annual conference of America Educational Research Association(캐나다) 등에서 키노트 강연을, 2015년과 2017년 조선비즈 주최 스마트클라우드 컨퍼런스에서 초청 강연과 2017년 서울시 주최 글로벌 상상포럼에서 키노트 강연을 하기도 했다.

주요 저서로는 Innovation and Strategy of Online games(Imperial College Press, UK), Industrial Development Strategy of Online Games(중국 칭화대, Chinese), The Research of Korean Online game Business(동양경제신보사, Japanese), Japan Survival Strategy(Enterbrain, Japanese), 온라인게임 교육과 만나다(한경사), 일본기업의 기술혁신전략(집문당) 등이 있다.

2009년도에 대한민국 게임대상 제1회 학술상을 수상했고, 논문 Organizational design for new product architecture development는 2006년 한국 기술경제경영학회가 수여하는 올해의 논문상을 수상했다.

한국형 혁신의 길을 찾다

저　　자　위정현

발 행 일　2018년 10월 10일 3쇄

발 행 처　**한경사**

발 행 인　이계남

등록사항　제10-1951호 2000년 4월 14일

주　　소　서울시 마포구 신수로 59-1 3층

전화번호　02_717_7264~5

팩스번호　02_717_7226

홈페이지　hankyungsa.co.kr

전자우편　hankyungsa@hanmail.net

I S B N　978-89-6844-161-5　(93320)

가　　격　24,000원